U0800019

2020年度国家出版基金资助项目；
广州市人文社会科学重点研究基地“广州与中外文化交流研究中心”项目；
中山大学西学东渐文献馆项目。

晚清西学丛书

主编：梅谦立　周伟驰　姚达兑

普法战纪

上

〔清〕王韬／著

杨汤琛　叶杨曦／校注

南方日报出版社
NANFANG DAILY PRESS
中国·广州

图书在版编目（CIP）数据

普法战纪．上／（清）王韬著；杨汤琛，叶杨曦校注．-- 广州：南方日报出版社，2021.6
（晚清西学丛书．第二辑）
ISBN 978-7-5491-2323-0

Ⅰ．①普… Ⅱ．①王… ②杨… ③叶… Ⅲ．①普法战争－史料 Ⅳ．①K565.43

中国版本图书馆 CIP 数据核字（2020）第 259390 号

PUFA ZHANJI SHANG
普法战纪（上）

著　　者：（清）王　韬
校 注 者：杨汤琛　叶杨曦
出版发行：南方日报出版社
地　　址：广州市广州大道中 289 号
出 版 人：周山丹
出版统筹：谭庭浩
策划编辑：黎　衡
责任编辑：陈　静
装帧设计：邓晓童
责任校对：阮昌汉
责任技编：王　兰
经　　销：全国新华书店
印　　刷：广州市岭美文化科技有限公司
开　　本：889mm×1194mm　1/32
印　　张：12.375
字　　数：338 千字
版　　次：2021 年 6 月第 1 版
印　　次：2021 年 6 月第 1 次印刷
定　　价：58.00 元

投稿热线：（020）87360640　读者热线：（020）87363865
发现印装质量问题，影响阅读，请与承印厂联系调换

总序一

梅谦立

近三十余年来，西学东渐方面的研究已取得了较好的成绩，尤其是晚明清初时段的研究，产生了不少新成果，在学界有不小的影响。从晚明延至晚清民国的西学东渐研究，这是很合理的研究趋势。晚清民国的西学东渐，并非从零开始，而是与晚明有着千丝万缕的联系。其实，在鸦片战争之前，晚明开始引入的西学，潜移默化之间已经渗透进中国社会文化的各个领域。

2006年，在倪梁康教授的领导下，中山大学组建了西学东渐文献馆，其宗旨在于借助广东的地缘优势，进行相关文献资料的收集、整理和研究工作，以推进西学东渐方面的研究。围绕着这一目标，文献馆稳步推进有关工作。比如，目前已连续出版了学术辑刊《西学东渐研究》，共8辑。2015年，文献馆与中国社会科学院周伟驰教授、中山大学姚达兑副教授筹划出版《晚清西学丛书》，侧重于晚清时具有一定影响力但当前还未作整理校注的西学著作。2016年，经广州市社会科学规划领导小组批准，在文献馆的基础上设立了广州市人文社会科学重点研究基地——中山大学广州与中外文化交流研究中心。中心亦随即加入推动落实《晚清西学丛书》的整理和出版计划。2018年，《晚清西学丛书》第一辑（共计七册）付梓。现在，丛书的第二辑亦将印行，包括《劝世良言》《普法战纪》《中西关系略论》《辨学启蒙》《西学略述　西学考略》《格致新机　格致新法》《时事新论》《百年一觉》《富国策》等九册十一种。除了《劝世良言》和《西学略述》在1980年代初曾经出版之外，其他的并没有再版，不易寻觅。这些著作涉及哲学、文学、政治、科学、经济等学科，呈现出晚清时期西学东渐的丰富性，同时对于追溯现代中国的西方哲学、文学、政治学、经济学、自然科学等学科的建立及发展都具有很大的价值。相信这些书的出版，能有助于高校师生和普通读者更为深入地了解晚清知识界的世界视野，以及西方知识在中国的传播过程。

在晚明清初的中西交流中，广州扮演了很重要的角色。延至晚清，尽管上海逐渐兴起，但广州在文化交流上的重要性并没有因此而衰落，在译介及出版方面仍处于领先地位。《晚清西学丛书》第二辑收入的一批曾经产生很大影响的文献，与广州作为中西文化交流的中心密切相关。《劝世良言》为基督新教第一位华人传道人、广东人梁发的著作。此书还收入了稀见的梁发《言行日记》《熟学圣理略论》《真道问答浅解》等。梁发一家曾生活在广州海珠区龙导尾附近。梁氏逝世之后，其墓还曾迁到岭南大学校园中央。《普法战纪》为王韬在香港撰写，在晚清产生了很大的影响，重印数次。《劝世良言》一定程度上影响了洪秀全领导的太平天国运动，《百年一觉》《时事新论》等对康有为、梁启超等维新派产生了巨大的影响。这些著作，提供了理解广东敢为天下先这一改革开放精神的思想背景。这些对于广州（乃至广东的）的历史文化研究，也有着重要的意义。

整理文献不是很起眼的工作，但需要相当的付出。好的整理工作，需要很谨慎，需要做很多研究性的工作。而在当前管理制度下，文献整理很难获得好的“工分”。因此，这一吃力不讨好的工作得以顺利完成，要非常感谢参与本辑丛书整理工作的杨汤琛、叶杨曦、周伟驰、李彬、吕飞跃、肖清和、马永康、王雨、张锦冬、姚达兑等诸位学者的付出，同时也感谢南方日报出版社编辑团队的精心编辑。

此外，本辑丛书获得了2020年度国家出版基金和广州市人文社科重点基地建设项目的资助，特此致谢。

2020年6月8日

总序二

周伟驰

一、晚清西学东渐的译述时期与转译时期

历史上发生过几次大规模的知识传播运动，表现为大规模的翻译运动，如希腊经典被译为阿拉伯语（百年翻译运动），阿拉伯语的希腊经典被译为拉丁语，印度佛典被译为汉文，日本明治维新后对于西方著作的翻译等。明清之际，西方知识开始向中国传播，虽然中间有过停顿，但西学东渐规模越来越大，在晚清呈现上升趋势，到民国达到一个高潮。改革开放后，更是以前所未有的速度快速进行，目前的态势用“方兴未艾”来形容也不为过。“西学东渐”作为一个过程，跟“中学西传”是一体两面。就西学东渐本身来说，在这个过程中，虽然也有少量著作是撰写的，但还是以翻译著作居多，可以说西学东渐是一个翻译的过程。

在明末以来这个生机勃勃的“400年翻译运动”中，晚清占有特殊地位。晚清译介者[1]来源是多种多样的，既有西方传教士也有中国学者，既有教会组织也有政府机构。翻译内容五花八门，从宗教知识到世俗知识，呈现出阶段性的特征。我们可以根据翻译活动的方式是直接翻译还是转译，是合作翻译还是独自翻译，概括地将晚清西学翻译分为两个时期，时间上大致以甲午战争至维新变法为界。甲午战争前是“译述时期”，维新变法失败后是“转译时期”。

[1] 本文所说的“西学东渐”是指西方知识在中国的传播，它们有些是通过直接翻译实现的，有些则是由一些人撰写著作实现的。本文重视翻译，但也重视介绍西方知识的著作。一般模糊地称为“译撰”或“译介”，如林乐知、花之安，既翻译又自己撰写、介绍西方的知识。再如一些中国学者，可能在不懂外文或仅是略懂外文的情况下，也编写一些西学著作，如王韬、王炳耀都可以放在西学东渐传播西学范围之下。

从马礼逊来华到戊戌变法失败后，翻译者主要是西方传教士及其中国助手，一般情况下是传教士“口译”，中国助手“笔述”。当然，这时期不是没有个别人士可以单独地进行翻译（如颜永京），但总体来说这样的人凤毛麟角，因此，我们可以把这一时期（1807—1898年）称为“译述时期”。这一时期的翻译者如果受雇于教会，则其翻译内容多为宗教类著作；如果受雇于清政府（如江南制造局翻译馆），则其翻译多为军事科技类著作；如果是自立的学会（如广学会），则人文社科类著作会多一些。

“译述时期”大致可分成三个阶段。从1807年马礼逊来华学习中文翻译《圣经》到第一次鸦片战争，为第一个阶段，翻译的主体为传教士及其中国助手，他们主要在中国的广州、澳门以及东南亚一带，翻译的内容主要是宗教书籍，也有一些地理、历史、科技的著作，还办了一些中文杂志。

第一次鸦片战争到第二次鸦片战争，为第二个阶段。这时香港被割占，广州之外，福州、厦门、宁波、上海成为通商口岸，太平天国运动使得中华帝国南部陷入战乱。以上海为中心，传教士在各大口岸与其中国助手翻译了一些宗教著作与文化著作，创办了一些中文杂志[1]。

在这两个阶段中，著名的译撰者有马礼逊、米怜、郭士立、麦都思、合信、俾士、湛约翰、罗孝全、艾约瑟、慕维廉、玛高温、伟烈亚力等，与之合作的中国人有李善兰、王韬、管嗣复、张福僖等人。这些传教士所出中文书刊对林则徐、梁廷枏、徐继畬、魏源都有影响，使他们成

[1] 第一、二个阶段的主要译著，可参考熊月之：《西学东渐与晚清社会》（修订版），北京：中国人民大学出版社2011年版，第105—109页及第三章。其出版数据主要依据伟烈亚力《基督教在华传教士纪念录》及苏精《马礼逊与中文印刷出版》。

为第一批睁眼看世界的中国人。较出名的出版中心有宁波花华圣经书房（1860年迁到上海后改名美华书馆）、上海墨海书馆等。

第二次鸦片战争到甲午战争和维新变法期间，为第三个阶段。这一阶段，太平天国被镇压，同光中兴，洋务运动兴起，以传教士为主的西方人士有一些服务于北京、上海、广州、福州、天津等地的清政府机构，与中国助手翻译了大量军事、科技、史地类著作。一些为教会服务的传教士翻译了一些宗教著作。一些有“文化传教”情怀的传教士则创办了广学会这类文化机构，他们办刊、出书，译述了一些社会科学类的著作。西学翻译的中心，在教会方面主要有广学会、益智书会、美华书馆、博济医局、上海土山湾印书馆、金陵汇文书院、福州美华书局，在官方和中国知识分子方面则主要有同文馆、江南制造局翻译馆、天津机器局、天津武备学堂、上海译书公会、农学报社、申报馆等[1]。活跃的口译者有嘉约翰、傅兰雅、金楷理、林乐知、李提摩太、艾约瑟、慕维廉、花之安、韦廉臣、舒高第[2]等人，著名的笔述者则有中国的王韬、沈毓桂、蔡尔康、徐寿、徐建寅、华蘅芳、钟天纬、瞿昂来、李凤苞、任廷旭、范祎等人，能从事独立翻译的有李问渔、颜永

[1] 熊月之列出了主要出版中心书目、京师同文馆译著书目，见熊月之：《西学东渐与晚清社会》（修订版），北京：中国人民大学出版社2011年版，第253—254页；江南制造局翻译馆译书目录，见第423—432页；广学会出版西书目录（1900年以前），见第446—447页。

[2] 舒高第是中国人，在美国学习过很长时间，中文笔译能力似不甚佳，翻译时尚需助手笔述。

京等少数几人[1]。他们译介的西方知识对洋务派、维新派、革命派，如李鸿章、张之洞、康有为、梁启超、谭嗣同等人都有影响，西方知识传播者的影响力在维新变法中达到顶峰。

甲午战争的战败意味着洋务运动的失败。向西方学习几乎成了朝野上下的共识，日本因为“同文同种”、路近学费低、现代化成绩较好而获得了梁启超、张之洞等人的青睐，他们认为留学日本学习西学是一个捷径。在他们的提倡下，清政府自1896年开始向日本派出留学生，人数逐年增多[2]。在废除科举的1905年和次年，留日人数达到顶峰，分别是8000人和1.2万人。1898年维新变法失败后逃亡日本的梁启超[3]，加上留日学生，使得从日文“转译西学”大为兴盛，翻译数量快速地超过了“译述时期”[4]，我们可将这一时期（1898—1911年）称为“转译时期”。这不是说在此阶段已没有“译述”和单独直译，广学会、

[1] 有些学者认为，晚清条约口岸围绕着当时传教士和清政府的翻译活动，出现了一批了解西学、倾向西学的中国知识分子，参考段怀清：《传教士与晚清口岸文人》，广州：广东人民出版社2007年版；王立群：《中国早期口岸知识分子形成的文化特征：王韬研究》，北京：北京大学出版社2009年版。

[2] 黄福庆：《清末留日学生》，台北：“中央研究院”近代史研究所1975年版，第2—3页。

[3] 梁启超在去日本之前的西学知识主要来源于译述，流亡日本后他凭借自创的“和文汉读法”，能够阅读日文著作。关于梁启超与明治思想界的关系，可参考狭间直树编：《梁启超·明治日本·西方》，北京：社会科学文献出版社2012年版；狭间直树主讲：《东亚近代文明史上的梁启超》，上海：上海人民出版社2016年版；郑匡民：《梁启超启蒙思想的东学背景》，上海：上海书店出版社2009年版。与梁启超相关的近代中日之间西学概念的翻译与传播，可参考狭间直树、石川祯浩主编，袁广泉等译：《近代东亚翻译概念的发生与传播》，北京：社会科学文献出版社2015年版；石川祯浩：《中国近代历史的表与里》，北京：北京大学出版社2015年版。

[4] 实藤惠秀：《中国人留学日本史》，北京：北京大学出版社2012年版，第167—207页。

严复、林纾亦仍在翻译，而只是说，在规模和影响上，这一阶段是以从日文“转译”过来的西学为主。民国后才进入对于西学大规模的“独立直译”阶段。

这一时期译介西学的机构有商务印书馆、译书汇编社、南洋公学译书院、广智书局、作新社、文明书局、会文学社（会文堂书局）、金粟斋译书处、教育世界出版社、新学会社、中国医学会等，翻译的内容侧重于社会科学和史地书籍，而应用科学与自然科学比重减少。译介者大多是留日者，如樊炳清、蔡元培、王国维、范迪吉等。

在“转译时期”，明治时期由日本学者创制的对译西方名词的“和制汉词”大量进入中文，有很多取代了“译述时期”的译法，成为今天我们仍然在应用的主流译词。这可能是自佛教词汇之后最大规模的“外来词”群体。像“哲学”“社会”“文学”“经济”“政治”“宗教”“自由”这类人文社科名词，都是来自和制汉词。这些词的总量在1000个左右[1]，实际数量可能远不止此。由于“转译”在广度和深度上远超此前的“译述”，和制汉词逐渐占据主流，替代了“译述时期”的许多译法，而使汉语基本词汇实现了“急速现代化”[2]。不过，明治和制汉词本身对于日本来说只是一个历史阶段现象。随着日本减少汉字学习，以及用“和制英语”的人越来越多，汉词及和语逐渐不用或少用[3]，汉字在日本的使用本身呈萎缩

[1] 周圣来：《美意识的种子：和制汉词对中国现代文学的影响》，香港：练习文化实验室有限公司2016年版，第89—93页；和制汉词总表参见该书第335—341页。

[2] 郎宓榭等著：《新词语新概念：西学译介与晚清汉语词汇之变迁》，济南：山东画报出版社2012年版，引言。

[3] 周圣来：《美意识的种子：和制汉词对中国现代文学的影响》，香港：练习文化实验室有限公司2016年版，第71—73页。

状态。但是，明治和制汉词在中文世界中反而站稳脚跟。可以说，今天中文世界的翻译已难以离开和制汉词。虽然里面问题很多，但是约定俗成，即使要作改良也只能逐步地进行了。

由“译述”逐渐向“转译”发展，这在书目汇编的变化中体现出来了。晚清新书的编目，除了出版者（如广学会）的年报外，比较集中的有：傅兰雅《译书事略》（江南制造局翻译西书事略），《格致汇编》1880年5—8月连载。孙维新《泰西格致之学与近刻翻译诸书详略得失何者为最要论》，本为上海格致书院作业，对140本西书做出比较评价，后刻印出来。梁启超《西学书目表》[1]，《时务报》报馆1896年版，录通商后西书名352种，附表录通商前西书名86种、近译未印书目88种。沈桐生《东西学书录提要总叙》，读有用书斋1897年出版。黄庆澄编《中西普通书目表》，上海算学报馆1898年刻，里面西学部分多取自梁启超《西学书目表》。徐维则编《东西学书录》，1899年出版。这些书目所录的绝大多数是“译述”著作。徐维则的《东西学书录》后来得到顾燮光帮助，顾燮光补充了从日文译为中文的西书，二人合编《增版东西学书录》，1902年出版。赵惟熙编《西学书目答问》，1901年出版。而上海通雅书局在1903年、1904年出版的《新学书目提要》，编者可能是一群留日学生。顾燮光《译书经眼录》，杭州金佳石好楼1934年印。这些书目中，最齐全的

[1]《西学书目表》，1896年武昌质学会重校本。该本前言《西学书目表序例》，亦载《时务报》（第八册），见《时务报》报馆编：《强学报时务报》（第一卷），北京：中华书局1991年版，第488—494页。

可以说是《增版东西学书录》和《译书经眼录》[1]。从这两本书可以看出，1900年后从日文转译的西学著作已成为当时翻译书的主流，在社会科学著作中占有绝对地位。据不完全统计，1896—1911年，中国翻译的日文书至少有1014种。这个数字远远超过此前半个世纪以来中国翻译西文书数量的总和，也大大超过同时期中国翻译西文书的数量[2]。而其中社会科学著作达366部，法律图书98部，政治图书96部[3]。

上面所说的西学著作多指图书，但是晚清介绍西学的还有一些中文报刊，不少著作都是先在报刊上登出再出单行本的。近代报刊的一般情况，可以参考戈公振《中国报学史》[4]的第三章“外报创始时期”以及美国白瑞华《中国近代报刊史》等[5]。关于这些报刊的详细目录，可以参考《中国近代期刊篇目汇录》[6]。

《西学书目表》《增版东西学书录》和《译书经眼录》，都侧重于科技类与社会科学类译著，许多书被遗漏，比如新教人士的著作。早期新教来华传教士所译撰的

---

[1] 这两个目录被收入熊月之：《晚清新学书目提要》，上海：上海书店出版社2014年版，前言。该书索引亦很有价值。

[2] 熊月之：《西学东渐与晚清社会》（修订版），北京：中国人民大学出版社2011年版，第509页。

[3] 谭汝谦主编：《中国译日本书综合目录》，香港：香港中文大学出版社1980年版。转自滕超：《权力博弈中的晚清法律翻译》，北京：中国社会科学出版社2014年版，第335页。

[4] 戈公振：《中国报学史》，上海：上海书店出版社2014年版。

[5] 白瑞华著，苏世军译：《中国近代报刊史》，北京：中央编译出版社2013年版；赵晓兰、吴潮：《传教士中文报刊史》，上海：复旦大学出版社2011年版。传教士中文报刊对维新派报刊有影响，可参考徐松荣：《维新派与近代报刊》，太原：山西古籍出版社1998年版。

[6] 上海图书馆编：《中国近代期刊篇目汇录》（一），上海：上海人民出版社1965年版。该书于1980年重印。

著作，可以参考伟烈亚力1867年出版的《基督教新教传教士在华名录》[1]；1860年后的新教译撰著作散落各处，近已有人系统整理，如黎子鹏的《中国基督教文字事业编年史：1860—1911》[2]。

二、译述时期的主要译撰者及其观念

从1807年马礼逊来华并准备翻译《圣经》到1911年清王朝覆灭，晚清可以说是经历了一个“百年翻译”运动。如果说最后13年（1898—1911年）是“转译”由无到有到兴盛的过程，那么，在此之前的90余年（1807—1898年）则是“译述时期”。虽然有不少翻译机构，但如果看最活跃的翻译者，我们会惊讶地发现，他们大多是新教传教士[3]。译得最多也最有名的，几乎全是传教士[4]，如伟烈

[1] Alexander Wylie, *Memorials of Protestant Missionaries giving a List of Their Publications, and Obituary Notices of the Deceased.* With Copious Indexes. Taipei: Ch’Eng-wen Publishing Company, 1867. 伟烈亚力著，赵康英译：《基督教新教传教士在华名录》，天津：天津人民出版社2013年版。

[2] 黎子鹏编著：《中国基督教文字事业编年史：1860—1911》，香港：基督教文艺出版社有限公司2015年版。

[3] 有的学者将传教士翻译分为三个阶段：1815—1842年，从南洋创办《察世俗每月统记传》至上海墨海书馆建立；1843—1887年，从上海墨海书馆建立至上海广学会成立；1888—1898年，广学会成立至维新变法失败。并列出了各时期的主要非宗教类著作。参考何绍斌：《越界与想象：晚清新教传教士译介史论》，上海：上海三联书店2008年版，第44—45页及第一章。这种分期法过分以上海为中心，而且太细。其实，无论宗教还是非宗教类书籍，晚清译述是多中心的，上海当然最活跃，但北京、广州、宁波、武汉等地也从未中断过。

[4] 改革开放后，对作为中国近代史上重要一环的传教士展开了大规模的翻译和研究。翻译中较为重要的系列是周振鹤教授主编并由广西师范大学出版社出版的“来华基督教传教士传记”丛书，黄兴涛、杨念群主编并由中华书局出版的“西方的中国形象”丛书。此外，亦有不少零散出版的传教士传记。

亚力[1]、傅兰雅[2]、林乐知[3]、丁韪良[4]、李提摩太[5]、金楷理等人，因为当时愿意来华且愿意从事文化传播的西方人士只有传教士。西方本土的知识分子没有机会、动力和经费来华，中国人也没有主动去请他们。这种局面要等到“五四”前后杜威、罗素受邀来华方有改变。传教士撰译宗教书籍是其来华的本行和义务，而译介科技、史地、人文社科著作，要么是因为受雇于清政府，要么是被“文化传教”“社会福音”的淑世情怀驱动[6]。如广学会的几位

[1] 汪晓勤：《中西科学交流的功臣：伟烈亚力》，北京：科学出版社2000年版。

[2] 王扬宗：《傅兰雅与近代中国的科学启蒙》，北京：科学出版社2000年版。傅兰雅在加州大学的全部英文档案已收入戴吉礼主编：《傅兰雅档案》，桂林：广西师范大学出版社2010年版。

[3] 贝奈特著，金莹译：《传教士新闻工作者在中国：林乐知和他的杂志（1860—1883）》，桂林：广西师范大学出版社2014年版；梁元生：《林乐知在华事业与〈万国公报〉》，香港：香港中文大学出版社1978年版；卢明玉：《译与异——林乐知译述与西学传播》，北京：首都经济贸易大学出版社2010年版。单篇论文当然更多，如查时杰：《林乐知的生平与志事》，载林治平主编：《基督教入华百七十年纪念集》，台北：台北宇宙光出版社1977年版。

[4] 丁韪良著，沈弘等译：《汉学菁华》，北京：世界图书出版公司2010年版；丁韪良著，沈弘等译：《中国觉醒》，北京：世界图书出版公司2010年版。目前关于丁韪良最好的研究著作，可参考王文兵：《丁韪良与中国》，北京：外语教学与研究出版社2008年版。

[5] 李提摩太：《亲历晚清四十五年——李提摩太在华回忆录》，天津：天津人民出版社2005年版。他人撰写的李提摩太传记，立场差异较大，主要有丁则良：《李提摩太》，上海：开明书店1951年版；苏慧廉著，山西大学外语学院《李提摩太传》翻译组译：《李提摩太传》，香港：世华天地出版社2002年版；苏慧廉著，关志远、关志英、何玉译：《李提摩太在中国》，桂林：广西师范大学出版社2007年版（按：后两书实为同一书，译者不同而已）。

[6] 近代传教士创办的中文报刊情况，可参考赵晓兰、吴潮：《传教士中文报刊史》，上海：复旦大学出版社2011年版。由于传教士是中文报纸的先驱，因此，在晚清早期，其办报史跟中国近代报刊史基本是重叠的。大陆较早系统地研究传教士与晚清现代化关系的，可参考王立新：《美国传教士与晚清中国现代化》，天津：天津人民出版社1997年版。该书于2008年出版第二版。

传教士，他们避开了直接传教的做法，也避免只译介实用性的技术，而是通过《万国公报》[1]等报刊和著书立说，对西方文明进行比较全面的介绍，这跟他们背后的一些基本信念有关。

19世纪来华的新教传教士，跟当时的西方人一样，都自觉不自觉地持有西方中心论，认为西方文明要优越于其他文明，西方的政治制度（民主、自由等）要优越于东方。对于他们来说，优越的根本原因是新教优越于别的宗教。这种观点可以称为“新教文明等级观”[2]，主要包括几个信念：从事实来看，西方文明无论在政治、经济、商贸、军事、科技方面都超出非西方文明，非西方文明逐步屈从于西方即真实的证据；追溯西方文明强大的根源，在于基督教，它使西方人有道德，有博爱精神，重团结，乐群，有求知精神，追求知识，在教育、慈善等方面都具有宗教精神；当时的国家富强等级是新教国家（英美德）强过天主教国家（法意西），基督教国家强过中国、印度、日本、土耳其等“半文半野”国家，更强过非洲、南太平洋野蛮人国家，这表明新教要优于天主教，基督教要优于异教；像日本这样的国家之所以进步，是因为吸收了

[1] 关于《万国公报》，早期有台湾王树槐和香港梁元生的研究，大陆较系统的研究有王林：《西学与变法——〈万国公报〉研究》，济南：齐鲁书社2004年版（该书根据作者1996年博士论文改编）；杨代春：《〈万国公报〉与晚清中西文化交流》，长沙：湖南人民出版社2002年版。

[2] 周伟驰：《晚清新教传教士的文明等级观》，《文景》，2012年第9期。亦见周伟驰：《太平天国与启示录》，北京：中国社会科学出版社2013年版，第276—308页。近来，一些学者对19世纪西方的一般文明等级观及其对中国的影响进行了研究，可参考刘禾主编：《世界秩序与文明等级：全球史研究的新途径》，北京：生活·读书·新知三联书店2016年版。

西方“教化”（文明）的长处，当然，它现在还没有学到“教道”（新教）。而拒绝学习西方的国家（如中国和土耳其），则往往面临险境。国家想强盛，就要像日本那样学习西方“教化”与“教道”。与启蒙主义思想家从“自由、平等、博爱”及“科学、民主、道德”等世俗价值观来看文明等级不同，传教士是从宗教的角度来看文明的本质和等级的。广学会的几个主要撰稿人如林乐知、李提摩太、韦廉臣、花之安[1]、艾约瑟、慕维廉、沈毓桂[2]都坚持这个观念。从某个角度上看，他们是马克斯·韦伯之前的“马克斯·韦伯”。

新教文明论在韦廉臣、花之安、李提摩太等人那里都有具体的论述，但在林乐知、沈毓桂的“三伦说”里得到了集中的表达。它认为，人上要面对上帝，下要处理万物，中间要对待同类，因此而有神伦、物伦和人伦。只有崇拜真神，才能正确地对待他人，以平等、自由、民主处之，才能正确地对待万物，发展科技，利用厚生。如果说神伦是强调基督教排他一神论，物伦则是要引入西方科技观念，以破除中国人的泛灵论和风水迷信之类阻碍现代化的观念（如风水严重阻碍了修铁路和开矿），那么人伦跟中国传统的人伦有什么不一样呢？在《教会新报》阶

[1] 对花之安的研究，可参考张硕：《汉学家花之安（Ernst Faber）思想研究》，北京：知识产权出版社2013年版。

[2] 易惠莉：《西学东渐与中国传统知识分子：沈毓桂个案研究》，长春：吉林人民出版社1993年版。较早的对传教士个体的介绍可参考顾长声：《从马礼逊到司徒雷登——来华新教传教士评传》，上海：上海书店出版社2005年版。至于艾约瑟、慕维廉、韦廉臣，尚未看到相关的研究专著。在对待基督教与中国文化的高低评估上，传教士虽然总体上扬耶抑儒，但个体存在着程度上的差异，如李提摩太和李佳白较为和缓，林乐知则较为严峻。

段，林乐知尚侧重耶儒在仁义礼智、忠孝节义、戒律上的一致，但随着甲午战争严重暴露中国文化的负面因素，林乐知开始强调新教人伦异于且优越于儒教之处，以美国式的自由、民主、平等来反衬儒教的专制、束缚、愚昧，较为系统地揭露并批判了儒教的负面影响。正如在印度的传教士对印度文化的批判促进了印度知识分子的启蒙主义一样，传教士与中国基督徒对中国文化风俗陋习（从男尊女卑、缠足到专制）的系统批判，启发了从康有为、梁启超到新文化运动的文化反思与启蒙主义。

今天，如果我们系统地阅读《教会新报》和《万国公报》上中外作者的文章，就会发现，对中国传统宗教的批判，对皇权、族权、夫权、神权的批判，对国民性的批判，以及提倡白话文、汉字拼音化，在晚清已经全面展开，只不过用词没有那么激烈。他们的这种反思与批判，可以称为近代第一波启蒙主义运动。如果说陈独秀、鲁迅、胡适等人是以现代西方科学民主思想来批判中国传统文化，那么这第一波启蒙主义运动就是以现代新教思想[1]来批判中国传统文化。

西学对晚清各方面，尤其对政治和思想方面，一直持续发挥着影响。从林则徐、魏源、徐继畬到洪仁玕和冯桂芬这样的新式思想家，一步步地向前深化，直到在戊戌

[1] 现代新教思想是在基督教的视野下容纳科学与民主，它跟苏格兰启蒙、英美温和的改良传统有关，它并不认为基督教与科学、民主是矛盾的。这种兼容论的思想视野，在民国初期的赵紫宸那里都还存在。而新文化运动的主导方向则是排除了信仰的科学与民主，近似于法俄无神论与世俗化传统。

运动中达到高潮。康有为、梁启超、谭嗣同[1]等人受李提摩太、林乐知的影响是十分显著的[2]，他们的许多改革建议、新知识和新思想，直接来源于广学会、江南制造局翻译馆的著作[3]。经过义和团运动的反西方文明后，清朝痛定思痛，决定实行君主立宪，不仅西学在“转译”中迎来新一波高潮，连民教关系也在双方的反思和克制下开始缓和，基督教迎来一个平稳增长期。西学不仅对经世派、改良派、洋务派、维新派有影响，对一早一晚以洪秀全和孙中山为代表的反清人士亦有影响。太平天国与基督教的关系甚深，尤其深受《圣经》与《劝世良言》的影响[4]。孙中山早年自命“洪秀全第二”，1894年他曾在《万国公报》上发表《上李傅相书》[5]，改良不成后，决定采取革命方式再造中华，其早期追随者与起义人员中多为基督教

[1] 张灏著，崔志海、葛夫平译：《烈士精神与批判意识：谭嗣同思想的分析》，北京：中央编译出版社2016年版，第45—51页。朱维铮先生在谈到西学对谭嗣同的影响时说：“谭嗣同非但同意彻底西化，甚至像王韬一样，以为西方列强侵略中国是好事，可以加速中国的革新。”参考李天纲编校：《万国公报文选》，上海：中西书局2012年版，第24页。

[2] 王树槐：《外人与戊戌变法》，上海：上海书店出版社1998年版（原书于1965年在台湾出版）；梁元生：《林乐知在华事业与〈万国公报〉》，香港：香港中文大学出版社1978年版；房德邻：《〈万国公报〉与戊戌变法》，《北京师范大学学报》，1986年第6期。

[3] 强学会办的《万国公报》（与上海《万国公报》同名）和《中外纪闻》，许多内容即直接转自传教士所办刊物。关于维新派所办报刊的一般情况，可参考徐松荣：《维新派与近代报刊》，太原：山西古籍出版社1998年版。

[4] 可参考周伟驰：《太平天国与启示录》，北京：中国社会科学出版社2013年版。

[5] 李天纲编校：《万国公报文选》，上海：中西书局2012年版，第269—279页。

徒[1]。这是因为他们受到西方现代思想的影响，具有了新的世界观和价值观，不能再忍受清朝的腐败统治。在晚清，香港、广东、上海等沿海地区和海外，中国基督教徒已呈现网络状分布，通过与西方基督教世界的连接，他们中间正酝酿着一些新的思想和人群、改造社会和国家的力量，也酝酿着新世界各行业的领袖[2]。

梁启超在关于明清学术思想史的著作[3]中，对西学的影响和意义做了高度评价。但是，后来者在撰写中国近代史时，由于种种原因，对于晚清西方人士如何译介西学，将新的思想和观念传递给中国知识分子（口岸文人），并通过他们的笔影响到中国思想界，进而影响到中国历史，整体上的研究尚不足。比如，桑兵等著的近800页巨著《近代中国的知识与制度转型》[4]，就很少谈到晚清译述带来的知识变化，而直接从日本的影响开始。相比之下，《剑桥中国晚清史》[5]，则用了《1900年以前的基督教传教

[1] 梁寿华：《革命先驱：基督徒与晚清中国革命的起源》，香港：宣道出版社2007年版；李志刚：《洪秀全与孙中山对耶儒的认识及推行革命的比较》，载《基督教与中国近代文化》，香港：基督教文化学会2009年版；李志刚主编：《辛亥革命与香港基督教》，香港：基督教文化学会2009年版。

[2] 罗元旭：《东成西就：七个华人基督教家族与中西交流百年》，北京：生活·读书·新知三联书店2014年版。讲述了上海互有姻亲关系的七大基督教家族的崛起历史。其实，在香港、广东、福建也有不少这样的基督教世家。

[3] 梁启超：《论中国学术思想变迁之大势》，上海：上海古籍出版社2001年版，第135—136页；梁启超：《清代学术概论·儒家哲学》，天津：天津古籍出版社2003年版，第85—87页；梁启超：《中国近三百年学术史》，天津：天津古籍出版社2003年版，第30—31页。

[4] 桑兵等著：《近代中国的知识与制度转型》，北京：经济科学出版社2013年版。

[5] 费正清、刘广京编：《剑桥中国晚清史》，北京：中国社会科学出版社2006年版。

活动及其影响》一章专门讨论这种影响，显得比较平衡。

在资料上，与明清时期西学东渐重要文献逐渐得到系统出版[1]不同，晚清西学文献（包括宗教文献）一直没有得到系统整理出版，相关著作的出版只能比较孤立而零散地进行。比如，在人文社科书籍方面，上海书店出版社2002年“近代文献丛刊”出版过晚清几本产生过重要影响的西学书，如李提摩太译《泰西新史揽要》、花之安编著《自西徂东》、林乐知译《文学兴国策》、丁韪良译《万国公法》、傅兰雅译《佐治刍言》等。上海科学技术文献出版社2012年出版了《江南制造局译书丛编》，将当年江南制造局翻译馆的译著予以出版，除了工程类书籍外，还选了较有思想性的“政史类”书籍，收入《佐治刍言》《列国岁计政要》《西美战史》《俄国新志》《法国新志》《埏纮外乘》《四裔编年表》《各国交涉公法论》《各国交涉便法论》《公法总论》《美国宪法纂释》《欧洲东方交涉记》《英俄印度交涉书》《东方时局论略》等。2014年，上海书店出版社影印出版了全套《万国公报》，在清晰度上超过了当年曾普惠于学界的台版《万国公报》。在宗教类书籍方面，最近几年，上海大学陶飞亚教授对近代基督教（包括新教）文献的总量和馆藏情况做

[1] 最近代表为张西平等主编：《梵蒂冈图书馆藏明清中西文化交流史文献丛刊》（第一辑），郑州：大象出版社2014年版。它基本涵盖了以往相关的出版物。另可参考钟鸣旦等编：《法国国家图书馆明清天主教文献》，台北：台北利氏学社2009年版；周岩编校：《明末清初天主教史文献新编》，北京：国家图书馆出版社2013年版。黄兴涛、王国荣编：《明清之际西学文本》，北京：中华书局2013年版。

了一个系统摸底，取得了很大成就，可以作为以后出版的一个路线图。在港台，一些新教传教士的著作开始得到搜集、整理和出版，郭士立、丁韪良、米怜、宾为霖、理雅各、杨格非等人的中文著作选集开始出现[1]。

不过，跟晚清西学的总量相比，这只是沧海一粟。例如，广学会当年出版了大量著作，后来有机会重新出版的并不多见。

我们出版这套《晚清西学丛书》，是希望能搜集、整理出一些具有代表性的晚清西学译撰著作，填空补缺，为还原晚清思想的全貌做一些添砖加瓦的工作。我们希望能促进对晚清西学的研究和重新评估，将之作为明末清初至今完整的"西学东渐"上的重要一环，予以独立的突显。

三、晚清西学东渐中的岭南西学

鸦片战争之前，广州是清朝对外开放的唯一港口，也因此是西学东渐的唯一口岸。以新教传教士为代表的具有现代知识的西方人士，都是先到广州[2]，如马礼逊、裨治文、卫三畏等人；鸦片战争后，香港被割占，上海、

[1] 周联华主持，曾庆豹、吴昶兴主编的"汉语基督教经典文库集成"系列，在香港橄榄出版有限公司出版，已出版的晚清传教士文献有黎子鹏编注：《晚清基督教叙事文学选粹》（2012年）、《赎罪之道传：郭实猎基督教小说集》（2013年）、《天道溯源：丁韪良基督教作品选粹》（2013年）。

[2] 梁碧莹教授介绍了跟广州关系密切的20多位美国人，其中有一小半是传教士。参考梁碧莹：《美国人在广州：1784—1912》，广州：广东人民出版社2014年版；雷雨田主编：《近代来粤传教士评传》，上海：百家出版社2004年版。晚清来华传教士介绍了马礼逊、郭士立、米怜、麦都思、裨治文、卫三畏、伯驾、嘉约翰、罗孝全、理雅各、合信、明稽章。

厦门、福州、宁波开放后，西方人士才逐渐分头奔向这些沿海城市。在很长一个时期内，广州在西学东渐中占有优势，但后来逐渐被上海赶超。关于广州为何被上海赶超[1]，以及何时被上海超过，曾经有过讨论。一个主要的可能原因是，鸦片战争后，按《南京条约》的规定广州应对英国人开放，但广州人抗拒，前前后后拖了十五年[2]，正是在这一时期，一些西方人士开始从广州迁往上海，广州西学人才外流。虽然如此，广州也仍旧是近代文化中一个极其重要的中心点。广东人容易接受新的生活方式和思想观念。反观一下中国近现代史就能知道，从太平天国起，“南风北吹”跟“西学东渐”几乎是同步的。这种态势甚至持续到改革开放的今天。

在近代报刊创办上，广州领先一步。广州原为清朝唯一通商口岸，早期来华西方人士为让西方人了解中国而创办了一些英文期刊，同时又创办了一些中文报刊，一是为了向中国人传教，二是为了让中国人了解西方，促进文化交流，增加西方文明对中国人的影响。中文报刊中，较为连贯且有影响的，包括《东西洋考每月统记传》《察世俗每月统记传》《遐迩贯珍》，都是在广州、香港与南洋创办的。后来，上海和北京的发展速度超过广州，《六合丛谈》《格致汇编》《万国公报》均在上海创办，《中西闻见录》则在北京创办。维新时期京沪涌现了一些报刊，如《中外纪闻》《强学报》《时务报》等。同一时期在广州

[1] 熊月之：《西学东渐与晚清社会》（修订版），北京：中国人民大学出版社2011年版，第167—168页。

[2] 王毅：《皇家亚洲文会北中国支会研究》，上海：上海书店出版社2005年版，第4—5页。

也有一些新的报刊，但是影响力主要在南方和南洋一带。

西方知识也以著作的形式在广东出现。1834年，西方人士在广州成立了“在华实用知识传播会”（Society for the Diffusion of Useful Knowledge in China），裨治文和郭士立（郭实腊）是其中主力。该会出版的著作包括：郭士立《大英国统志》（1834年）、郭士立《古今万国纲鉴录》（1838年）、《犹太国史》（1839年）、《贸易通志》（1840年）、《万国地理全集》（1838年）、郭士立主编《东西洋考每月统记传》（1837—1838年）、裨治文《美理哥合省国志略》（1838年）、罗伯聃《意拾喻言》（1838年）、裨治文《广东方言撮要》（*Chinese Chrestomathy in Canton Dialect*）[1]。1843—1860年之间，西方人士在广州出版的中文书刊，除了《圣经》、传教小册子、词典和年鉴外，还主要有裨治文《亚墨理格合众国志略》（1844年）、合信《天文略论》（1849年）、合信《全体新论》（1851年）、哈巴安德《耶稣教要理问答》（1851年）和《耶稣正教问答》（1852年）、合信《博物新编》（1855年）、湛约翰《上帝总论》（1856年）、俾士《地理略论》（1859年）、纪好弼《醒世要言》（1859年）和《真教问答》（1859年）、嘉约翰《经验奇症略述》（1860年）等[2]。鸦片战争后，原在广州的一些西方人士逐渐转移到上海。1857年，裨治文、卫三畏、艾约瑟、雒

[1] 沈国威：《打造专业术语：以19世纪的英汉词典为中心》，载郎宓榭等著：《新词语新概念：西学译介与晚清汉语词汇之变迁》，济南：山东画报出版社2012年版，第299页。

[2] 熊月之：《西学东渐与晚清社会》（修订版），北京：中国人民大学出版社2011年版，第129—130页。

魏林等18人决定成立“上海文理学会”，后来它成为皇家亚洲文会北中国支会[1]。上海的西方人士办报著书的越来越多，使上海成为传播西学的最大中心，但广东仍有叶纳清（1864年去世）、花之安（1839—1899）等人在从事译撰活动。花之安于1886年去上海，但其主要著作是在广东时完成的。

广州作为晚清最重要的西学中心之一，其西学传播从来就没有停止过。上文显示，在广州以至广东的西学著作以宗教类和医学类为突出，马礼逊、梁发、合信、嘉约翰都是显著者。一些用粤语翻译的文学著作，如《天路历程》、《人灵战纪》、《辜苏历程》（即《鲁滨孙漂流记》），在粤语文学中有一席之地，可视为《虾球传》的先驱。即便在近代国际公法方面，也是广州的伯驾节译瓦泰尔《国际法》在前[2]，丁韪良翻译惠顿《万国公法》在后。

由于开放最早，广东得风气之先，其西学视野领先内地一步，不少广东人从事西学的介绍或引进。如鸦片战争前，对西方最了解的中国人是梁廷枏，他著有《海国四说》《夷氛纪闻》等。跟随马礼逊和米怜学习的梁发，其《劝世良言》直接影响了太平天国运动。洪仁玕在香港与传教士韩山文、理雅各等人交往，阅读他们出版的中文著作，使他能够写出中国近代第一个现代化纲领《资政新篇》。再如跟德国人关系密切的东莞世族王家，第一代王元琛是郭士立的弟子，王元琛之子王炳耀和王炳堃跟叶纳

[1] 王毅：《皇家亚洲文会北中国支会研究》，上海：上海书店出版社2005年版，第11—13页。

[2] 谭树林：《美国传教士伯驾在华活动研究：1834—1857》，北京：群言出版社2010年版，第179页。

清、花之安等人有师承关系，交往密切，王炳耀与孙中山也有深厚友情，其子王宠惠后来成为民国外交部长和总理，他们都有西学著译问世。再如南海人何进善（福堂），他是理雅各在马六甲任教于英华书院时的学生，著有宗教书多部，其子何启是维新派思想家，女婿伍廷芳曾任清廷驻美公使和民国外交总长。像王元琛、何进善这样的世家尚有不少。至于郑观应、康有为、梁启超、黄遵宪等思想家，张荫桓、何如璋等具有新思想的官员就不多说了。甚至康有为的弟子、创办孔教会的高要人陈焕章，也到美国拿了一个博士学位（1911年），其英文著作《孔门理财学》还被马克斯·韦伯引用过。陈氏对儒教的认识已经是在全球化的视野中，含有与西学比较的问题意识，跟传统的儒家大为不同。广东人久在西学熏染中，自觉不自觉地以西学促中学，以中学解西学，融会贯通，创立新学。康有为之参照基督教创立孔教就是一例。

四、编选说明

我们这套丛书，选取了晚清西学中较重要的一部分进行校注。在“西学”范围上，我们不做严格限定，而大致指跟泛称“西方”有关的知识和思想。在时间方面，我们所说的“晚清”，限定在1807—1911年之间，若有个别作品或作者实在重要而延伸至明末清初或民国，也可做灵活的处理。比如，某些译者或作者的选集文章发表时代横跨清朝、民国两个时期。在地域方面，凡是以汉文译撰的著作，不管它们是在南洋、港澳或内地产生的，都可以入选。在作者方面，不管是西方人还是中国人，是直接翻译还是借鉴后独创，都可以入选。由于是立足于广州和广东，我们会侧重广东的西学传统。

我们选书的考虑，大致有如下几个方面：

第一，对晚清思想界和社会产生过影响的西学著作，比如，影响过晚清经世派、洋务派、维新派、革命派甚至保守派的著作。产生影响的译撰著作不一定是在西方本身重要的著作，但在当时晚清的形势下，它们影响了很多中国人，甚至改变了中国的历史进程。如《佐治刍言》《泰西新史揽要》《百年一觉》《大同学》《中东战纪本末》《中西关系略论》《治心免病法》《西学略述》《列国变通兴盛记》《时事新论》《西学考略》《格物探原》等。

第二，有些书的影响较小或几乎没什么影响，但它们在西方本身有重要的历史地位，也有永久的价值，因此是值得重视的，如哲学名著培根的《格致新机》（即《新工具》）[1]，以及一些文学名著，如《天路历程》《鲁滨孙漂流记》等。这些名著在民国还有不同的译本，甚至直到今天还在产生新的译本。回过头去看晚清的译本，一些词语和概念的不同译法，显得别有一番风味。

第三，还有些是因为晚清译本提供了另一种翻译的可能性，具有语言考古价值。晚清译述出现在日语转译之前，译撰者尚未受到和制汉词的影响，而根据汉语自身的规则与历史进行翻译，因此为今日西学的翻译提供了另外的可能性。比如颜永京、丁韪良关于心理学的著译，艾约

[1] 邹振环：《影响中国近代社会的一百种译作》，北京：中国对外翻译出版公司1996年版，第80—87页。该书较详细地介绍了《谈天》《重学》《佐治刍言》《心灵学》《泰西新史揽要》《治心免病法》《文学兴国策》《百年一觉》等书。

瑟、傅兰雅关于政治经济学的著译，里面很多关键词语的译法跟现代汉语译法（大部分为和制汉词）颇为不同，值得玩味。这就如同在文学上，新文化运动掀起白话文革命之初，涌现了很多种白话文的可能性，在今天语言越来越趋于统一和相同的情况下，回过头去考察白话文革命之初的种种表达方式，有可能像敞开新的空间一样。在一种语言的构成中，词语是基本细胞，作为思想的直接现实，语言意味着思想的界限，重新审视汉语革命的历史，也就是对现代思想史的一种反省。近年来，学界对中国哲学史、思想史有过反思和争论，如现代中国人用“现代汉语”来研究中国古代“哲学”等，是否等于“汉话胡说”，是否在“以西解中”？对于近代以来学科的分类、变迁，基本词语和概念的巨大变革，我们可以借由对这些处于变革前夜的晚清西学译著典籍的“渐变”所进行的微观考察，来重新把握和理解现代中国人思维内容与方式变革的过程，也对诸如“自由”“哲学”这类重要译词是否能准确表达西文原词展开反思和探讨。与此相关，对于一些在和制汉词中传过程中起到了重要作用但今天很少被人提起的转译本，我们也会予以注意。比如王国维翻译桑木严翼的《哲学概论》、元良勇次郎的《心理学》及《伦理学》等等，就既对王国维本人的思想发展起过作用[1]，也对哲学类和制汉词进入中文世界有所影响。在译述和转译之间，相对来说，我们会侧重于译述时期的译撰著作。

第四，虽然我们所理解的“西学”是广义的西学，但

[1] 可参考佛雏：《王国维哲学译稿研究》，北京：社会科学文献出版社2006年版。

由于出版数量有限，我们会侧重于考虑各领域的代表作。比如天文学，晚清相关著译是相当多的，我们可能只选最早也最具代表性的伟烈亚力和李善兰译述本《谈天》，以及他们两人译述的《几何原本》和《代数学》，艾约瑟和李善兰译述的《重学》，合信编译的《博物新编》。当时有开创性的植物学、动物学等自然科学著译也将酌情选入，当然，如果今天其他出版社已有出版，我们会尽量避免重复[1]。晚清历史、地理的著译相当多[2]，我们也只选有代表性的。在人文社会科学方面，可以考虑比较中英法律、详细介绍英美陪审团制度的哲美森《华英谳案定章考》，中国人介绍英法政治制度的刘启彤《英政概》《法政概》，徐建寅《德国议院章程》，李佳白比较各国政治制度的《列国政治异同考》，详细介绍美国宪法的林乐知《环游地球略述》，以及舒高第、郑昌棪译述的《美国宪法纂释》（1907年）等。在西方思想的译介上，虽然只是到了"转译时期"才大盛，但译述中也有不少，比如李提摩太和马林对社会主义的介绍，尤其是马林发表在《万国公报》上含有基督教社会主义成分的关于地租、公正、平等的文章，对孙中山等人产生过影响。在宗教方面，宣教著作我们不会选，但比较有特色或者有历史价值，或者在今天仍有比较宗教、比较经学和比较神学意义的少量译撰著作，会适当选入。韦廉臣、艾约瑟对古埃及、波斯、希

[1] 韦廉臣、艾约瑟口译，李善兰笔述：《植物学》，上海：上海交通大学出版社2014年版。该书原于1858年由上海墨海书馆出版，拟定了许多专有名词，对后世有影响。该书此次是作为刘华杰主编的"博物学文化"丛书中的一本出版的。

[2] 艾约瑟译的《希腊志略》《罗马校略》得到出版，参考陈德正、韩薛兵校注：《〈希腊志略〉〈罗马志略〉校注》，北京：商务印书馆2014年版。

腊、罗马的宗教情况做了较多的介绍。在哲学思想等方面，艾约瑟、林乐知等人介绍了古希腊、古罗马和中世纪哲学，林乐知的包含十四本书的《自历明证》丛书，就详细介绍了基督教八大教父中的两位即奥古斯丁和金口约翰的生平与学说，以及日本明治维新时期同志社大学的创办人新岛襄的传记，其篇幅在中文世界里都是前无古人的。在文学方面，比如艾约瑟对弥尔顿、库柏诗歌的译介，都堪称最早。

第五，如前所说，广州在晚清西学东渐中有特殊地位，西学对广东敢为天下先的近现代文化有着潜移默化的影响，并随着广东人走向全国而在全国产生影响。我们将选择有广东特色的译撰著作，包括方言作品，以呈现一个鲜活的广东近代西学传统。

第六，虽然晚清西学著译不少，但我们侧重于以往不太受重视和整理的那些著作，而对于已得到很好整理、校注或市面上易得的著作，如严复的译著、容闳的《西学东渐记》等，则尽量避免重复，因此我们的选择含有一种“补遗”的意味，以呈现一个更丰富、更立体、更多面的历史。

五、致谢

在倪梁康教授的主持下，中山大学在2006年成立西学东渐文献馆，搜集、整理西学东渐文献与资料，并定期出版《西学东渐研究》，目前主要有法国籍的梅谦立教授做明清天主教文献研究，倪教授本人做唯识学和现象学的比较研究。我本科毕业于中山大学哲学系，中山大学是我的母校，我跟中山大学有特殊的情谊。近些年我在做晚清新教研究，涵盖的范围从太平天国到广学会和康有为、梁启超维新派之关系，正属于“晚清西学东渐”范围。因我父母在广东，每次我回家探亲，都会去看望在中山大学的师友，如哲学系的陈立胜老师和中文系的新进学者姚达兑。姚达兑是80后学者，他对近代西方文学的中译颇有研究，对出版晚清西学很有兴趣。2015年夏天，我与陈立胜老师拜见倪梁康教授，谈起西学东渐，说起我和姚达兑约了几个海内外同人想做晚清西学校注，只是出版资金一时遇到困难。倪教授听闻后，觉得此事有益于西学东渐研究，也有益于社会和学界，乐意促进此事，于是决定将这套丛书置于西学东渐文献馆的项目当中，通过广州市人文社会科学重点研究基地“广州与中外文化交流研究中心”及广州市科创委“西学东渐与广州21世纪海上丝绸之路”专项基金的经费予以资助。我们决心放眼长远，编出一套有参考价值的丛书。

晚清西学的校注与普通古籍的校注尚有不同，在文言之外，尚有外语（英法德日）及西学知识的问题，校注起来有额外的难度，相关人员寻找起来非常不容易。为找到这套丛书每本书的校注者，姚达兑和我可没有少在网上和微信上讨论。最后，对丛书的校注，我们找到了几位学贯中西、学养上佳的年轻学者，他们都是海内外名校毕业的博士，有的长期从事中西文化比较的工作，堪称“合适的人做合适的事”。

此项计划的完成，有赖于一些机构和个人的帮助。尤其是以下机构：中山大学西学东渐文献馆、广州与中外文化交流研究中心、南方日报出版社、“十三五”国家重点图书出版规划、国家出版基金和“西学东渐与广州21世纪海上丝绸之路”专项基金；以下个人：倪梁康教授、张伟教授、梅谦立教授，以及加盟本项目校注工作的学者肖清和、马永康、赵璐、张洪彬、李彬、王雨、龚昊、孙若圣、韩晓、葛小辉、窦新光、杨汤琛、叶杨曦、陈思行、张锦冬、司佳、吕飞跃等。姚达兑在联系校注者和出版社方面付出了大量劳动，很多实际的工作也是他在做，在此我要特别感谢他。希望我们的丛书能够有益于读者与学术界，越做越好。

2017年6月26日

2020年3月22日略有修订

《普法战纪》导读

杨汤琛

一、王韬的启蒙意识与《普法战纪》的书写动因

谈及晚清近代启蒙图书，学界多瞩目于《海国图志》《瀛环志略》等几部地理志，相形之下，《普法战纪》则门前冷落鞍马稀，有关简体整理本延宕至今，甚至一些知识类图书对其描述也多有错讹，《新闻学简明词典》将《普法战纪》误记为美国人麦吉雅所撰的《普法观战记》，“1870年，王韬在国外游历时写的《普法观战记》……”[1]。固然，《海国图志》《瀛环志略》等“睁眼看世界”的舆地之作可谓振聋发聩，开一代人之蒙昧，但《普法战纪》作为中国第一部记述海外战争的专著，不仅详录了19世纪这场震动世界、重布欧洲格局的战争之本末，而且广涉普、法两国的地理、历史、政治、军事等，其迅捷而敏锐的当代史书写更为时人突破无知之幕、明了世界局势提供了重要镜鉴，可谓中国深入了解西方的一个新起点，因此，此书甫出，“钞本流传南北殆遍”[2]，士人争颂，“当今名公伟人皆誉之不容口”[3]。可见，《普法战纪》广泛影响了同代人的认知图式，堪为晚清重要的启蒙著述。

《普法战纪》的编撰者王韬（1828—1897）近来渐以其改良思想者、政论家以及报人的身份为学界所重，观其生

[1]余家宏等编：《新闻学简明词典》，杭州：浙江人民出版社1984年版，第125页。
[2]王韬：《普法战纪·代序》，《弢园文录外编·卷八》，北京：中华书局1959年版。
[3]王韬：《普法战纪·代序》，《弢园文录外编·卷八》，北京：中华书局1959年版。

平脉络，当为柯文笔下最早一批“口岸知识人”[1]之一。王韬生于江南，其父以设馆授徒为生，他从小就在父亲的训练下接受儒学正统教育，沿袭传统读书人的生活模式，希望通过科举来光耀门楣。但王韬在科举场上屡试不第，迫于生计，走上了一条与传统文士截然不同的道路。他来到作为条约口岸的上海，受聘于墨海书馆，协助传教士麦都思翻译西籍。这一沿海生活经验无疑为王韬启蒙思想的萌生提供了得天独厚的条件：“自1842年以后，沿海与内地的反差逐渐显著了。西方人首先在中国沿海建立据点，后来又扩展到长江沿岸。在这些据点及周围地区，逐渐发展出一种文化：它在经济基础上是商业超过农业；在行政和社会管理方面是现代性多于传统性；其思想倾向是西方的（基督教）压倒中国的（儒学）；它在全球倾向和事务方面更是外向而非内向。……中国近代史上的一些重要人物都是新的河海文化的产物。”[2]显然，生活于现代性率先渗透的上海口岸，参与编辑、翻译西方科技文化类图书，并结识了艾约瑟、慕维廉、理雅各等西方博学之士，这一切均极大开阔了往年埋首于科举考试的王韬之眼界，丰富了他的知识结构，使其逐渐成为传统士人向现代知识人嬗变的重要中间物。

然而，过渡时代的士人始终流连于传统之弦，作为一个被正统科举体制摒弃于外的破落文人，于沿海口岸走异路的王韬固然承受了新生活与新理念的撞击，但内心仍颤动着不安和痛楚。在给朋友的信中，他曾这样追悔

[1]柯文著，雷颐、罗检秋译：《在传统与现代性之间——王韬与晚清改革》，北京：中信出版社2016年版，第17页。

[2]柯文著，雷颐、罗检秋译：《在传统与现代性之间——王韬与晚清改革》，北京：中信出版社2016年版，第215页。

道："韬逐臭海滨，佣书觅食，计非得已，然舍此无可适者。"[1]可见，作为最早受聘于洋人而谋生的口岸知识人之一，王韬对于自身颇具异端意味的身份是难以认同的。因而，不难理解为何在1862年，王韬会以孤注一掷的方式，冒险秘密上书太平天国的将领，为反清出谋划策，期冀谋得传统的仕宦生涯。王韬的信件很快被清军缴获，遭到了清王朝的通缉，王韬于走投无路下远遁香港，开始了长达20余年的境外流亡生涯。1867年，转身香港躲避追捕之灾的王韬应汉学家理雅各之邀，前往欧洲协助翻译，作"泰西汗漫之游"，其间，他游历了伦敦、爱丁堡、马赛、巴黎诸地。此次西游在"蒲安臣使团"初使泰西之先，异域日新月异的科技与政教文明让王韬眼界为之大开，激起了他蛰伏的变革激情与维新意识，他深感洋务运动仅仅拘泥于器技是远远不够的，有必要将西方的政治、历史介绍给当时沉浸于"中兴"幻觉下的中国，从根本处来着手改良。

1870年春，王韬由西方返回香港，应洋务派官员丁日昌之约，着手编写《法国图志》。其间，令世人侧目的普法战争爆发，王韬的好友张宗良提议详细记录这件国际大事，旅欧归来又正在编录《法国图志》的王韬当即进行《普法战纪》的编撰工作，"于时，余删订《法国图志》，甫经蒇事于法之掌故，颇为审详，因欣然从事于译撰。午夜一灯，迅笔暝写，积同束笋，篇帙遂多"[2]，其章节陆续于香港的《华字日报》公开发表。

[1]王韬：《弢园尺牍·卷四》，清光绪十九年（1893年）沪北三淞隐庐铅印本。
[2]见本书凡例第2页。

作为一部为回应时事而撰写的当代战争史，《普法战纪》是王韬历史著述架构内的重要一环，也是王韬自认为必传之于后世[1]的重要历史著作。虽然王韬历来多以政论家、报人的身份而闻名，但历史学家的身份一直被王韬所珍视。事实上，在他的全部作品中，历史记述占据了重要地位，从《法国志略》《西学源始考》《普法战纪》到未刊刻的《俄罗斯志》《美利坚志》《四溟补乘》《西古史》《西事凡》等，它们既有国别史、西方战争史、西方上古史，也有对遗闻轶事的辑录，卷帙浩繁、内容广博的西方史书写充分体现了王韬的作史雄心。与清儒一代埋首于古史陈迹的考据不同，王韬从传统史学中昂首，立足现实，瞩目于西方古今源流，以书写西方的方式来关注西方之挑战，如其自言："夫自东西通商以来，留心时务者，固宜师其所长，而攻其所短，明其情伪，揽其形势，悉其民风俗尚，知其山川物产，而于其古今来之盛衰强弱，沿革升降，探其源析其流，然后我可以蹈瑕伺隙以制之。"[2]显然，王韬的治史动机与史学实践离不开他经世济时的愿景，亦与晚清通关后屡遭外患、痛定思痛的时代背景分不开。

鸦片战争之前，国人"徒知侈张中华，未睹寰瀛之大"[3]，而自英人的大炮轰开了大清帝国的大门，超越历史经验范畴的西方强势切入中国，国族危机频现，1870

[1]王韬于自传言《普法战纪》"而老民自知其必传于后无疑已"。《弢园老民自传》，《弢园文新编》，上海：中西书局2012年版，第329页。

[2]王韬：《上当路论时务书》，《弢园文录外编·卷十》，清光绪九年（1883年）香港弢园老民刻本。

[3]魏源：《圣武记》卷十二，上海：世界书局1936年版，第359页。

年之前，大清帝国已经历了两次鸦片战争，均以割地、赔款、开放通商口岸而告终；1870年6月21日天津教案发生，清政府遣专使（崇厚）去法国赔礼道歉，且向各国赔银50余万两。可以说，自中西正面交往以来，大清帝国几乎都是以一种屈辱的方式节节败退；在频频受挫的情况下，清王朝由上至下掀起了旨在自强御侮的洋务运动热潮，“知夷情”成为当务之急，对于西方地理、历史的探究成为彼时晚清先进士人群体的共通兴趣。这一时代的认知图式可以从费正清的晚清地理学兴起之论述略窥一二：“对世界地理学的兴趣表面上似乎是旨在获得有关那个未知的西方世界的知识，但实际上却是为了取得关于整个世界的知识。但是，如果我们考虑到当时的迫切需要，这可以被视为一种增进中国本身知识与才智的运动。换言之，这个时期的部分中国官吏与文人，在与西欧一个蛮夷之邦战争之后，迫切地想了解敌人和要知道欧洲处于什么位置上，需要寻求正确的答案。在这种压力下，出现了研究世界地理的兴趣的浪潮。”[1]王韬的西方史书写显然内在于这一普遍的意欲“了解敌人和要知道欧洲处于什么位置上，需要寻求正确的答案”的压力之下。

二、《普法战纪》的撰写过程与本册主要内容

19世纪70年代，欧洲爆发了普鲁士与法兰西的战争，这场重组欧洲诸国权力版图的战争源于过渡阶段的帝国主

[1]费正清、刘广京编，中国社会科学院历史研究所编译室译：《剑桥中国晚清史》，北京：中国社会科学出版社2007年版，第146页。

义对于资本与权力的角逐。19世纪60年代以来，随着第一次工业革命接近尾声，欧美又掀起了一场轰轰烈烈的经济革命，即以电力、汽车等新兴行业诞生为标志，最终促使资本主义世界一体化的第二次工业革命；在此生产力飞速发展的进程中，资本垄断组织应运而生，各个资本主义国家相继形成了帝国主义的雏形，有关能源、材料、世界霸权的争夺也日益激烈，国家之间的权力扩张与资本寻租不断引发动荡的国际争斗，普法战争便是这一矛盾尖锐化的表现。普法战争最终以普胜法败、德意志帝国建立而告终。为何法国作为当时的资本主义强国却挫败于后起之普鲁士？这一战争在改变欧洲政治格局的同时，又会对世界局势以及已被卷入西方力量阴影下的中国带来什么？这对于拥有西游经验、颇具改良意识的王韬而言，可谓一个充满了诱惑且富于现实意义的课题。《普法战纪》便是回答上述问题的中国最早的一部欧洲当代战争史。

《普法战纪》最初成书时间，据陈桂士于《普法战纪·陈序》所言，当为1870年9月至1871年7月："王君之为此书也，载笔于庚午八月，而断手于辛未六月。"[1]此次作成十四卷，于1873年由中华印务总局出版，即为《普法战纪》初版本，亦被称为癸酉本。后，王韬又将1872年至1874年三年所闻所见的普法之事补录入《普法战纪》，"于一千八百七十三、四年间普法之事多所增入，如详纪巴彦之狱词、法国朋党之祸，门户之争有如水火；民政王政，议者所见各异，亦足以见法之近政焉。余书初成于辛未六月下旬，仅以十二卷为断手，十三、十四两卷后始续

[1]"陈序"，《普法战纪》癸酉版。

成，今更补以壬癸甲三年中所见所闻，皆足与战事相关，可谓毫发无遗憾矣”。由此扩展为二十卷本，即目前我们整理所本的1895年光绪乙未年的重镌本，亦被称为乙未本。

《普法战纪》虽由王韬撰写，但成书过程凝聚了多人的智慧与汗水，如其癸酉版前序所言，“凡十有四卷，大抵取资于日报者，十之三；为张君芝轩所口译者，十之四五；网罗搜采得自他处者，十之二三”。即《普法战纪》前四卷内容由张宗良（芝轩）根据英国邮报、电报随见随译而成；十一、十二、十三、十四卷多采自陈霭廷主编的《华字日报》有关普法战事的报道；其他内容多取自法国图志、日耳曼国史；其中，梅籍、何玉群为此书润色，“皆助我以成是书”，“秉笔为之润色”；邹诚校译地图。不过，材料的编写固然由多人合力而成，但文内交相出没、见识不凡的议论则来自王韬手笔，并最终由王韬编撰、贯穿而成完稿。

本册《普法战纪》的主要内容大致为两部分，即战争的发动与准备阶段、作战过程，其中穿插对欧洲形势的叙述、普胜法败之原因的探讨等。第一部分涵括卷一、卷二、卷三，叙述普法战争的起因以及战争发动阶段两国的国力、军事等。卷一先详叙普、法两国地理、政治、民情，并首次翻译、引录了法国的《马赛曲》；后叙普法战争的起因，即普、法因争立西班牙王子一事而构兵。彼时，西班牙因国内动乱，女王伊莎贝拉二世奔逃出国，国中无主，于是，西班牙人欲立普国郡王子理乌佛（即霍亨索伦亲王利奥波德，与普鲁士国王威廉一世有远亲关系）为君，法国闻讯担忧普鲁士与西班牙此次结盟会削弱其欧洲势力，因而极力阻挠，派公使边尼德体劝说普王，普王不置可否，由此引起了两国争衅。普、法争立西班牙王子一事固然是战争爆发的一个因素，但这不过是一个导火线，其根本原因在于普、法两国对欧陆霸权的争夺，王韬曾明确指出其战争的内因“所争者权利，所夺者土疆。法仇普，普亦怨法，各欲因利乘便，伺间抵隙，以求逞于疆场之间。故两国之出于用兵，情有必然，势所必至。而不知者遂谓以立普王子为西班牙君而起，则未深求其故者也”[1]。其时，普鲁士通过与丹麦、奥地利之战，日益坐大，确定了其在日耳曼联邦中的领导地位，并亟待谋求更大的政治利益，远交近攻的战略下正策划向法国挑战；与此同时，拿破仑三世正竭力想恢复法兰西第一帝国的欧陆霸权，普鲁士的崛起无疑构成了巨大的威胁，两者各据一端，难免陷入修昔底德之陷阱，权力的争夺使得战争一触即发。

卷二记述普、法两国的战前准备以及两国的海、陆军事实力。王韬以小说笔法活灵活现地叙述了普法两国朝野上下弥漫的战争情绪，普国商人在战前完婚一节尤为动人。本卷还详细介绍了两国军备力量。普鲁士实行普遍征兵制，兵力在西欧数一数二；军队的总司令为威廉一世，总参谋长为毛奇，司令有卡尔·弗里德里希·冯·施泰因梅茨、普鲁士亲王腓特烈·卡尔以及普鲁士王储弗里德里希·威廉。法国实行常备兵制度，总司令为拿破仑三世，勒布夫为总参谋长，麾下有巴赞元帅、麦克马洪元帅。承续卷二，卷三也罗列普、法两国战前局势与军备势力。可以说，两国为了这场旷日大战都举全国之力，动用了最精锐的军队。

[1]见本书正文第65页。

《普法战纪》的第二部分即从卷四至卷十三，本书由于分册问题，只包括卷一到卷十的内容，因此，本册十卷主要详叙普法战争起因以及激战阶段。先是有威申勃、孚卜、瓦士三战，结果法国三战三败；后叙蔑士之战、师丹[1]之战以及普军攻打法京的曲折过程；其中师丹之战最为惨烈："是役也，普法兵士陈亡者数万。有随营文士翼日往观战场，返述其惨目伤心之状，几于不忍见闻。其间折肢裂体，剖腹披肠，断镞贯颅，飞丸入骨，纵横枕藉，殆不可辨。遗衣在地，血痕脑迹，凝聚其上，肝胆瞟于泥涂，骨肉膏乎草木。古今来争战之苦，未有如此者也。"[2] 为了客观还原普法战争，王韬几乎逐日而录，正面记录战场动态，完整记述每场战争的发生时间、地点、经过以及结局等，并旁及战争期间的通信方式（如气球传信）、民生物价（如巴黎被围困后，城内物价腾飞）、战争引发的政局变动（如普王称帝）等。

《普法战纪》还以大量笔墨分析了普胜法败的原因，如两国武器装备的优劣、制度的比较、人才的较量等，均为战争得失的内在因素。对于两国军事力量的对垒，王韬特别强调地图的重要性，他多次盛赞普国军师毛奇所创画的法国地图，它纤悉具备，成为普军深入法境、屡创法军的利器：

> 普用兵以来，所向克捷，势如破竹者，何哉？则

[1]师丹，即Sedan，今通译作"色当"，现为法国东北部洛林（Lorraine）大区城市，属阿登省，毗邻比利时。

[2]见本书正文第185页。

普军明于地利故也。战事初兴，凡巴华厘亚兵一旗则给派地理图数万幅，图中绘画详明，彼疆此界纤悉备载，是以一至法地，凡遇崎岖曲折之处，无不了于心目，即属至小村落农人三五家零星杂居者，图中无不一一毕具。[1]

普军有备而战，知己知彼，对法国地理了如指掌，从而在军事预备上棋胜一着，王韬对此类曾被保守者视为奇技淫巧的器物赞不绝口，不仅有破国内“重道轻器”之迷执的意图，也以器物之精影响了国家成败的实例来强调现代器物的重要性。

除军事装备、地图之外，王韬还追索普国能凝成坚固共同体的政治原因，在于其开明君主制度。他记普国备战期间，因议会能通上下，君主与民众两相无隔，因此，一旦战争发动，普国上下立刻能同仇敌忾，臣民勠力如指臂。王韬由军事至制度的探究，深化了战争史的书写，并传达其超越同时代人的改良意识。

三、《普法战纪》的编撰特色

《普法战纪》作为一部反应迅速、叙述生动的当代国际战争史，不仅详录战争进程，而且涉及普、法两国政治、经济、文化、风俗等方方面面，文史结合，夹叙夹议，可谓一部史、识、才皆备的史籍，并呈现如下编撰特点：

[1]见本书正文第129页。

经纬交织的叙述手法

《普法战纪》的编写呈经纬交织状，纵向的编年式叙述记录战争的发生、发展与结束，落实至战争进程的描写，基本是逐日而录，如卷五记蔑士之战，不仅记录每日战况，甚至将战争的动态时间具体至特定时辰：

> 八月十一日，法各路援军及新选壮丁俱至蔑士大营，军势稍壮。十二日，法廷命德禄苏为大将，统制第十二路军，屯扎于沙龙……经两时许，法军奔溃。……
>
> ……十四日晨，巴彦出战，大举对垒，法兵六万，普兵七万，自午达申，各未获利。

王韬此类沿线性时间详录战况的方式，让战争的来龙去脉异常清晰，宛然如在眼前。

线性的编年方式织就了《普法战纪》的叙述主脉，与此同时，王韬还“博采旁搜、网罗繁赜，虽志普法两国，而于欧洲列帮形势情实赅括无遗，诚欲阅者即普法而知欧洲也”[1]。文中大量描述了战争期间发生的列国政事、民生百态以及重要人物的小传等，于线性的时间点上加以横向的扩充，使得战纪不仅记战，更是一部欧洲百科全书式的记录。譬如，卷十二写法京被困，王韬实录两军交战的同时，宕开笔触描述了京城内部因战争而物价腾贵、民困物窘的细节：“大狗一头约值佛狼二三百枚。其小者亦值佛狼十枚至二十枚或三十枚不等；猫一头自佛狼九枚

[1]见本书凡例第12页。

至二十枚；有以小象、骆驼二出售，见者视逾珍错，争相购致，骆驼二头酬价至佛狼四千枚，小象未有价。按，法京物价本有限制，原不得任意居奇，今固围已久，各物均匮，故其价亦为变增。”这一描写从战争引向社会观察，赋予了战纪广阔的历史空间。

记述战争本末的同时，王韬还热衷对战争双方的重要人物进行纪传式书写。卷二十叙战后事宜，旁逸斜出插入了有关麦马韩的纪传体小传：“按麦马韩，其先英人也，系本出于英国阿而兰岛，或云麦马韩王室宗派也，或又云向为世家，一千七百四十六年英人逐其王，占末斯第三遂奔法，其时，麦马韩祖为从亡之臣，遂家焉。其父当沙儿第十在位时眷顾优隆、尊若宾师，因与法之阀阅家相稔，婚媾往来，列于宦族，曾娶法人女，故巨富家也”。王韬从麦马韩的先祖开始追溯，逐步展开生平事迹，至麦马韩如何一步步成为法国元帅，宛然一部完整的人物史传。这类如岛屿状分布于战纪间的人物列传，不仅具有高度的历史概括力，而且于娓娓道来中展开了西方社会的广阔画面，可堪继承了《史记》纪传体之精髓。

《普法战纪》经纬交错的书写方式使得书写者与阅读者得以跳出空间限制，自由游走于战争形势与历史时空之间，从而获取了有关欧洲的立体、动荡的当代史。

离骚风致

《普法战纪》虽是一部战争史，但读来不觉枯燥，在王韬摇曳而充满才情的笔墨下，战争被描述得生动曲折，其间塑造了鲜明饱满的人物形象，敏感地捕捉了感人的细节，处处穿插王韬本人犀利、激扬的个人评论，还以沉郁顿挫的笔致首次将法国的《马赛曲》译成了风格壮烈的文言诗作，这些均使得整部战纪浸润了浓郁的文学色彩。

王韬述战，笔锋常带感情，不仅赋予历史事件以实在性，也赋予它们以文学性，并在其充满主体意识的编写中加以有效融合，增强历史叙述的感染力。如卷十六记录法国巴黎公社失败后，起义战士英雄牺牲的场景，对其舍生就义的具体描写充满了细节的张力，无奈、惋惜之情绵延于字里行间，“其宛转垂绝之状，殊为目不忍睹”；对起义女性的书写亦带传奇色彩，述其“殊胜于男子，其临阵从容、决机猛捷皆刚健中含婀娜之气，非及笄之姝即待字之女，力强而气锐，其鸣枪发炮娴熟而敏速，虽久历疆场之士无此精练”，俨然渗入了书写主体的想象与虚饰，且文笔疏宕有致，富于诗性。

王韬有力量再度复活历史多汁的肉身，使之成为我们可观、可叹的活色生香的存在体。他的历史言说，特别是对于历史人物的书写，善于勾勒细节，热衷于对人物情感进行揣摩，从而几近于虚构性小说。如他写普王亲临战场观战一事：

> 普王乘铁梯上观。军中时飞递信音，当两军搏战时，独立不语，若有所思，其容一似深有忧者，盖悯军士之劳苦、残伤之惨酷，心中大有所不忍也。普相精神全注于战，见法军将有退志，遂驰马下山，督励诸将，行时多有称贺者，于是，遂返报于普王，军师毛奇在旁曰：“我军胜矣！”奉觞上寿，普王欣然为尽釂，首相饥甚，索军中干糇以果腹。时天已曛黑，普王觅睡所不可得，普相入数屋，则中卧阵伤军士殆满。最后得一空室，中仅两榻，普王据其一，密裁孛

公爵亦据其一，美国舍利单将军卧于床下，是夕，厨人所供御膳仅鸡卵一物而已。[1]

文章通过神态、语言、动作以及情节渲染，绘形绘色地凸显了一名深谋远虑、躬行节俭的明君形象。其有关普王深忧、御膳仅鸡卵一物的细节描述，为实录性叙事，还是文学加工与想象，已然不再重要；但这惟妙惟肖的人物神态、细致入微的情绪波澜、富于戏剧性的情节俨然精心织就的小说，王韬仿佛在故意扰乱小说与历史的秩序，以小说笔法赋予历史以血肉，从而缔造历史之肉身。

王韬的战纪书写始终回旋着个人的强烈意识与情绪，或昂扬爽朗或沉郁低回，叙述间经常突出其感慨抑或表达诘问。可见，他总以自我植入的方式进入历史，嵌入历史的内在脉络之中，他观看、感叹、追问、思考，卷末更以“逸史氏王韬曰”的方式直抒胸臆，赋予历史书写以强烈的情感煽动力。可以说，《普法战纪》既具详叙战事的实录性，又具悱恻的离骚风致，可谓一部史诗性的战争史。

多声部书写

历来个人著史虽然易成一家之言，具有强大的逻辑自洽性与结构完整性，但容易陷入个人偏见的窠臼，使得史实沦为被编排的、证实书写者意图的材料罗列。有意味的是，《普法战纪》虽然洋溢着王韬的主体情感，却有效摆脱了一家之言的武断，最重要的原因在于其多声部的书写形态。

涉及具体战事评说以及人事臧否，王韬总大段引用他

[1]见本书正文第145—146页。

人言说。这些言说有时互为补充，从而构成一个更为立体的历史多面体；有时，不同言说之间相互抵牾，构成众声喧哗之态，敞开了历史之复杂内面。如卷五记蔑士一战，王韬就引用多人记述，有“邻国游士归述其所见”，也有日报“主笔者言”。卷六记师丹之战，引用了日报文士所记的琐事。卷八在评述普法战争胜败之因时，更引用了美国报人、欧洲本土人士、法王等多角度的评论与回顾。美国日报秉笔人指认普国在军事战略上处处胜法：“普国行兵，事事胜法，宜其长驱深入而无所阻也。兹不必论其他，但以普军人人能通法言，而法兵不能尽解普语，即此一端已胜之有余矣”。[1]而欧洲人论普法争战之事，重在武器精良与否：“普之胜法者，究在火器之精。法虽规模相若，制造相同，而至于命中及远，择工选料，则远不逮也。普于陷陈攻城所获法国枪炮皆置不用，以其器窳质薄，不能制胜也，即有时以备数择用者，亦必经匠修治，然后施之行陈，普法火器优劣，以此可知。”[2]与上述相对，法王回顾战争，则推诿己责，指责廷臣：“法军之败，非由己过，而深咎廷臣令麦马韩回援蔑士之非。”[3]上述对于胜败之因的不同言说，敞开了一个相互辩驳、相互补充的历史空间，使得读者得以从多维度切入历史，思考其得失之所在。

可以说，这种多声部引入历史书写的方式是颇为先锋而大胆的，也证实了王韬对于历史书写的觉悟：“作史

[1]见本书正文第221页。

[2]见本书正文第220—221页。

[3]见本书正文第226页。

之道，贵于核实，普法军衅，各有随营纪录之官，然或有一事而两国所纪各异者，今是书一并载之，用昭其尤。虽未免嫌其于层见叠出，而阅者自能辨其真赝所在。”[1]可见，王韬作史抱有最大限度还原历史的诚心，而不惜并置各路言说，宁愿层见叠出，也期待从庞杂的讲述中寻求历史的真实。

四、游移于传统与现代性之间：《普法战纪》与王韬思想的复杂性

王韬作为浮游于中西文化之间的“口岸知识人”，最早走向世界、漫游西方列国的先行者，他较之同代人有着更开阔的知识视野与更激进的改良意识，以至他常以西方科技、政教文明为尺度，呼吁变法改良；与此同时，他早年的儒学训练以及根深蒂固的传统理念一直支配着他的运思方向，如他自传所言：“老民少承庭训，自九岁迄成童，毕读群经，旁涉诸史，维说无不该贯，一生学业悉基于此。”[2]因而，传统与现代之间的悖论性运行及其相互协商经常会以奇特的方式呈现于王韬的意识图形内，《普法战纪》也不例外，如柯文所观察的：“在王韬针对西方历史和当代世界的写作中，充塞他头脑中的新图景与旧思维习惯之间那种脆弱、紧张的平衡状态十分清楚地表现出

[1]见本书凡例第4页。

[2]王韬：《弢园老民自传》，《弢园文新编》，上海：中西书局2012年版，第331页。

来。”[1]《普法战纪》内部常常萦绕着新旧杂糅、相互辩驳的声音，从天道与人事、德治与力治等富于张力关系的论述中，[2]我们或许得以清晰地观察王韬思想意识的复杂性与过渡性。

天道与人事之张力

“天”与“人”是《普法战纪》文本内部经常被凸显的一对重要的张力关系，王韬常论及“天”“天心”“天道”，其中“天心”全文出现达10次，“天道”出现6次，可以说，王韬对“天”的思考贯穿全文。

对于普法之战的缘起，王韬固然论及双方的利益之争，但他更倾向高蹈于具体战因之外，从形而上的角度将这场大战的爆发归之于“天”：

> 顾我所尤深感者，不在国运而在天心也！普、法启衅之始，不自其先，不自其后，而适在去岁之秋，盖天不欲法以私忿毒天下。法蹶普兴而俄得志，岂英之福哉？天其或者特创欧洲之变局，而使此后多事未可知也。[3]

在王韬看来，这场大战是上天为了抑制法国霸权、重新布局欧洲而引发的，“天”被视为一种绝对的力量，作

[1]柯文著，雷颐、罗检秋译：《在传统与现代性之间——王韬与晚清改革》，北京：中信出版社2016年版，第81—82页。

[2]柯文的《在传统与现代性之间——王韬与晚清改革》在第四章、第五章均谈到王韬历史观中有关德与力、天与人的关系，本文对柯文的观念有所吸纳发挥。

[3]见本书前序第4页。

为主宰者裁定列国的命运。在此，“天”似乎趋向人格神的概念，与上古时代的“帝”类同。郭沫若曾阐释“天”与上古人格神之“帝”的勾连：“殷时代是已经有至上神的观念的，起初称为‘帝’，后来称为‘上帝’，大约在殷周之际的时候又称为‘天’。”[1]“天”的人格神的信仰作为一种儒家理念，亦指向统治了天地自然、政治秩序、伦常关系的先验法则，落至历史实践，则与政治相结合成为中国古典政治理论的基石，即是否合乎天道决定了政治之成败。这一理念深植于中国士人的政治理解图式。由此不难理解，王韬何以“天心”来探究战争之缘起，在他看来，“天”是超越性的道德体，其“道”先在地决定了政治之变局，论及法国之败，他将之归于“天心”所致：“法欲自强，爹亚在位未久，户之争日甚一日，恐非爹亚一人所能支持也。斯则国运使然，亦天心世道之循环。”[2]王韬将国运归于“天心”，表达了对于“天”的绝对性权威的迷恋，亦是传统政治观的应激性反应。

但有意味的是，王韬虽然指认天意制造了普法之战，但是，他又指出，天意并非凝滞不变，世人如能恰当体会天心，使其行为合于天意，则能转败为胜，借此改变命运：

> 善体天心者，无虞邻国之难，而益励其修，奋武卫、振边防、习战守、练水攻、造舰炮、精艺术、师长技、明外情，先自立于无间之地，而后敌乃不得伺间以乘我，此之谓折冲于无形，而战胜于不兵。若

[1]郭沫若：《青铜时代》，北京：中国人民大学出版社2009年版，第6页。
[2]见乙未本《普法战纪》卷十七。

> 普、法今日之战，虽为欧洲之变局，而亦庶几普、法之转机。[1]

可见王韬的理路是富于辩证性的，即虽然历史进程受天道统辖，但在历史实践中，如果人能善体天意，在“天”的规律下充分发挥其能动性，如“奋武卫、振边防、习战守、练水攻、造舰炮、精艺术、师长技、明外情”等，则能掌握成败之局。由此，王韬指认战争成败与天之必然关系的同时，又强调人事的主观能动性，即“天”的统治形态下，历史因果固然受天道辖制，但人事通过积极配合天道的能动方式，则能扭转成败之方向。基于这一理路，对于普国的胜利，王韬屡次感叹普国人才之兴是国运之本：“观于普之有才如此，而国之兴可知矣。虽无战胜攻取之事，识者已知其国势之蒸蒸日上焉……呜呼！人才关于国运，岂偶然哉？”[2]并对普国统治者爱才、惜才之仁多有描述：

> 普有必胜之道三，曰理足也，气盛也，不得已而用之也。迩来欧洲诸国发奋自雄者，指不胜屈，而普国尤其卓然表著者，何则？其君怀仁爱之心，其臣皆经济之才，其君臣上下励精图治，亦既有年，虽不胜嗹，伐墺制法，而国势之隆亦莫之与京焉。[3]

[1]见本书前序第4页。

[2]见本书正文第61页。

[3]见本书正文第130页。

普王子爱养士卒，无所不至，一遇陈伤疾病，躬自抚循，罔间昼夜，不独亲同甘苦已也。是以军士咸乐效命，陷阵突垒，争先致死。又赏罚明而号令严，功及细微，而罪无偏刻，故将士无不乐为之用。[1]

相形之下，法王则不惜才亦不能用才。王韬感慨麦马韩不得其用的际遇："惜乎将将者不用其所长而反用其所绌，于其言之宜用者不用，言之不可用者反用之，则虽有孙吴之略亦无所施其技矣，是岂得为麦马韩之罪哉？"[2]通过普、法两国人才之际遇的对比，王韬警示了用人的重要性，这无疑是人事能动性的重要一环。

在天道与人事的纠葛中，王韬既肯定天道是国运胜败之根源，天道赋予战争胜败以正当性，但又摒弃了宿命论式的悲观内核，强调人的自觉德性与主体行为，如余英时所言"中国的两个世界是不即不离的，天与人是合德的，尽性即知天，所以要求之于内"[3]。因而，王韬归纳法国失败之因，固然源于天道，但天道如此，乃因为法国违背天道，没有正确发挥其德性所致，如果法国能汲取教训，"力戒骄盈"，仍能转败为胜：

多君所言深中法人之弊，"满招损，谦受益"，此固天道也。诚能力戒骄盈，自为整顿，苟有一善之长效法，恐后集思广益、违异从同，振兴之举乃在反

[1]见本书正文第61页。

[2]见乙未本《普法战纪》卷十六。

[3]余英时：《中国思想传统的现代诠释》，南京：江苏人民出版社2014年版，第16页。

掌间耳。[1]

在这一点上，王韬还倾向于挪用西方式“天人”关系的认识框架，认为通过主动的技术追求与理性规划，人就能把握天道，从而解决问题，由此，他于《普法战纪》中屡次强调武器与技术的先进与否直接关系到国家之兴衰、战争之成败：“西国行兵专恃火器，其制独精于天下。自有火器之用，而良、平无所施其谋，贲、育无所逞其力，苴、武、起、牧无所行其法。”[2]王韬发现西国的霸权相当一部分是建立在其火器之先进上的，新式武器于战争胜负有着重要影响。普法战争中，普国因新制火药而先得胜机：“普国有一种新制火药，系军局中独得之秘，不轻示人。其药用棉花为质，造成如纸，乃以化学炼就，较之硝磺所制者，价廉而力猛，而又便捷异常，且燃放之后绝少渣滓，此普所以胜于法军也！”[3]王韬对于军事器物的重视，一方面应和了彼时国内轰轰烈烈的洋务思潮，另一方面也基于王韬对西方近代物质文明的切身体验与西方外倾型文化的自觉认同，他游历欧洲应邀于牛津大学演讲时，曾谈及他所理解的西方之天道，“泰西人士论道必溯源于天，然传之者必归于本人，非先尽乎人事，亦不能求天降福，是则仍系乎人而已”[4]，如此看来，天降福或者作祸，则最终根据人事来定，其关键处“仍系乎人”；王韬稍后还指出中西之天道是“其道大同”。显然，王韬以融

[1]见乙未本《普法战纪》卷二十。

[2]见本书后序第1页。

[3]见本书正文第127页。

[4]王韬：《漫游随录》，长沙：岳麓书社2008年版，第146页。

合、统摄的方式杂糅了中西方的“天人”思想，构成了他所理解的天人之间相互配合、充满张力的观念，这一观念显然还不成体系，有相互抵牾之处，但真实反映了过渡时代的过渡思想。

德与力之紧张

在论述普法战争之始末、分析普胜法败之形势时，王韬的观点经常徘徊于德治与强权的冲突之间，这一徘徊之态也贯穿于他有关世界事务的论说之中。柯文曾明晰地指出了这一紧张：“在王韬对国际形势的不断分析中，中国权力观念潜在的紧张性十分清楚地表现出来。王韬权力观的基本框架，是以孟子传统为基础的。而与这种理想主义色彩相抗衡的，则是对实际权力因素在世界事务之形成中所起作用的高度敏感。”[1]的确，在《普法战纪》中，王韬既是一个敏锐的现实观察者，敏感地指出了国际政治秩序变动内部的“强力”本质，同时，他又是一个坚定的理想主义者，相信儒家传统以德服人的“王道”终会战胜“霸道”。

王韬作《普法战纪》有着开国人蒙昧、介绍国际大势的初衷，同时也有为中国作一镜鉴的意图，因而，王韬记普法之战，并非为记而记，而是时时不忘探讨战争发动之因以及胜败背后的推动之源。对战争之缘起，王韬率直指出，乃源于双方的权利之争，“所争者权利，所夺者土

[1]柯文著，雷颐、罗检秋译：《在传统与现代性之间——王韬与晚清改革》，北京：中信出版社2016年版，第86页。

疆。法仇普，普亦怨法”[1]；探讨普胜法败之因，王韬也多谈及双方兵力的比较、兵器的高下，强调“力”的重要性；甚至论及列国共同缔结的《万国公法》这一表征了文明秩序与德性规约的章程时，王韬也毫不留情地暴露其霸权为主导的本质：

> 泰西立法凡在行阵擒获伤病敌军，不得加罪，照常医治以卫其生，各国奉为定章，编入《万国公法》，此诚德事也，所谓战斗之中有仁政焉。前时有欧洲士人倡为弭兵之说，以为必可行也，卒之，其说终不能售。俄而，普法战事起，夺地争城，杀戮无算，欧洲伊古以来未有如是之惨烈者也。于是，各国皆为之增益兵额，整肃军政，制造火器，振顿边防，几于变本加厉，噫！弭兵之说果可行哉！此言也，始于春秋时宋向戌耳，而有识者在当时已知其沽名而行诈。欧洲诸国之在今日亦犹春秋时之列邦，若俄、若普、若墺、若英、若法，何异乎晋、楚、齐、秦也？……由此俄、墺、普、法四国彼此相持，皆以为防微杜渐者，断不可不恃兵威，然则减兵且不可更，何论乎弭兵哉？是亦时势使然也。[2]

王韬发现普法之争期间，强权面前，《万国公法》不过徒具虚文，失去了约束力，列国争斗很容易突破公法规范，而以武力为能事，鉴古知今，他将当时的世界大势

[1]见本书正文第65页。

[2]见乙未本《普法战纪》卷十七。

比附为春秋争霸。春秋时期，“道术为天下裂”，礼崩乐坏，各诸侯国以武力而角逐天下，显然，王韬也是如此指认当时世界列国之关系的。

王韬承认这一现实之形势，并尖锐地指出了其中推动世界力量版图发生变动的“强力”之渊薮，但王韬并非臣服于现实的悲观主义者，儒学传统的仁政道义等仍是他坚持的政治理想，因此，王韬在数次强调战争武器力量的重要性的同时，又诅咒武器之精，认为火器是不祥之物，并将法国的挫败归于其制造不仁之器的报应：

> 子舆氏有言曰：“善战者服上刑。”况乎造不仁之器，岂有不得不仁之报？火器之入中国自法始，故名神机之铳曰“法郎机”。是在欧洲中始作俑者，法也。恃其利以毒他国，而卒以自毒，谓非天道报施哉？前鉴未远，来轸方遒，普亦可据以自警也，徒恃利器亦蹶而已矣。[1]

王韬相信，在经过这番强力角逐后，世界最终会幡然醒悟，重回德治的大道：“呜呼！自开辟以来，历观前史，有如今日之奇巧已极、地力已极者乎？天地生人之变至于如斯，而尚听其流而不返，造物亦恐无以供其镌劖。然则去雕琢而归醇朴，屏诈力而尚德行，将在此百余年间矣！”[2]

对于战事争端以及评判，王韬始终体现了其儒生的

[1]见本书后序第2页。

[2]见本书后序第4页。

忠诚面目。传统儒家政治哲学框架内，战争与霸权始终是被谴责的对象，孔子强调“故远人不服，则修文德以来之”，孟子有“仁者无敌”之说，《尚书》有载“苗讨而不服，感德之后，不讨而自动来归”的历史。王韬对于德行与仁道的信仰无不延续了儒家的内在政治理路，这一理路与崇尚马基雅维利主义的西方思想可谓背道而驰；汪荣祖就曾指出，“中华文化传统中原有尊王黜霸的王道精神。古代中国有独特的睦邻政策，讲人道，兴灭国，求和平。圣贤之中几乎无人愿谈西方人所谓的战争的权利（the right of war），莫不知战争得不偿失，侵略战争尤不被允许。也许除了法家之外，无不崇尚天下太平，儒家与墨家最甚”[1]。王韬的思想可谓其来有自，从这个角度而言，王韬虽然以极大的热忱记录这场惨烈的欧洲大战，理性地指出强力的根本作用，但感性上，他又激烈地反对列国间的强权争斗，内心深处始终怀抱王道天下的儒家梦想。

五、《普法战纪》的现实价值与启蒙意义

《普法战纪》作为晚清首部海外战争史，不仅详载两国之战事，而且“他国之合纵缔交，情伪变幻，无不毕具”[2]，因而，一经面世，便风行朝廷内外，深得曾国

[1]汪荣祖、管永前：《以王道取代霸道：中国崛起在世界上的角色——汪荣祖教授访谈录》，《国际汉学》，2017年第3期。

[2]王韬：《弢园老民自传》，《弢园文新编》，上海：中西书局2012年版，第329页。

藩、李鸿章、丁日昌、梁启超等名流赞赏[1]，更蜚声于日本，成为日本借助中国汉译本而吸收西洋文化之翻刻本的最后一种。可以说，《普法战纪》是广泛影响中日两国的重要启蒙物，也为王韬带来了个人际遇的重要转捩。

王韬虽然一介布衣，徘徊于朝廷之外，但他常怀魏阙之心，坚持为西学普及、政治改良而摇旗呐喊；然而，边缘化的身份以及曾投奔太平军的历史，使得王韬在国内一直饱受压抑、籍籍无名，《普法战纪》则让王韬迅速进入了晚清政界与知识界的视野。曾国藩称王韬为“未易之才”，李鸿章“目之为佳士”，丁日昌赞王韬“具有史笔，能兼才、识、学三长”[2]。郑观应作《盛世危言》特恭请王韬作序，“曾将全作邮寄香港王紫诠广文”[3]；梁启超也于《西学书目表》《史学书目提要》中大力推荐《普法战纪》。19世纪后期，《普法战纪》应时成为西学普及的利器，并使得王韬于科举门第之外获取了公共话语权，摇身变为文化权威，跃身为社会名流。

王韬一生著述众多，为何独《普法战纪》受时人青睐？这显然与《普法战纪》横空出世时的晚清社会相关联。此时，太平天国叛乱、两次鸦片战争刚结束不久，清王朝喘息甫定，洋务派迅速崛起，渴望引入西方科技、器物来挽救国运，但变革意图与变革实践之间存在巨大错位，对于清王朝上下特别是矢志变革的洋务派而言，西方

[1]王韬：《普法战纪·代序》，《弢园文录外编·卷八》，清光绪九年（1883年）香港弢园老民刻本。

[2]王韬：《普法战纪·代序》，《弢园文录外编·卷八》，北京：中华书局1959年版。

[3]郑观应：《盛世危言》，清光绪十九年（1893年）刻本，天津图书馆藏。

仍是一个整体而朦胧的威胁性存在，也是悬而未决的重要问题，因此，他们亟待对西方作进一步的深入了解。《普法战纪》恰逢其时，它首次打破了一体化的朦胧的西方形象，撕破了整体化、概约化的认知图式，将欧洲列国争端与国际局势具体形象地呈现出来，让国人得以深入西方内部，了解其间的权力争斗、军事现状以及政治情势等；更何况王韬对西方既有切身体验，又广泛吸纳了域外各路消息，可谓对世界大势了如指掌。《普法战纪》全文处处可见他对国际形势的洞见，特别是在卷末，他颇有远见地指出，普法之战的影响将波及中国，而作为东土近邻的俄国将是中国的大患：

> 俄既不得逞其西略，则将肆其东封，俄势日东，则其强益甚，举天下之利权尽归掌握，英、法至是虽欲争而不得矣，然则必欲牵制乎俄。天下诸国无能当之者，惟中国则庶乎可矣。在欧洲诸国为今日计者，莫若英、法强中以御俄（观俄国近取日本塞嘉溪连岛一事，则知其有志于东方也，虽以英之驻扎日本公使为之居间力拒，卒不可挽。呜呼！俄之雄图或将于是始哉！）中国幅员之广，过于俄、美、英，而生齿之繁几半地球，近来仿制船炮，技美法精，机器日兴，艺巧迭出，诚得英、法以为助其强，当无敌于天下，于御俄乎何有此，非英法为中国，实英法自为计也，不然者，英、法离普、俄，亲中国，弱东土，餍普为俄用，遂展雄图，恐法削而英亦将不竞，天下事从此

殆哉！有心于天下大势者当不河汉斯言！[1]

王韬跳出了从中国看西方的藩篱，转而从欧洲乃至世界的角度返观中国，指出其于世界局势间的位置，指明其可能面对的问题，不啻拨开了西方之迷雾，进一步扩展了时人的固有眼界，加深了他们对于西方的具体理解，所以《普法战纪》被朝廷、士林争相传阅也就不足为怪了。

《普法战纪》也流入日本，在其军界、知识界引起了巨大反响。日本《报知新闻》主编栗本锄云曾在上海得到一册《普法战纪》，认为是欧阳修《新五代史》以后的罕见杰作[2]，并联合日本各界邀请王韬赴日讲学，还促使日本军部在1878年重印此书："明治政府军部也认为所述欧事条理分明，识见宏远，有必要让日本朝野研读了解，便在1878年全文翻印了《普法战纪》颁行全国。此后，加上从香港和上海流入的中国版《普法战纪》及日本军部的第二次翻版，日本社会形成一个不小的《普法战纪》热。王韬或王紫诠在日本军学两界几乎变为无人不晓的名字。"[3]王韬因《普法战纪》在日本暴得大名。对于力效西法、处于明治维新时期的日本人来说，《普法战纪》为其提供了准确、生动的西方形势，启迪了他们的思考方向，引领了时代风气，如日本知名学者冈千仞所盛赞的，"《普法战纪》传于我邦，读之者始知有王紫诠先生，以卓识伟论，鼓舞一世风痹，实为当世伟人矣"[4]。

[1]见乙未本《普法战纪》卷二十。

[2]增田涉：《论王韬》，《人文研究》卷14，第7期，1963年版，第91—92页。

[3]张海林：《王韬评传》，南京：南京大学出版社2007年版，第137页。

[4]王韬：《漫游随录·扶桑游记》，长沙：湖南人民出版社1982年版，第314页。

而今，时光流转，自当前史学眼光观之，《普法战纪》不免粗疏、芜杂，然而，它思路开阔、生气贯注、精审于国势民情，更开当代战争史风气之先，对晚清乃至东亚近代维新改良思想的推进可谓功莫大焉。

《普法战纪》的校注工作历时四年，其间端赖各位同仁的努力。中山大学的姚达兑教授率先发起此项工作，并提供了澳门何东图书馆馆藏的癸酉版《普法战纪》十四卷、哈佛燕京图书馆所藏的乙未版《普法战纪》二十卷。整理工作由山东大学的叶杨曦教授与本人分工完成，实际分工如下：本人负责前后序、卷一至卷五，以及卷十六至卷二十的校注工作；叶杨曦教授负责卷六至卷十五的校注工作；最后统稿阶段双方互校，以期注释前后贯通、不复重叠。

由于出版需要，本书只收入前、后序、卷一至卷十的内容，卷十一至卷二十的内容则被编入《普法战纪》（下），将置于《晚清西学丛书》第三辑中出版。《普法战纪》内容繁杂，音译的地名、人名与当前的通行名称多有不同，且又存在两个版本的对校，这些均增加了校注难度，也让其间难免诸多错讹，唯殷殷期待方家雅正。

普法战纪（上）

王韬 著

杨汤琛　叶杨曦 校注

王韬（1828—1897）

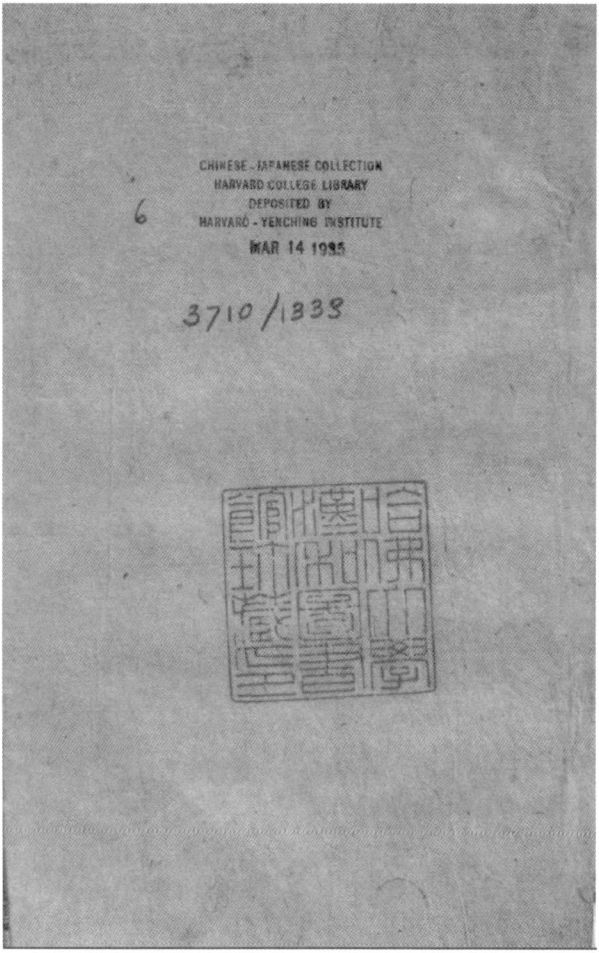

哈佛大学和汉图书馆藏《普法战纪》的馆藏钤印

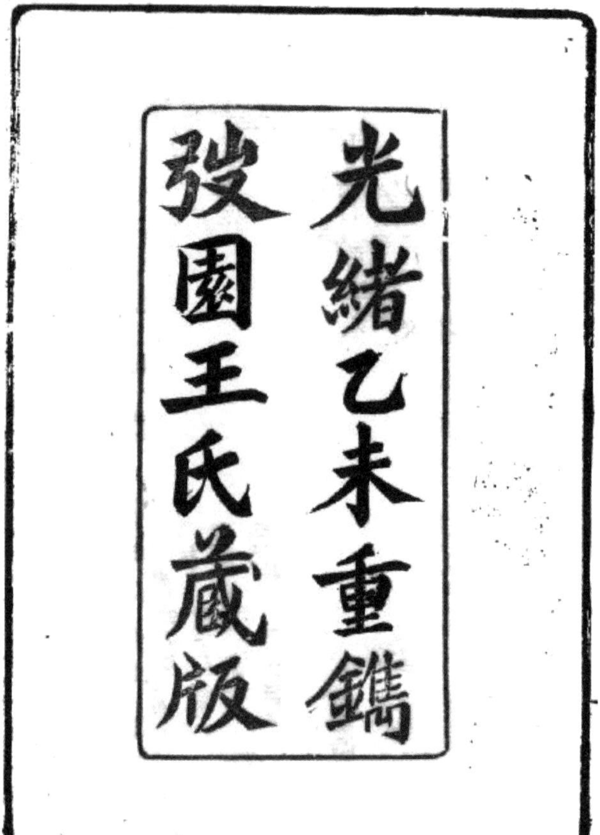

光緒乙未重鐫

弢園王氏藏版

《普法战纪》影印版书影一

普法戰紀

《普法战纪》影印版书影二

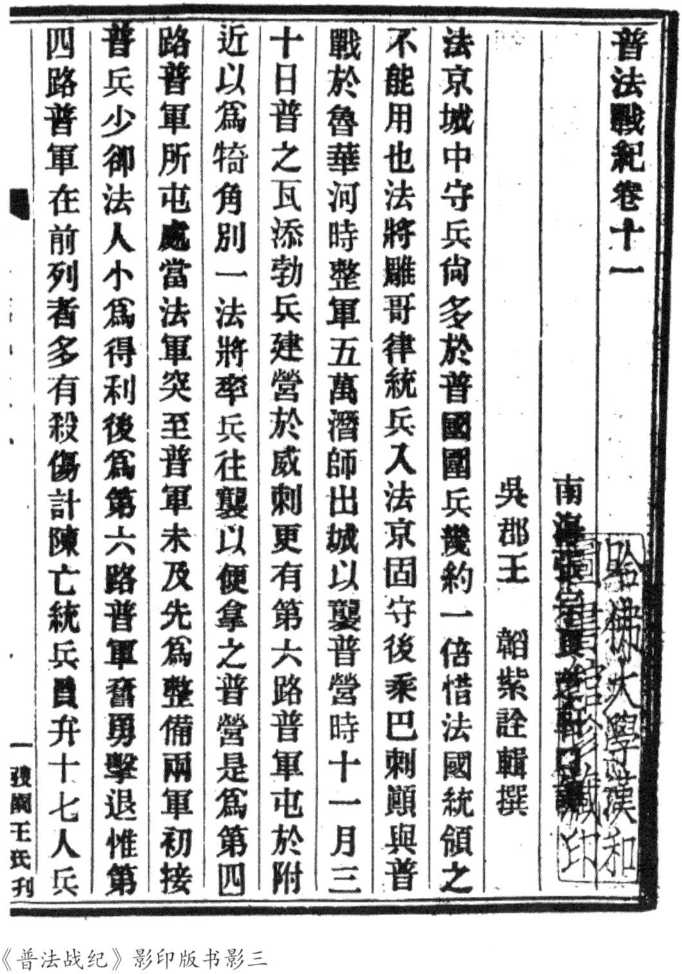
普法戰紀卷十一

南海張宗良口譯

吳郡王　韜紫詮輯撰

法京城中守兵尚多於普國國兵幾約一倍惜法國統領之不能用也法將雛哥律統兵入法京固守後乘巴剌顛與普戰於魯華河時整軍五萬潛師出城以襲普營時十一月三十日普之瓦添勃兵建營於威剌更有第六路普軍屯於附近以爲犄角別一法將率兵往襲以便拿之普營是爲第四路普軍所屯處當法軍突至普軍未及先爲整備兩軍初接普兵少御法人小爲得利後爲第六路普軍奮勇擊退惟第四路普軍在前列者多有殺傷計陣亡統兵員弁十七人兵

一　弢園王氏刊

哈佛大學漢和圖書館珍藏印

《普法战纪》影印版书影三

前　序

同治九年[1]庚午秋，法因争立西班牙王子一事，与普构兵。普先兴师伐之，悬军深入，所向皆捷。法王兵败于师丹[2]，遂降。普军进围其都城一百四十二日，粮绝援穷，法人不得已，愿如约议和。同治十年[3]辛未春，盟成，释兵弭怨。计两国相持七阅月，法坐是地削国蹙，几於一蹶不振，而普愈称雄于欧土。余摭拾其前后战事，汇为一书。凡十有四卷，大抵取资于日报者，十之四五[4]；为张君芝轩所口译者，十之四[5]；网罗搜采得自他处者，十之二三；既成，将付剞劂[6]，而为述其大略，曰："呜呼！余之志普、法战事，岂独志普、法哉？欧洲全局之枢机总括于此矣。普强法弱，此欧洲变局之所由来也。"

普，中欧洲而立国，西有法而东有俄，皆强邻也。曩[7]者为法所制，几于一步不可复西。日耳曼南北列邦，

[1]同治九年，即1870年。

[2]师丹，即Sedan，今通译作"色当"，现为法国东北部洛林（Lorraine）大区城市，属阿登省，毗邻比利时。

[3]同治十年，即1871年。

[4]癸酉版前序为"大抵取资于日报者，十之三"。

[5]癸酉版前序为"为张君芝轩所口译者，十之四五"。

[6]剞劂，雕版，刻书。

[7]曩，从前、过去的，如曩日。

势涣而不聚，虽推墺[1]为盟主，亦仅拥虚名而已。以春秋列国之大势例之欧洲，普仅等宋、卫焉耳，英、法、俄、墺则晋、楚、齐、秦也。近十余年间，普国势日尊，伐嗹[2]、伐墺，坐成强大。而法方晏然于其际，犹复自恃雄盛，轻启衅端，此法之所以几覆也。

昔普兴而墺衰，论者遂以普、法、英、俄为四大；今普强而法弱，论者乃举英、普、俄为三雄。然而，法国之兴衰强弱，实为欧洲变局一大关键，何则？以地当冲要也。若英虽雄强，其地僻悬海外，无系于大局，故以法辅英则英益强，以英辅法则法不蹶。昔之英、法常相攻，以其时欧洲诸国势均力敌，皆不足以制英、法也；今之英、法常相合，以俄骤兴于东方以制土强，普崛起于西境以制墺强，皆足与英、法抗衡而为难。以英、法、普、俄四者并峙，可以维持欧洲，互相牵制，以幸无事；四者之中弱一个焉，则必不能成鼎足之势，事变之来所必然也。果而，俄以改黑海之盟告英，普以售法火器之举责英，是普、俄相合以难英也。其难英者，盖乘法之敝而起者也。英虽不随法之强弱为盛衰，而一旦有事于欧洲，必不得逞，以其势孤也。

黑海更盟，俄人仅以一纸书抵十万甲兵。英国拱手听命，莫梗一词，举前日劳师縻饷之功弃之于一旦，英宁不自惜哉？诚以环顾诸邦，皆无能与俄为役者也！故在今日欲维持欧洲之大局，莫如普与英合，普、英合则足以制俄，而势

[1]墺，指奥地利国，又称为墺太利、澳地利，略称墺，现奥地利共和国（The Republic of Austria），居西欧，北邻捷克，西接德国，南临意大利，东近斯洛伐克。
[2]嗹，现丹麦王国（The Kingdom of Denmark），旧译为嗹国、嗹马、丹马，北望挪威、瑞典，南接德国。

力既均，欧洲诸小国可无蚕食之虞。土耳其之为欧洲诸国屏障者，可以自固藩篱，必不至为俄所撤，如是则欧洲之局可不变。然而必不能也，普、俄交欢方密，英势愈孤，断难以一雄而当两大。他日者，俄为东帝，普为西帝，或将并雄于欧土，然果其长并雄乎？是则普之利也。

夫国家兴废，何常之有？当其战胜攻取之时，赫赫勋威莫不震慑，而举事一不当，弱之者已至矣。法国天下莫强焉，其疆宇之广斥，人民之众庶，财富之富饶，兵力之猛鸷，器械之精利，防守之严固，欧洲中几无与埒[1]，乃与普一战而蹶，败不旋踵，未浃三旬，王擒师熸[2]，几比于摧枯拉朽，其故何哉？由法之作不顺而施不恕也。法在欧洲恃桀骜、肆并吞，以阴狠济其雄猜，以窥瞰行其贪毒，兼土拓疆，未厌溪壑，诸国视之若无道虎狼秦。故其败于普也，幸之者多，惜之者少。虽以英唇齿之邦、婚媾之国，亦不敢为之援顾。

普虽胜法，而所以为持盈保泰之道者不可不讲，毋曰法后日之不能报普也。法之力独，独则易集；普之力分，分则易涣。普藉众邦之势始成其强，一旦内构兴而外侮作，削弱之机可以立见。夫法以一国敌众邦则不足，以一国敌普则有余，使当日普无南北日耳曼之助，普、法二国比权量力，则胜负之数未可知耳，是则普安得以胜法为矜哉？

当今之时，处今之势，普当持欧洲不变之局与诸国相安于无事，然后可以长握其权、恒蒙其益。其道当奈何？曰：收墺以为辅，合英以自固，进可以拒敌，退可以保

[1]埒，同等。

[2]熸，火熄灭，溃败之意。《左传·昭公二十二年》有“子暇卒，楚师熸”。

邦，联弱小以制强大，均势力以靖兵戎。无创远交近攻之谋，无贪拓土开疆之利，尤要者，则在亲俄、防俄而勿使之东。如是，欧洲可以长享太平，而普亦恒得有其强矣。

至于合俄而拒英，是俄之利，非普之利也。普、俄合而英孤，欧洲诸小国其危矣；英既不能敌普、俄，则势必退处三岛，仍其初服，欧洲并兼割据之事，不与闻可也，于其国本固无伤也。欧洲诸小国其幸存者，既皆北面称藩于普、俄。此时，普、俄四顾无虞，无所事于用兵，而于是普之忌惟俄，俄之忌惟普，普不取俄则俄取普，断无中立者也。两雄相角必有一蹶，以地势论之，俄能并普，普不能并俄，何则？俄大而普小也，由是罗马一统之盛将复见矣。普果何所利而合俄哉？但知目前而昧于日后，此明者、智者之所不为。以普王之仁武不杀，普王子之用兵如神，普首相之虑无不烛，普军师之算无所遗，而所料顾不及此，坠乎俄之术中而不悟，至甘为其所用，断不然矣！

顾我所尤深感者，不在国运而在天心也！普、法启衅之始，不自其先，不自其后，而适在去岁之秋，盖天不欲法以私忿毒天下也。法蹶普兴而俄得志，岂英之福哉？天其或者特创欧洲之变局，而使此后多事未可知也。或但弱法强普，使诸国援以为鉴，此后竟无所事，亦未可知也。善体天心者，无虞邻国之难，而益励其修，奋武卫、振边防、习战守、练水攻、造舰炮、精艺术、师长技、明外情，先自立于无间之地，而后敌乃不得伺间以乘我，此之谓折冲于无形，而战胜于不兵。若普、法今日之战，虽为欧洲之变局，而亦庶几普、法之转机。

善觇[1]国运者，毋以胜为吉，毋以败为凶，盛即衰之始，弱即强之渐。勾践卧薪尝胆，卒以沼吴；燕昭礼士求贤，卒以覆齐。法于此时，正当拨乱求治、励精蓄锐，先尽其在我，而后可以得，当一洒其耻。故普毋狃[2]乎胜，有所恃则骄心乘之矣；法毋惕乎败，所有[3]沮则怠气中之矣；骄则必覆，怠则不兴，此非以承国运而挽天心也！想普、法必能知，所以自警矣。

因序《普法战纪》而纵论之，如此盖为后日之普、法望也。

同治十年岁次辛未六月二十二日吴郡王韬序于天南遁窟[4]

[1]觇，看，窥视。

[2]狃，拘泥，因袭，如狃于成见。

[3]癸酉本前序为“有所”。

[4]天南遁窟，癸酉本前序作“吴郡王韬序于香海”，“香海”即香港。1862年，因风传王韬化名向太平军将领上书献策，王韬遭清廷通缉，在英国驻上海领事的庇护下逃往香港，此后改名韬，号紫铨，别署天南遁叟。

后　序

呜呼！观于普法之战，而知天下之变已极也。

自古兵凶战危，圣王不得已而用之，流渐至极，至用火器，亦不仁之甚者矣！西国行兵专恃火器，其制独精于天下。自有火器之用，而良、平[1]无所施其谋，贲、育[2]无所逞其力，苴、武、起、牧[3]无所行其法。凡所谓修陈[4]固列、编伍补阙、坐作进退、骑射击刺，尽举而废之，而惟收功于一发。两军交轰，万马腾蹴，雷激电骇，骨灭肉消，须臾之间，数十里之内，百余万之众无不糜烂摧崩、同归于尽。极其所至，几不难胥人类而歼之矣，其不仁何如哉！普法两国火器之精甲欧洲，蔑士[5]外之战，一日而丧者十万，嗣后普之所以胜法者，无非假火器以为功，隳[6]城垣，焚室庐，郡县榛墟，生灵涂炭，以此毒法

[1]良为张良，平为陈平，二人皆为刘邦的谋臣，后人喻为足智多谋之人。《汉书·刑法志》：“高祖任萧曹之文，用 良平之谋……大略举焉。”

[2]贲为孟贲，育为夏育，二人皆为秦武王时期的壮士，有词为“贲育之勇”。

[3]苴、武、起、牧分别为司马穰苴、孙武、白起、李牧，均为历史上重要的军事家。

[4]陈，即阵。

[5]蔑士，又译为麦茨，今通译作梅斯（Metz），现为法国东北部洛林大区中心城市，摩泽尔（Moselle）省省会，靠近德国、比利时和卢森堡，自古以来即为交通枢纽，屡遭入侵。

[6]隳，毁坏。

民。而法民从割地酬饷，几于一蹶莫振。然则同一火器也，而优劣胜负悬殊至于如此。自是而诸国效之，变本加厉，将来火器之惨烈，必至无所底止。噫！此非仁者之所忍言也。杀机肆，生理绝，天心仁爱，必当穷而有转机，则火器之废将必不远。

然今日泰西[1]诸雄国，行军之道亦极其变矣。大者带甲百万，小者亦控弦数十万。按其舆图，仅抵中国一二省，考其版籍，不足当中国一大郡，名曰“寓兵于农”，而几尽驱通国之民而为兵，一旦有事，无不披坚执锐，奔走疆场，为国家犯难冲锋。此其所以兵数日多，为战愈亟。或不幸而大侵小、强并弱，仗义之邦起而相角，于是裂山岳、沸波涛，不难杀人盈城、积骨填海，轻性命于虫沙[2]，消万有于一炬，欧洲危亡之机可以立见，故曰火器之废不远也。

子舆氏[3]有言曰：“善战者服上刑。”[4]况乎造不仁之器，岂有不得不仁之报？火器之入中国自法始，故名神机之铳曰“法郎机”，是在欧洲中始作俑者，法也。恃其利以毒他国，而卒以自毒，谓非天道报施哉？前鉴未远，来轸方遒[5]，普亦可据以自警也，徒恃利器亦蹶而已矣。

我尝博考西国载籍，默验其盛衰强弱之故而慨然矣。

---

[1]泰西，旧指西洋，主要指欧洲各国。

[2]虫沙，芸芸众生，此文指因战争而死亡的百姓。晋葛洪《抱朴子》：“周穆王南征，一军皆化，君子为猿为鹤，小人为虫为沙。”

[3]子舆氏，即孟子，名轲，字子舆。

[4]该句出自《孟子·离娄上》。

[5]轸，车，遒，迫近之意。《后汉书·左周黄传论》：“往车虽折，而来轸方遒。”

欧洲列国虽长航海，其通东南不过三百余年，其互相雄长亦仅在欧洲一隅而已。百余年来，吞并印度，跨有东南洋，其势骎骎[1]日盛，然犹未能遽逞也。待舟车既创，枪炮弥精，长驾远驭，力乃有余。至于今日，欧洲列国辙迹几遍天下，鹗[2]视鹰瞵，龙骧[3]虎踞，诸国无不拱手交让，莫敢撄其锋。不知彼今日所挟以凌蔑诸国者，即他日有圣人起，所以混同万国之法物也。

夫彼既割据日多，则争竞迭出，欲以夸强而侈胜，遂不得不增兵而益防。舟车枪炮之技，尽人皆同，遂不得不更出新法，思驾其上。顾彼能然，此亦能然，日后必至斗智斗力之俱困然后已。盖智巧至是几莫能加，未有物极而不反者也。呜呼！不以大德宰之，元气安能久长也哉？

曩者，欧洲诸邦两国用兵仅以万计，国中兵额亦仅数万，后则出师渐至数万，额兵渐至数十万。然拿破仑之战称为古今所仅见者，诸国之兵亦只有十五六万而已，以视今日，殆不及十之一也。故以今日大势揆之，人但见其事事讲求，物物精审，似若雄视一切，不可限量，而不知智巧愈极，机诈愈深，情伪相感，利害相攻，祸患之来，气机已召。人皆谓其强之至者，吾正谓其衰之始。即彼自以为远胜于古者，而残杀之惨，吾正谓其远不古若。盖徒讲武备、尚兵力，刻鸷奋厉，以相倾轧而慑制，则必有一蹶者矣。即使鲸腾虎掣[4]于一时，而寻起而摧灭之者已乘其

[1]骎骎，马跑得很快的样子。

[2]鹗，鸟名，即鱼鹰，常在水面飞翔，性凶猛。

[3]骧，马抬头快跑。

[4]掣，拽拉，风驰电掣。

后。强弩之末难穿乎鲁缟[1]，承溜[2]之绠终溃于悬湍[3]，天道循环，断不或爽。呜呼！自开辟以来，历观前史，有如今日之奇巧已极、地力已极者乎？天地生人之变至于如斯，而尚听其流而不返，造物亦恐无以供其镌劖[4]。然则去雕琢而归醇朴，屏诈力而尚德行，将在此百余年间矣。

察微知著，惟明者、智者能之耳，而英国远识之士已能见及乎此。今日英廷臣集论于议院，一绅起而言曰："欧洲诸国，今以英、俄、普、墺为巨擘[5]，然英有迥不如俄、普、墺者，观于国中兵士多寡一端已可见矣。俄兵一百四十余万，墺一百七八十万，普亦一百六十余万，而英仅十万而已。而如比利时、瑞士、土耳其、嗹国等，皆藉英力以资保卫。设使一旦有事，或俄欲取苏夷士[6]，普、墺欲取邻近各小邦，则英将何以处之？即曰英以水师战船称雄海上，而有时有无所藉于水师者，区区十万之众，曾不能当其十一，则英于此将奈何？"于时，总理外部大臣置之未有以应。

不知天下大势，惟理可以持之，岂徒尚力哉？苟以力

[1]强弩之末难穿乎鲁缟，意指再强的弓射出的箭，到最后也不能穿透薄薄的丝绸，比喻强大的力量已经衰弱，不能起什么作用。《史记·韩安国列传》："强弩之极，矢不能穿鲁缟。"《汉书·韩安国传》："且臣闻之，冲风之衰，不能起毛羽；强弩之末，力不能入鲁缟。"

[2]溜指向下流的水。《周礼·考工记·轮人》："上尊而宇卑，则吐水疾而溜远。"

[3]与上句"强弩之末"意同，比喻大势已去，力量已经衰弱。

[4]劖，割开。

[5]擘，杰出人物。

[6]苏夷士，苏伊士（Sues），埃及港口城市，苏伊士省首府，在苏伊士运河南段，7世纪时是连接尼罗河和红海的运河航运终点，奥斯曼帝国时代曾为军港和商港。

凌人，则鲜不蹶矣，法之已事其明验也！夫欲辟土疆、广财赋以厚自封殖，此私也，非公也，恃其力而纵横自恣，适足招邻国之怨而已。即使力不能敌，一旦必有群聚以起，从而毙之者矣。若夫睦大国，保小邦，以期相安于无事，维持于不败，此公也，非私也。一旦苟有敌国外患，虽力不足以与之相抗，而理足以胜之。理之所在，众自助之。能集群力以为力，能合众心以为心，则又何兵寡之足虑？俄之欲兼并土国，普、墺之欲蚕食邻邦，其所为者惟一国而已。俄益大则普、墺不愿也；普、墺益强则俄亦不欲也。明其情势，审其利害，辨其公私，正其所为，理与力之间，英虽以十万众横行于俄、普、墺三国间可也。顾英此时方亟亟乎严边防，增兵额，筹饷糈[1]，自为支持计，则以时尚未可也。

盖以普法之战观之，天下大势不极其变则不能复。将来天下各国必至舟车之致远同，枪炮之利用同，兵力之战胜同，机器之制造同，一切巧术视为长技，而后彼乃无所恃以骄人，混同之机于是乎在。故曰：普法之战，其变之极者也。在欧洲诸国当必有惨然不乐见闻者，夫惟能览其弊而反之，则欧洲之民之福也。设或竞心侈而争念胜，犹以此为未足，而务求其精，以至愈变愈极，逞厥凶残，未始非欧洲之民之祸也。生灵之杀运不亟，则天地之生机不复。呜呼！观世变于今日，安能以一端尽哉？

荷生日吴郡王韬再序于天南遁窟

[1]糈，粮食。

凡　例

一　泰西诸邦立国有三等：曰君为主，如昔之法兰西及今之俄罗斯、墺地里、普鲁士是也；曰民为主，如今之法兰西及瑞士、美利坚等国是也；曰君臣共为主，如英吉利、荷兰、意大利、西班牙、葡萄牙、日耳曼列邦皆是。君为主者，称帝，西语曰恩伯腊[1]；民为主者，称总统，西语曰伯理玺天德；君民共为主者，称王，西语曰京；此三者名谓虽殊，实则无所区别，盖不以是为大小也。故以中国之正名律之西国，则西国必不任受也。吾儒秉笔，固贵以正名为先，然必以其所称者概行削之抑之。曰：王其或未知变通欤？况今万国来同，共球[2]毕集，通商互市，光气大开。所定中西和约悉以其所称者书之，兹必以一儒生予夺，其间亦所不敢出也。不日，同文之治将一之于天下，称帝者还之帝，称王者还之王，称君者还之君，辑史者于职方志中，亦必存其名以著其实，乌容尽削不书哉？

一　书中所载俄、法、普、奥四国悉依旧称曰王，普国则前后皆曰普王，惟其为日耳曼列邦所推尊，即恩伯腊位时则称曰普帝，用以略示权衡，具存微旨。至于羽林銮跸[3]

[1]恩伯腊，即 Emperor音译，君主国称帝为帝王。

[2]共球，当为“供求”。

[3]銮跸，銮驾，天子的车驾，借指天子。《晋书·顾荣贺循等传论》：“位登保傅，朝望特隆，遂使銮跸降临，承明下拜。”

等称似为溢分[1]其过，所不敢辞，然不如此不足以彰国君之尊，况因当时业经排印，未便削稿，姑仍之以俟续改。

一　西国之人名、地名，必累数字而成音，佶曲聱牙，未免难于记忆。向如徐松龛中丞之《瀛环志略》，魏默深司马之《海国图志》，皆旁加直竖，俾阅者易晓，兹以非刻书体裁，不复仿效。倘如昔人读《元史》，惮其难明，其咎所不敢辞。

一　是书大半采自日报，而翻译者又非出于一手，故其中系日之乖舛、行文之重复、译名之参错，时所不免。即如各卷所载普法交兵、胜败攻拒、取城失地诸日与下卷总叙或有不符；圣坚士田之失、纽布里萨之失，前后再见；礼吴河或称来尼河，或称来因河，其名错出；他如窝但即瓦顿，鲁晏即雷昂，阿里晏即阿连，此次重印仍以时日逼促，未及改正。

一　普国进兵全恃审于地势，其间围邑攻城，扼要守险，以见普人运谋决策之所在者，非披悉舆图不能了然于胸中。兹仅从日报中如法绘出三图：一为《普法总图》，一为《法国全境图》，一为《法京外炮台图》，阅书者有此三图，然后于法国之地理如指诸掌。

一　是书之作实推张君芝轩为滥觞。于时，余删订《法国图志》，甫经蒇[2]事于法之掌故，颇为审详，因欣然从事于译撰。午夜一灯，迅笔瞑写，积同束笋，篇帙遂多。张君时为日报主笔，译英文成华文，而散诸日报中。此编窃取殊多，或为之润色，加以藻采，然于本意不敢多

[1]溢分，过分。

[2]蒇，完成，解决。

所违异。

一　是书初刻十四卷，重刻二十卷，于一千八百七十三四年间普法之事多所增入，如详纪巴彦之狱词、法国朋党之祸，门户之争有如水火；民政王政，议者所见各异，亦足以见法之近政焉。余书初成于辛未六月下旬，仅以十二卷为断手，十三、十四两卷后始续成，今更补以壬癸甲三年中所见所闻，皆足与战事相关，可谓毫发无遗憾矣。

一　张君芝轩所译，于四卷以前特详，以后采从日报者为多。辛未正月，陈君蔼廷方有华字日报之役于欧洲，列国见闻搜罗富有。此编自十三卷以下取资实宏，钩稽编次，加以论断。其他有与普法之事相涉者，亦为补入各卷中。日报之外，所有名城（如士打拉士卜、蔑士、师丹诸城）、古迹（如法京王宫、公廨）、遗闻（他如订如盟约攻战之事）、轶事（如意大利名将加利波地[1]曾倡乱于国中），皆采自他书，或取诸《法国图志》、日耳曼国史（如详论普法舆图备录，日耳曼南北各邦志略）。十卷以前仍列张君名者，饮水思源，不忘所自也。陈君名言，字慎于，新会人，长于西学，精西国语言文字，曾为西文日报主笔。

一　当普法战事之兴，所据者惟英国之邮传电报而已。虽得张君芝轩随见随译而荟萃贯串，次第前后，削伪去冗，甄集录要，此中颇具苦心，惟饰句修词则尚有待耳。窃谓文以载道而已，原非徒侈华瞻以见长，无以书成

[1]加利波地，即Garibaldi 音译，今通译作加里波第（1807—1882），意大利民族解放运动革命民主派领袖、军事家，其最重要的贡献是为意大利的复兴和统一而进行宣传和战斗。1871年巴黎公社成立，曾当选为国民自卫军中央委员。

太速，赘累之处有时未及删除，识者谅焉。

一　作史之道，贵于核实，普法军衅，各有随营纪录之官，然或有一事而两国所纪各异者，今是书一并载之，用昭其尤。虽未免嫌其于层见叠出，而阅者自能辨其真赝所在。

一　欧洲他国之事，有与普法两国相涉者，略为附见。如意大利入罗马都城，俄改黑海之盟，美索亚拉巴麻之款，皆从法蹶普兴乘间而起者也。外此若俄伐基华、英伐山诗的、荷兰伐亚珍，无关普法战事，概不采登，以从简核。

一　普法启衅，由于西班牙之立君故。十九卷中并及其国新君逊位、乱民倡叛之事。法王首兴戎祸，身放师熸，勋位不终，第十九卷详纪其没于他国，以收剩水残山之局，用作全书结束。

一　法国老臣如发孚、爹亚，普国功臣如俾思麦、毛奇栾，皆矫矫不群者也。事平，发孚出使外疆，越一年，爹亚亦退居初服，而普之俾、栾二君并翩然高蹈，神龙见首不见尾，洵奇人哉！书中并详始末，以见一斑。

一　普法之战实有关于欧洲大局之转机，故诸国通人畸士论之特详，兹并加甄录。虽其中识见或有异同，不免于繁复，然于列国之情势，朗若列眉、了如指掌，即可由普法而览其全。

一　普法战纪，近日已有专书，乃美国人麦吉雅各所撰。其人学识渊通、才略充赡，生平著述等身，战纪其一也，余与陈君蔼廷已译其首两卷，外间已有转相抄录者。是书较之余本叙述之处亦复大同小异，惟余所采者多见于日报，而此则从军营笔记而来，是以往来文檄较详。然余

歐洲普法總圖
法國全境圖
法京外礮臺圖
歐洲普法總圖
天南遯叟

乙未本《普法战纪》之插图章隔页

欧罗巴列国图一

欧罗巴列国图二

法国全境图一

法国全境图二

法国全境图三

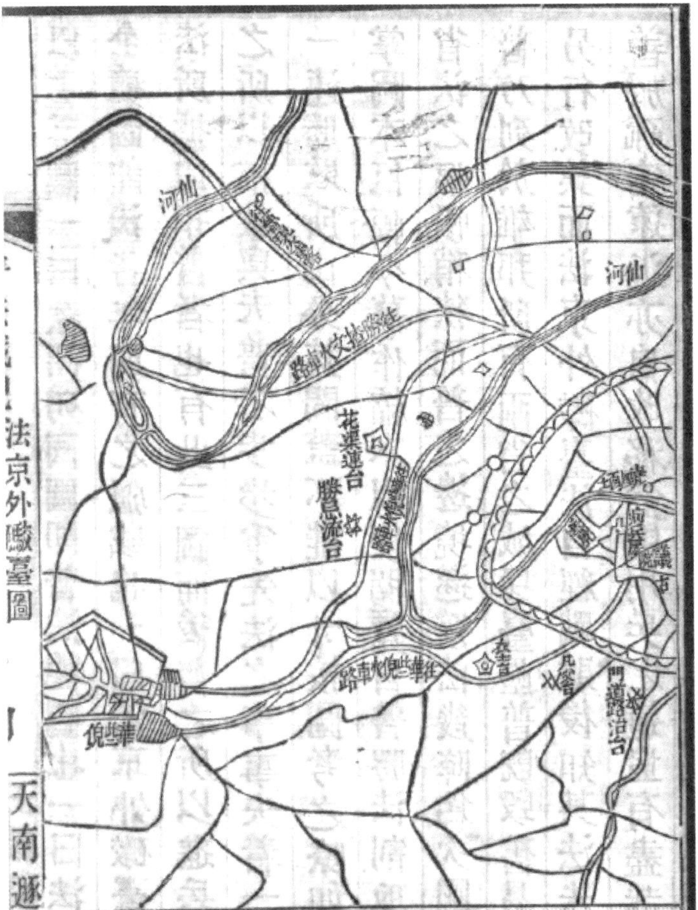

法京外炮台图

于日报之外博采旁搜、网罗繁赜，虽志普法两国，而于欧洲列邦形势情实赅括无遗，诚欲阅者即普法而知欧洲也。纪事则同而命意攸异，愿质诸天下远虑深识之士。

以上三图，一曰《欧洲列国图》，即普法总图也；一曰《法国全境图》，即法昔年所有之疆域也；一曰《法京外炮台图》，法所据以拒普者也。有此三图，而后普之所以进兵，法之所以拒敌与！夫普之步步争先，法之事事失着，一迟一速，胜败所由分，其间盖不能以寸，按图考之，了如指掌。图本巨幅，今摹作缩本，以便阅览。

自普胜法，割取两省，法之幅员稍狭，而普之边境遂扩，法几降为次国，而普乃列于雄邦。所有两省之城堞台垒，普既毁旧易新，另行改筑。而法京外炮台，法自经战败后，知其法未尽善，于疏密远近亦自改移。然则用兵之道，岂有尽哉？

目　录

卷　一　/ 1

卷　二　/ 37

卷　三　/ 67

卷　四　/ 103

卷　五　/ 131

卷　六　/ 159

卷　七　/ 189

卷　八　/ 215

卷　九　/ 243

卷　十　/ 271

卷　一

南海张宗良芝轩　口译
吴郡王韬紫诠　撰辑
杨汤琛　校注

欧罗巴洲[1]在五大洲中，幅员为最狭，旷野居其二，山岭居其一。海隅之地，湾港殊多，故其国多长于航海，善驾驶，习水攻。田土腴瘠各异，气候凉燠不同。人物英持[2]，学艺精巧，甲于他洲。其间诸国林立，或则控弦百万，或则带甲数十万，互为雄长，争相并吞[3]。弱小则唇齿相依，强大则睚眦必报。故兵革之事，必十余年、数十年而一见。于中有千余年以来之强国曰法兰西[4]，于近数十年勃兴者曰普鲁士。

法处欧洲西境，以甲兵雄海外，其疆宇之恢扩、土壤之腴美，屹然为西欧大国。其境东界日耳曼[5]、瑞士，西统比斯加湾[6]，北接比利时，与英吉利仅隔一海峡，南至地中海、西班牙。自西北至东南长一千九百八十里，由东北至西南长一千八百四十五里，总计六十一万五千方里。就海滨形势弯环计之，约长三千六百里。近海处为比斯加海口、都华河[7]、地中海、里滃[8]。时境中至大之河为森

[1]欧罗巴洲，即欧洲（Europe），在亚欧大陆西部，面积1016万平方公里，现有共44个国家和地区。

[2]“人物英持”，癸酉本卷一注作“人物秀良”。

[3]癸酉本卷一“争相并吞”后有“于是兼弱攻昧，取乱侮亡”。

[4]法兰西，即今法兰西共和国（the French Republic），简称法国（France）。位于欧洲西部。西靠大西洋的比斯开湾，西北隔拉芒什海峡（英吉利海峡）和加来海峡（多佛尔海峡）同英国相望，东北和东部同比利时、卢森堡、德国、瑞士、意大利、摩纳哥接壤，东南滨海，西南同西班牙、安道尔相邻。

[5]日耳曼，又译作阿勒曼、阿里曼、亚里曼、亚勒墨尼亚等，欧罗巴古大国也，北扼波罗的海，南接地中海。

[6]比斯加湾，即比斯开湾（Bay of Biscay），大西洋的一部分，在伊比利亚半岛与布列塔尼半岛之间，现面积22.3万平方公里。

[7]都华河，即今多佛尔海峡（Strait of Dover），法语称加来海峡，在英吉利海峡东部，介于英国和法国之间。

[8]“里滃”，癸酉本卷一作“李滃”。

马罗，直流贯注遍境，国民灌溉取资焉。其在西北海滨，由鲁瓦河[1]至加利士[2]，濒海地，地势高耸，有一处突入作凹形，若半环，被海水所冲激，聚沙成围，风又从而震荡之，时有变迁，海长四百五十里，皆有沙为障，捍蔽如围基然，每岁涨地六十尺。近都华河旁，有地斜伸入海，状若人身之特伸一臂，名奇尼士里斯，又曰拉合。其他曰必多拉士，海岛曰亚珊卑里挨儿，曰畲，曰里极亚拉龙，皆沿海新地云。

其国号曰法兰西者，固日耳曼语也，始一千三百八十年前，其意即言以自主之民为自主之国也。国中境土，自北方外，西、东、南三方皆负山岭而阻河海，最为巩固。周拉山[3]在法瑞交境，西温尼山[4]其高五百尺，比里牛斯山[5]其高五千尺，阿温山其高六千尺，痾士周斯山其高约四千尺，境中平原坦旷[6]，多可种植。国内诸山林立，自海而[7]度之，皆不过六千尺。其间至高者亚尔卑斯山，高一万三千尺；性布朗山，高[8]一万五千尺；比里牛斯山，

[1]鲁瓦河，又译作罗亚尔河（Loire），法国最长河流，发源于塞文山脉，经中央高原，西流至南特，注入大西洋的比斯开湾，长1012公里，流域面积约11.5万平方公里，有运河同塞纳河、索思河相连。

[2]加利士，疑为加来（Calais），法国北部港市，临加来海峡（多佛尔海峡），与英国多佛尔港相距30余公里，为法国最大的客运港。

[3]周拉山，为阿尔卑斯山脉的一座山。

[4]西温尼山，即塞文山脉（Cévennes），法国中央高原南部山脉。

[5]比里牛斯山，今通译作比利牛斯山（Pirineos），欧洲西南部最大山脉，是阿尔卑斯山脉主干西南延伸部分，东西走向，为西班牙和法国的界山，现长435公里，宽80—140公里，加龙河、阿杜尔河、埃布罗河发源于此。

[6]“坦旷”，癸酉本卷一作“坦广”。

[7]“而”，癸酉本卷一作“面”。当是乙未本印刷错误。

[8]“性布朗山，高一万五千尺”，癸酉本卷一无“高”字。

自西班牙入法国境[1]，其高一万尺。境中之河曰仙河[2]（音亦近星，通法京）、鲁依牙河、加仑尼河、陇河，水道纷歧，达于四境。山地平原气候不同，因之寒暑针高低亦异。初测针度，知其悬殊者，其人名巴士谷，试较之于阿温山，方验其理。

国中时序淑和，风景清嘉，四时天气朗霁开豁，甚为宜人。原泽肥美，田土膏腴，山中各兽无不备，兼有异种殊形者。耕时，雨泽均和，是以林树丛茂，约居七分之一。山矿多产，五金煤铁盐监毕具，山石亦有数种，惟煤不及英国之佳且多，仅能及十二分之一。近比利时，境多煤盐，因是法西南境最称富饶。石盐产于摩塞稀河，至为充足，农民多耕植五谷、葡萄、烟、麻桑，其农多勤敏，为他国所不及。居乡者率务田业，土著约五百万，所植以葡萄为最盛，约居二十六分之一，因其多植葡萄，故南方之米贵于北方。其所制造各物皆与欧洲列国通商，利市三倍，如丝斤、棉纱、呢布、磁器、金银器皿。列国出口之货，英居其最，而其次即当及法，其所织呢布坚密精致，尤甲于欧洲。其购贩于他处者，如木棉、蚕丝、羊毛、铜靛、煤、木料，此即入口数也，每岁入口货银约金钱八十兆磅（每磅抵吕宋银四圆有八），出口货银约金钱七十五兆磅。所与贸易往来之国，则以英美为大宗。国中诸海口，马赛里[3]尤为富盛，估舶货舰鳞萃羽集，其他则希瓦布多士、南士鲁、西耳士敦、各结波龙，皆商贾辐辏处也。

---

[1]“自西班牙入法国境”，癸酉本卷一作“自西班牙入于法国境”。

[2]仙河，即塞纳河。

[3]马塞里，即马赛（Marseille），濒临地中海，法国第二大城市，世界最大客运港之一。

生民户籍之数计三十六兆，每方里约居五十八人，军额三十万，其兵素号精锐[1]，惟英国可与并驾齐驱，然不及其众也。俄、墺之兵多于法，特临陈无其猛鸷，统兵官弁亦逊其智勇[2]。前王拿破仑第一[3]训练精甲几六十万，非英之水师与搏，则举欧洲之兵皆不足以当之[4]。而列国[5]必为其所挟制，其水师战舰居欧洲之次，以有英为之雄也。所有驻泊兵舶海湾，如卑里士、都龙、路蕤佛[6]、沙波、亚灵诸处，皆冲要所也。卑里士在压蓝的洋，都龙在地中海，岁縻饷项无算；沙波所筑炮台雄固非常，难以施攻，敌不能入。国债三百五十兆磅，每岁国用约七十兆磅。

一千八百六十二年，今法王拿破仑第三[7]为全权之主，称恩伯腊（恩伯腊西国语即中国帝号也），国位循世及之例[8]。设立上、下二议院，上议院爵臣由王自简，下议院绅士由民间推选。英、法国例不同，王有权得以更张律例、变革制度。所奉为天主教，而别教亦得行布。传教之士俸糈给自公家，国中奉耶稣教者仅十之一。朝廷设有

[1]癸酉本卷一“其兵素号精锐”句后有“无敌于天下”。

[2]癸酉本卷一“统兵官弁亦逊其智勇”句后有“悉备具有韬略”。

[3]拿破仑第一，拿破仑·波拿巴（Napoléon Bonaparte，1769—1821），法国军事家、政治家，在法国大革命末期和法国大革命战争中达到权力巅峰，1804—1815年间在位，被称为“法国人的皇帝”，创立法兰西第一帝国。拿破仑在他所参加的战争中屡获胜利，以少胜多的案例屡见不鲜，由此他被认为是世界军事史上最优秀的军事家之一，他的战略也为全球的军事学院所研究和学习。

[4]“则举欧洲之兵皆不足以当之”，癸酉本卷一作“则举天下之兵皆不足以当之”。

[5]“列国”，癸酉本卷一作“欧洲列国”。

[6]“路蕤佛”，癸酉本卷一作“路虽佛”。

[7]拿破仑第三，即拿破仑三世（Napoléon III，1808—1873），全名夏尔·路易·拿破仑·波拿巴（Charles Louis Napoléon Bonaparte）。法兰西第二共和国唯一一位总统及法兰西第二帝国唯一一位皇帝，是法国第一个普选产生的总统和最后一个君主。

[8]“国位循世及之例”句后，癸酉本卷一有“传于子”。

六部，而另以一部大臣专司学校，故其学艺闻于列邦，惟东北境民俗稍偷，于读书乐道之法有缺焉[1]。

通国旧分三十三部，后改为八十六郡，迩年得以大利所割地，增置三郡，于是为郡八十有九。至于国位相传，率以子继，嗣统绝，则选于宗族，历代以来鲜女主。始开国者为哥罗味，大略雄才，为国人所推服，以次驱除北狄，疆土日辟，时在耶稣降生后四百八十一年，当中国齐高帝建元三年也，自是国势日尊，传三百余年。嗣王北尔给里哥无道，国人废之，立相臣北比诺为王，其子甲利曼继位，并有贤声，长于用兵，威行各国。传世数叶，中衰。国人立公爵武额加颁多为王，不数传而统系绝。更立瓦罗义斯，迨后路易嗣位，增修国政，号为中兴。明万历时，显理第四以旁支嗣统，至路易第十四[2]，好大喜功，战争不绝，诸国怨叛。路易第十六嗣，内宠擅权，民不堪命，遂弑王，国大乱，推拿破仑般拿拍为首领事，时一千七百九十九年也。一千八百四年十二月二日，建号称恩伯腊。一千八百十四年四月十一日，逊位，出奔，

[1]“国中奉耶稣教者仅十之一。朝廷设有六部，而另以一部大臣专司学校，故其学艺闻于列邦，惟东北境民俗稍偷”，癸酉本卷一作“国中奉耶稣教者仅十之一，法境东北民俗稍偷于读书乐道之法有缺焉。朝廷设有六部，而另以一部大臣专司学校，故其学艺闻于列邦”。

[2]路易十四，全名路易·迪厄多内·波旁（Louis Dieudonne，1638—1715），自号太阳王。

为列国幽之易北河[1]台上。国人迎故王裔路易第十八[2]回法为王，逾年三月出避于外。拿破仑复入法国为王，是年六月二十二日，兵败身禽，为英人流之三厄里那岛[3]。七月，国人迎路易第十八复辟，在位十年而薨。其弟查鲁士第十[4]即位，立六年而出亡。是年八月，奉路易非立[5]为王。一千八百四十八年，国人逐之，遁于英，乃推戴拿破仑第三主国事，期以四年。一千八百五十二年十一月二十一日，遂即真，即今在位之法王也[6]。

普鲁士乃日耳曼列国之一，地居欧罗巴之中，近时欧洲之雄国也。其境东至俄罗斯，北界波罗的海、日耳

---

[1]易北河，Elbe River，位于欧洲中部，曲折流经捷克西北部，中、下游斜贯波德平原西部，在德国北部注入北海，全长1165公里，流域面积14.4万平方公里。重要支流有哈弗尔河和萨勒河，有运河分别与奥得、威悉等河相通，重要河港有德累斯顿、马格德堡等。

[2]路易十八，原名路易·斯坦尼斯瓦夫·沙维尔（Louis Stanislav Xavier，1755—1824），法国波旁王朝第七任君主。由于法国的政权落入拿破仑的手上，路易十八自登基后便流浪至欧洲多个国家居住，直至1814年，拿破仑在莱比锡战役中战败，宣布退位，路易十八在英普联军护送下回到巴黎，复辟波旁王朝，史称“波旁复辟”。

[3]三厄里那岛，即厄尔巴岛（Elba），第勒尼安海北部岛屿，属意大利，位于亚平宁半岛西岸近海10公里处，拿破仑于1814—1815年间被放逐于此。

[4]查鲁士第十，即查理十世，查理·菲利普（Charles Philippe，1757—1836），路易十五的孙子、路易十六的弟弟，是法国波旁复辟后的第二个国王。他对天主教的强烈热情和对贵族政治的厌恶，引起国内的强烈不满，引发1830年七月革命，查理被迫逊位，流亡英国。

[5]路易非立，即路易·菲利普一世（Louis Philippe I，1773—1850）。七月革命爆发后，立法议会选举他为王国摄政，两天后，查理退位，路易·菲利普加冕为国王。他在右翼极端君主派和社会党人及其他共和党人之间采取中间路线，以巩固自己的权力。1846年工农业萧条，人民普遍不满，引发法国二月革命。他于1848年2月24日逊位，隐居于英格兰的萨里，两年后去世。

[6]“遂即真，即今在位之法王也”。癸酉本卷一作“遂登大宝即真即今在位之法王也”。

曼，南及墺地里、日耳曼[1]，西接法兰西、荷兰[2]，长一千二百里，广二千里，总计之三十六万里[3]。自伐嗹攻墺后，拓土开疆，约得四十一万一千二百九十八方里，民籍生齿之数二十二兆七十六万九千四百三十六人。通国分东西，两土并不毗连，设立部落凡八区，置郡二十有五，东土广于西土，地势平衍，惟正南及西南则极高耸，其由渐而低者为坡[4]，乃趋入波罗的海海滨[5]。

东土共建六部，一曰巴郎丁堡，湖荡薮[6]泽殊多。沿海有大湖三，曰波迷里士，曰佛里士，曰加里士。都城曰伯灵[7]，即普京也，建于塞孛里河[8]岸，城中户口四十五万八千六百三十七人。城四周约广三十里许，城门十有六，壮丽峻整，著名于欧洲，园囿广敞，颇足以供游览。其学校黉[9]序肄习艺文者尤为欧洲冠。凡属城一百三十八，公会部城二十七。

二曰波美拉尼[10]，境中亦多湖，水泽汇流，脉络联

[1]“南及墺地里、日耳曼”句后，癸酉本卷一有“法兰西境壤毗连”。

[2]“西接法兰西、荷兰”，癸酉本卷一作“西接日耳曼、比利时、荷兰”。

[3]“总计之三十六万里”，癸酉本卷一作“总计之三十六万方里”，此处面积、数量单位当作“方里”。

[4]“其由渐而低者为坡”，癸酉本卷一作“由渐低坡”。

[5]“乃趋入波罗的海海滨”，癸酉本卷一作“乃趋入波罗的海及日耳曼洋海滨”。

[6]薮，生长很多草的湖泽。

[7]伯灵，柏林（Berlin），现为德国首都和最大城市，也是德国政治、文化、经济中心。

[8]塞孛里河，即施普雷河（Spree），源出东南部劳西茨山（Lausitzer）北麓，是德国哈弗尔河左支流，沿河主要城市有科特布斯、柏林。

[9]黉，学校。

[10]波美拉尼，即波美拉尼亚（Pomerania），中欧旧地区名，位于波罗的海南岸，原义“沿海地区”，专指波罗的海南岸及毗连地区，范围曾多次变动。

贯。其北近海会城曰士得丁[1]，在阿得河[2]左滨，城垣坚固，为普国冲要之地，有轮车铁路以达伯灵。近城河流深广，故商舶云屯，贾帆雨集，贸易之盛甲于国中。城中户口五万八千七十三人。凡属城七十二，公会部城七。

三曰细勒西[3]，其地多高冈峻岭，所产山石尤饶。会城曰北勤斯劳，在阿得岸奥[4]澜河口，有轮车铁路达于四处，城广而固，规制一准古昔，惟街衢狭迫，未壮观瞻。贸易以毡、麻两项为大宗，百工居肆，制造日盛，庠序广雅，文儒所萃。城中户口十三万五千六百六十人。凡属城一百四十一[5]，公会部城五十四。

四曰萨索尼[6]，与日耳曼境壤相接，阡陌交通，境中冈峦起伏，亦多崇山绝巘[7]，多产灰石。会城曰马丁

[1]士得丁，即什切青（Szczecin），波兰西北部城市，临奥得河下游西岸，北距波罗的海60公里，距什切青湾15公里。17世纪时为西波拉美尼亚公国首府；1720年被普鲁士占领，名斯德丁（Stettin）；1945年归还波兰，改现名。

[2]阿得河，即奥得河（Odra或Oder），欧洲中部河流，源自捷克奥得山脉（Oderské），流经波兰西南部，接纳左岸支流尼斯河后北流，构成波兰和德国界河，注入什切青湾，经沃林岛两侧海峡，通波罗的海。

[3]细勒西，又译作西里西亚（Silesia），欧洲中部地区名，18世纪中期以后，绝大部分被普鲁士侵占，小部分并入奥地利。第一次世界大战后，波兰复国，西里西亚分属波、德、捷三国。第二次世界大战后，绝大部分划入波兰，小部分属于民主德国、捷克和斯洛伐克。18世纪初起发展为欧洲主要工业区之一。主要城市有波兰的弗罗茨瓦夫、卡托维兹、比托姆、霍茹夫、格利维采、索斯诺维茨以及捷克的俄斯特拉发等。

[4]癸酉本卷一“奥”作“墺”。

[5]“凡属城一百四十一”，癸酉本卷一作“凡属城一百四十二”。

[6]萨索尼，又译作萨克索尼亚、萨普，今通译作萨克森-安哈尔特（Sachsen-Anhalt），德意志联邦共和国的一个州，州府在马格德堡。它与下萨克森州、勃兰登堡州、萨克森州和图林根州相邻。

[7]巘，山峰，山顶。

堡[1]，在抑耳比河[2]左滨，距京都伯灵二百二十里许，有轮车铁路相通，最为国中巩固之所，高垒深沟倚之，若金城汤池，在欧洲中亦当屈一指焉，故虽大敌屡侵，卒赖以捍蔽。城中户口六万五千二百四十七人。别有一城曰威丁堡，昔本为天主教所统辖，明时，路德崛起于此，特创耶稣正教，而天主教之权遂衰。凡属城一百四十，公会部城三十。

五曰普鲁士[3]，境中亦多巨湖。会城曰哥宁堡，界处孛里格、佛里士两河之间，距孛里格河仅十五里。其城空阔，不能守御，城中户口八万七千二百六十七人。海口曰但泽建[4]，近维士都拉河[5]左滨。城系古筑，向属波兰，至一千七百九十五年，乃隶普国版图。商舶往来，贸易极为繁旺。凡属城一百二十一，公会部城三十九。

[1]马丁堡，即马格德堡（Magdeburg），现德国东部城市，在易北河畔，附近为中德运河和易北-哈弗尔运河交汇处。

[2]抑耳比河，即易北河。

[3]普鲁士，17世纪初期德意志诸邦中的新兴封建王国，原为古普鲁士人居地。1525年成为公国，臣属波兰。1618年由德意志霍亨索伦家族的勃兰登堡选帝侯兼领。1660年打败波兰，1701年成立普鲁士王国。1740年从奥地利夺得西里西亚。三次参与瓜分波兰，获得波兰西部和中部广大土地。经1871年普法战争，逐步完成德意志国家的统一。

[4]但泽建，即今格但斯克（Gdańsk），波兰北部城市、海港（临波罗的海格但斯克湾）兼河港（临维斯瓦河河口左汊流）。1795年起被普鲁士占领，改名“但泽”（Danzig）。1919—1939年间为但泽自由市。第二次世界大战后归还波兰，并恢复原名。

[5]维士都拉河，又译作维斯杜拉河，今通译作维斯瓦河（Vistula），波兰最长的河流。全长1047公里，流域面积194424平方公里，占波兰国土面积的三分之二。发源于波兰南部的喀尔巴阡山脉，维斯瓦河曲向北流，流经克拉科夫、华沙、托伦，在河口形成三角洲，最后注入波罗的海。

六曰波森本[1]，波兰旧壤，普与俄、墺瓜分得之。会城同名，建于瓦他、罗拿两河之间，士得丁轮车铁路至此而竟。四周城垣，极其巩固，市阛宽广，车马辐辏。城中户口四万七千五百四十三人，昔年侵割之时，居民咸怀旧思，不乐新政，今则已由渐化。凡属城一百四十五，公会部城三。

天气南北不同，然寒热均不过甚，极南极北之地，终岁寒暑表之准率，总不逾[2]五十二分。西土分为南、北二部，境中亦有大山，然不若东土之攒聚一处。河之大者曰来尼[3]，南曰惟士发里，田土膏腴，林木葱郁，居民以织布为业，贩售各方。会城曰闵士得，建于抑阿河滨，城基峻整，亦为商贾之所集，城中户口二万六千三百三十二人。通部凡属城九十八，公会部城六十四。

北曰勒纳，又分为上、下来尼，盖以来尼河而得名。上来尼沿河傍山，形势甚壮。会城曰哥罗尼，建于来尼河左滨，基址广斥，创筑已久。周约三十一里许[4]，特街阛迫狭纡曲，殊不便于车马。城中户口十一万四千四百七十一人，善造铁器，所织缎布殊佳，又工制香水，驰名遐迩，舟楫往来，有如梭织。下来尼

---

[1]波森本，即波森省（Posen），在1846年至1918年是普鲁士王国的一个省，首府是波兹南，位于今波兰中部。该地被誉为波兰的发源地，居民包括波兰人、德国人、一些犹太人与其他少数民族。1918年，德国在一战中战败，新政府被迫接受《凡尔赛条约》，割让波森省予重获独立后的波兰，成为其波兹南省。

[2]“总不逾”，癸酉本卷一作“均不逾”。

[3]来尼，即莱茵河（Rhime River），西欧第一大河，源出瑞士东南部的阿尔卑斯山北麓，西北流经列支敦士登、奥地利、法国、德国、荷兰，在鹿特丹附近注入北海，全长1320公里，流域面积25万多平方公里。左岸支流有阿尔河、摩泽尔河等，右岸支流有美因河、鲁尔河等。

[4]“周约三十一里许”，癸酉本卷一作“周约二十一里许”。

山水清秀，远地游人多往眺览。会城曰下来尼，建于山谷之中，峰峦环其四周，巩固异常，地有温泉可浴。民勤织纫，故多饶足。距哥罗尼一百十六里许，城中户口五万三千四百七十四人。通部凡属城一百二十四，公会部城一百十八。

溯普立国之初，盖非久远。古时，北狄据其疆土，南宋初，日耳曼人征服北狄，遂备藩封，有阿兰分种之民居于波罗的沿海，东土曰普鲁士，国由此得名。其酋目扶烈达力疏伦，仕于北日耳曼朝，荐升伯爵，雄才伟绩，振铄一时，朝廷甚见宠任。娶一伯爵女为室，伯爵无子，疏伦遂承其遗业，世袭公爵，其食邑甚当冲要，以此日强。疏伦既受王室重畀[1]当屏藩之寄，人皆称之为浩轩疏伦。迨后，日耳曼欲使其统辖罗马事，以益其封，未果。继至一千四百七十一年，封布兰顿璧侯，是为今普鲁士立国之始。

一千五百二十一年，嗣君[2]与日耳曼之鲁他人往还甚密，见其气宇不凡，仪观伟如，隐劝其乘时崛起，暂为普鲁士一方主，而密与波兰相结，嗣君从之，阴遣使与波兰王言："苟得君普鲁士者，愿以其地永为藩属。"波兰国王许焉。于是，其地复入于波兰。

嗣君后娶嗹国公主为后，威权日盛，远近归之。一千五百六十八年，薨，传位其子，是为新君[3]。

---

[1]畀，给予。

[2]嗣君，即阿尔布雷希特（Albert，1490—1568），德名Albrecht von Preussen。条顿骑士团的第37任大团长（Teutonic Order），也是霍亨索伦家族（House of Hohenzollern）的第一位普鲁士公爵。

[3]新君，即阿尔布雷希特·腓特烈（Albert Frederick，1553—1618），霍亨索伦家族的第二位普鲁士公爵。

一千六百十八年，新君没，无嗣，乃召巴郎丁堡[1]统领维廉入继其位，因此普鲁士与巴郎丁堡合而为一国，益强，遂自附于日耳曼，归其统辖。别本或作明万历年间[2]，日耳曼人复取其地，建国置君成为一邦，其实非也。普鲁士君没，无嗣，与巴郎丁堡合并而遂自归于日耳曼，以备一邦，非日耳曼为之建国也[3]。维廉[4]克慎厥职，忠谨可嘉，日主悦之，屡益以地。一千六百四十年，维廉薨，子扶烈达力维廉[5]嗣，在位四十八年，拓地开疆，几倍于昔。一千六百八十八年，薨，传位其子扶勒达力第三[6]，国益昌炽，因有席卷囊括意。一千七百一年正月十一日，自立为王，建王宫于哥宁堡[7]，定国号为普鲁士，初犹以

[1]巴郎丁堡，即勃兰登堡（Bradenburg），全称“哈弗尔河畔勃兰登堡”（Brandenburg an der Havel），德国东北部的一个州，环绕着首都柏林。

[2]“别本或作明万历年间”，癸酉卷一本无“或”字。

[3]“别本或作明万历年间，日耳曼人复取其地，建国置君，成为一邦其实非也。普鲁士君没，无嗣，与巴郎丁堡合并而遂自归于日耳曼，以备一邦，非日耳曼为之建国也。”，癸酉本卷一以小字为注解而非正文。

[4]维廉，即格奥尔格·威廉（Georg Wilhelm，1595—1640），勃兰登堡选帝侯兼第四代普鲁士公爵。

[5]扶烈达力维廉，即腓特烈·威廉（Frederick William，1620—1688），勃兰登堡大选帝侯，是勃兰登堡-普鲁士集权军国主义的创始人，因其军事和政治技巧卓越，被称为“大选侯”（The Great Elector）。他是加尔文主义的忠实支持者，在位期间积极推广商贸，在国内进行改革，使普鲁士在《威斯特伐利亚和约》生效后逐渐强大，从而成为中北欧的领导者之一。

[6]扶勒达力第三，腓特烈三世（Friedrich III），即腓特烈·威廉·冯·霍亨索伦（Friedrich Wilhelm von Hohenzollern，1657—1713），普鲁士的第一位国王（1701—1713年在位），得到国王的称号前为勃兰登堡选帝侯兼普鲁士公爵。

[7]哥宁堡，今通译作加里宁格勒，又译作柯尼斯堡、哥尼斯堡，即今俄罗斯加里宁格勒州，首府加里宁格勒，位于桑比亚半岛南部。先后被条顿骑士团国、普鲁士公国和东普鲁士定为首都或首府。第二次世界大战期间，被苏联红军占领，根据《波茨坦协定》，柯尼斯堡成为苏联领土。1946年，为纪念刚逝世的苏联共产党和苏维埃国家领导人米哈伊尔·加里宁，更名为加里宁格勒。

固藩篱、扩疆圉[1]为词。王甚材武、长于韬略，菲食恶衣，躬为节俭，晚年帑藏丰盈，国用充裕。一千七百十三年，王薨，其子扶勒达力第一[2]嗣，增拓规模，设立法制[3]，于是列于欧洲诸大国中。王在位颇有政声，强邻慑伏，疆宇宴然，称贤主焉。尝兴兵攻细勒西，胜之，遂取其地，与波兰分析，自为一国，不复归其辖治，从此舆图日扩，生齿益繁，地广于前几二倍。初年，民籍二百五十万，季年至六百余万。一千七百八十六年，王[4]没，无子，乃传于侄维廉第二[5]。初政颇善攻，伐波兰，割其地几半，迨后，嗜酒耽色，怠于政事，国势渐衰。

普之西南境固与法接壤，犬牙交错，法时怀图并之念，向特惮普王英明不敢发耳。时法人已举拿破仑为君，其人雄猜有大略，善用兵，几于战无不胜，攻无不取，时已帝制自娱，妄欲混一区宇，继迹罗马，亦普有衅可乘。遂于一千八百五年，即中国嘉庆十一年[6]，帅

[1]圉，养马的地方，边境，边界。

[2]扶勒达力第一，腓特烈·威廉一世（Frederick William I of Prussia，1688—1740），普鲁士国王兼勃兰登堡选帝侯（1713—1740年在位），绰号“军曹国王”。

[3]“设立法制”句后，癸酉本卷一有“日臻美备”。

[4]王，即腓特烈二世（Frederick II，1712－1786），史称腓特烈大帝，普鲁士国王（1740—1786年在位），军事家，政治家，作家及作曲家。统治时期普鲁士军力大规模发展，领土大举扩张，文化艺术得到繁荣与发展，“德意志启蒙运动”得以开展。

[5]维廉第二，腓特烈·威廉二世（Frederick William II，1744—1797），霍亨索伦王朝的普鲁士国王和勃兰登堡选帝侯（1786年8月17日—1797年11月16日在位）。他在任内推行强权政治，获得前所未有的领土增长率，让普鲁士成为德意志人与波兰人混合的“双民族国家”；此外，他大力赞助文艺发展，使得普鲁士的文化软实力大幅上升，于1788年在柏林建造著名的勃兰登堡门。

[6]1805年应为嘉庆十年，此处应为王韬误记。“遂于一千八百五年，即中国嘉庆十一年”句，癸酉本卷一无公元纪年。

师伐普。是时王扶勒达力威廉第三[1]（按威廉第二薨于一千七百九十七年，是年，子扶勒达力威廉第三嗣位）秉国，素无储备，各郡邑望风解体，势不能支，其地半为法有，普于是遂弱。

或谓普自开国以来未有如此之危蹙者也。越六年，普民患苦法政之不善，咸怀怨咨而思其故主。普王因民之怨也，纠合诸国攻法，法师溃，委地而去，普尽复故土。惟南方之罗来内、里痾内二省仍为法所割据，盖此二省乃一千六百八十一年法先王侵普所得，非拿破仑近时所吞并者，特于墺京维也纳议正各国疆界，时此二省仍为法属耳[2]。

一千八百三十九年[3]，王非的利[4]即位，勤政爱民，设学校，课农桑，惠商旅，恤鳏寡，修文讲武，百废具举。由是远近归心，百姓亲附，邻国之民无不喁喁[5]然[6]向风慕义，遂为西土之显国。一千八百四十九年，取荷恒梭兰地。一千八百五十三年，灭荷耳颠白邦公爵之属地曰查特。国益大，兵益强，普自得此地，遂有北海口。其制

[1]扶勒达力威廉第三，或译弗里德里希·威廉三世，即腓特烈·威廉三世（Frederick William III of Prussia，1770—1840），霍亨索伦王朝的普鲁士国王（1797年11月16日—1840年6月7日在位）和勃兰登堡选帝侯，创作了军乐《普鲁士检阅进行曲》。

[2]“盖此二省乃一千六百八十一年法先王侵普所得，非拿破仑近时所吞并者，特于墺京维也纳议正各国疆界，时此二省仍为法属耳。”癸酉本卷一“盖”作“按”；此句为小字，做注解。

[3]“一千八百三十九年”，癸酉本卷一作“道光二十年”。

[4]非的利，即腓特烈·威廉四世（Frederick William IV of Prussia，1795—1861）。曾在1814年参加解放战争，对抗拿破仑军队。

[5]喁，鱼口向上，露出水面。喁喁，形容众人景仰归向的样子。

[6]“邻国之民无不喁喁然”，癸酉本卷一作“即邻国之民亦无不喁喁然”。

民及岁者，工入肆、秀入学，因材施教，否则罚其父母。年二十以上男丁皆入伍，学艺三年放归，每岁秋大阅施赏罚，故其国兵多而精。国中驻防军额约五十七万，仓卒有事，即可调集。一千八百六十一年[1]，王威廉第一[2]继祚，即今之在位之普王[3]也。按普王生于一千七百九十七年三月二十二日[4]，至今七十有三岁矣。一十三年至十五年，曾随征德卑顿邦；一千八百四十九年六月，立为统兵大师；一千八百五十八年十月九日，因兄病摄位；一千八百六十一年正月元日，践阼[5]为王[6]。此普、法两国之所由来也。

普弱法强，欧洲诸国无不人人知之。然普之得以勃焉以兴者，其一在伐墺，其一在伐嗹。一千八百六十四年，帅师伐嗹（即丹国），大败之。师旋，命立石于道周，而书其事于碑阴以纪战功，如古之勒石燕然者。然未鸠[7]功

---

[1]“一千八百六十一年”，癸酉本卷一作“咸丰十一年”。

[2]威廉第一，威廉一世（William I，1797—1888），全名威廉·腓特烈·路德维希（Frederick William Ludwig），为普法战争中普军总司令，1871年1月18日就任德意志帝国第一任皇帝，死后，因为德意志统一，被其孙威廉二世尊为大帝，号称“威廉大帝”。

[3]普王，今通译作威廉一世（William I，1797—1888）。参见卷一“威廉第一”条注释。

[4]“按普王生于一千七百九十七年三月二十二日”，癸酉本卷一“二十二日”作“二十三日”。

[5] 阼，古代指大堂前东面的台阶。践阼，亦作“践胙”“践祚”，即登基。《史记·鲁周公世家》：“周公恐天下闻武王崩而畔，周公乃践阼代成王摄行政当国。”《史记·太史公自序》：“汉既初兴，继嗣不明，迎王践祚，天下归心。”

[6]“按普王生于一千七百九十七年三月二十二日，至今七十有三岁矣。一十三年至十五年，曾随征德卑顿邦；一千八百四十九年六月，立为统兵大师；一千八百五十八年十月九日，因兄病摄位；一千八百六十一年正月元日，践阼为王”，癸酉本卷一为小字，做注解。

[7]鸠，聚集，含贬义。

而有伐墺之役[1]。一千八百六十六年，普与墺地里战，克之，墺人行成盟于咢士北地，盟言曰："嗣后，南北日耳曼自为联邦，无预墺事，墺惟谨守一隅而已，北以普为长，南以巴华利亚为长，悉听其便，或南附于北，亦无不可。"北日耳曼共得地四十七万九千八百二十方里，户口二千九百二十万八百六十二人，南北日耳曼以缅河[2]为之界。于是，墺弱普强，日耳曼列国咸奉普为盟主，执牛耳焉[3]，而墺之权替矣。普王以伐墺之功不在伐嗹下，爰[4]命史官比事属辞，缀之碑后，用彰厥勋[5]。

先是，普国伐墺之时，法欲兴师助墺，以为法、墺合力攻普，势在必胜，既胜，则割普来因河上之地易若反掌耳。普相俾斯麦[6]闻法王之谋，知法志在得地[7]，因谓法若不为墺之外援，则普愿割来因河上之地以馈于法，用酬和好。法王大悦，罢兵不出，以为是役也，无论普、墺胜负，地在必得。墺胜，则法乘机进取，墺必无不许以其地，即为法国所取，无伤于墺也；普胜，则彼固许我以

[1]癸酉本卷一无"此普、法两国之所由来也。普弱法强，欧洲诸国无不人人知之。然普之得以勃焉以兴者，其一在伐墺，其一在伐嗹。一千八百六十四年，帅师伐嗹，大败之，师旋，命立石于道，周而书其事于碑阴以纪战功，如古之勒石燕然者。然未鸠功而有伐墺之役"。

[2]缅河，即美因河（Main），德国莱茵河右岸支流，在美因茨注入莱茵河，长524公里，流域面积2.65万平方公里，有运河接通莱茵河和多瑙河两大水系，主要河港有维尔茨堡、法兰克福。

[3]"执牛耳焉"，癸酉本卷一无"焉"字。

[4]爰，文言连词，于是。

[5]癸酉本卷一无"而墺之权替矣。普王以伐墺之功不在伐嗹下，爰命史官比事属辞，缀之碑后，用彰厥勋"。

[6]后文又作"俾思麦"，今通译作俾斯麦（Otto Eduard Leopold von Bismarck-Schönhausen，1815—1898）。

[7]"知法志在得地"句后，癸酉本卷一有"不可虚其所望"。

地矣，遂束手作局外观。事平，法遣一介之使索赂于普，请以来因河以西为普法交界地。普报书于法云：“其地具在，大国能取即自取之，敝邦弗敢闻命。”法得书知所索不遂，其谋以寝[1]，然阴甚衔之，时有责言。

逸史氏王韬曰：从来两国相持，皆以为师不厌诈，或以为兵行诡道，此谓其在战阵之时耳，未有方当交好而即挟诈谖者[2]。方普之用兵于墺也，法乘机请割来因河地以益其封，并许出兵，力助夹击墺境，潜相立约。否则，将移助普之师以援墺，撤攻墺之兵以伐普。斯时，普相俾斯麦恐法之无所得利必将反助墺也，乃与法商曰：“若尔不助墺，吾将以地畀汝。”法人以普之有此言也，思普若为墺所败，则其势蹙弱，来因之地，吾以重兵往取，必无不得，普胜则彼固已许我矣，胜负有利焉。是以于普、墺大举之役，按兵旁观，普既胜，法人往索割地[3]，则普以君可自取对，法虽憾甚，然无如之何，此盖普相谋国之胜算也。噫！法国狡矣，而普亦不为不谲[4]也。法人卒不知备，终蹶于普，宜哉！[5]

一千八百七十年，西班牙国乱，顽民倡叛，揭竿竞起，振臂一呼，云集响应。国后因是出奔，方图乞师进讨，然卒无助之者。是时，国中无主，人心震动，国人群思拥立贤君以资治理。惟是简[6]之王族，选之爵绅，未有

[1]寝，停止。

[2]谖，欺诈，欺骗。

[3]癸酉本卷一作“法人前往索割地”。

[4]谲，欺诈，玩弄手段。

[5]“逸史氏王韬曰：……在战阵之时耳，……终蹶于普，宜哉！”癸酉本卷一为小字，做注解。

[6]简，选择。

堪膺是任者[1]，乃暂以布廉为将军权[2]，摄国政。久之，环顾列邦[3]，为民心所归往向服者，卒未有其人[4]，最后，群举普国郡王子，夙著贤声[5]，有人君度，可抚有西土。王子名理乌佛[6]，世袭浩轩疏伦王爵，加厘安郭郡王之第二子也。（普国咸奉耶稣教，惟此部则信天主，与西班牙同教）一千八百七十年六月，布将军亲莅议院，宣言于众曰："我国无君，民心涣散，内患未宁，外忧将至，非择贤而立不足以安宗社[7]。普王子[8]品超贵胄，行冠宗潢，必能胜此大任。予欲奉以为君，愿让斯位。"爰命议院各员参酌可否，众议佥[9]同，乃遣人致书普王子曰："敝国不幸猝遘[10]闵凶，民乱君逐，朝廷无主，所赖贤智之俦，收拾人心，戡平祸难，环顾我邦，德薄才鲜，俱不足以堪巨任，王子才冠时流，学迈群彦，实可履大宝、晋尊号，以镇抚我社稷、安辑我民人，惟祈辱降敝国，即日临御，万毋固逊，以慰臣民之望，不胜幸甚！"王子答书不辞。按浩轩疏伦虽属普王宗派，然谱牒疏远，传位例所不及。王子年三十有五，立行端谨，储才宏富，得书后，

[1]癸酉本卷一无"惟是简之王族，选之爵绅，未有堪膺是任者"。

[2]"乃暂以布廉为将军权"，癸酉本卷一作"乃暂以布廉为将长君"。

[3]"久之，环顾列邦"，癸酉本卷一作"屡选于列邦"。

[4]"未有其人"，癸酉本卷一作"未有可以当斯任者"。

[5]癸酉本卷一无"夙著贤声"。

[6]理乌佛，即霍亨索伦亲王利奥波德（Leopold），生于克劳亨维斯，其弟是罗马尼亚国王卡罗尔一世，其次子为罗马尼亚国王斐迪南。

[7]"非择贤而立不足以安宗社"句后，癸酉本卷一有"于苞桑奠国家于磐石"。

[8]普王子，即普国王子，原名腓特烈·威廉·尼克劳斯·卡尔（Friedrich Wilhelm Nikolaus Karl，1831—1888），亦称"弗里茨"（Fritz），即之后的腓特烈三世（Frederick III），为威廉一世独子，根据家族传统自幼接受军事教育。

[9]佥，全，都。

[10]遘，相遇。

以普王为一族弁冕，乃往请命。普王意不以为可，因谓之曰：“此无异于昔者墨克迷仁往君于巴拉利司国事也。墨克迷仁本为墺国王子，巴拉利司招之为王，后卒被弑。汝若为之，恐异日蹈杀身之祸，其勿往！”理乌佛弗从。

七月四日，布将军行文于驻扎法京西班牙公使，谓理乌佛王子已允为西班牙王，议院亦无异议。法国闻是消息，上下大骇，奋然曰：“普、西无亲，焉得妄预其国事，且是举意将大不利于我也。普、西相合，其势益强，倘其比而攻我，法将弗堪。”法京所刊日报劝王必止是事，毋许其成。于是[1]，法通国臣民无不深憾于普，痛诋狂詈，众口一词[2]。

七月五日，普国驻法公使几欲旋旆[3]，以与王商。七月六日，强请法王移书劝止，法王颁谕于驻普公使边尼德体[4]，令谒普王，请王子逊位勿行，嗣后永不得为西班牙王。法京外部大臣加拉文公爵集论议院，谓是事于法堕国势、陨国体，所系非轻，宜请于普王，命王子勿君西国，庶免后日虞。

时普王避暑于奄士[5]行宫，法公使边尼德体自普都前往谒见。七月九日，法使进谒普王，以法王赐书上呈，陈说利害，且请收回成命，谕王子勿行，毋伤普法两国辑睦。普王曰：“浩轩疏伦，寡人之同宗也，以分言，则族

[1]癸酉本卷一无“于是”。

[2]“众口一词”后，癸酉本卷一有“一时忿激几至于变”。

[3]旆，古代接在旗子末端形状如燕尾的装饰，泛指旌旗。旋旆，指回师。《晋书·王濬传》：“卿旋旆之日，角巾私第，口不言平吴之事。”

[4]边尼德体，又译作贝内德蒂（Benedetti）。

[5]奄士，今通译作埃姆斯（Ems），位于德国莱茵兰-普法尔茨州的兰河河畔，为温泉小镇，总面积15.36平方公里。

党；以义言，则君臣也。西人选择及之，欲立为君，是一国之公事，非一家之私事也。今事[1]始终由其自主，我既未许其受位，又焉能命其退位？祈复于王，敢告不敏。”十一日，法使又请见普王[2]，旋命召入，仍以是事请普王，曰：“是事进退系于王子，寡人弗欲预闻，且王子游旌所指，我未及知，或传其税驾鸭岭，马首所瞻，行踪靡定，将从何处告之乎？”普王始终持是说，而普法之衅由此起矣。

七月十二日，乌理佛王子致书法国朝廷曰：“不佞[3]已辞王位，不特我两君志在二国辑和，共享升平之福，即予小子，亦不敢以是一端俾彼此怀疑抱憾，是以再三固逊，愿授他人，谨以上告。”英使谓法之廷臣曰：“王子辞位，启衅之端可自此息矣！”后闻王子辞位，盖出自普王所命。顾法人以为犹未慊[4]志，法相加拉文谓英使曰：“法国骚然，人心不靖，其奈之何？”法廷臣集论于议院，并不以是事之寝宣示众民，以期安辑，故众之抢攘尤甚。

普国驻法公使拟请普王致书任过，是言一发，而普国亦为震动，谓如是殆将挟制我普国，卑屈我君臣也，共何能堪[5]？普相俾思麦谓英之驻普公使曰：“法至今日，要宜直任厥咎，不再凌侮我朝廷，然后我国民心乃能克靖。”[6]是时，普法两国已有两不相下之势。

---

[1]“今事”，癸酉本卷一作“是事”。

[2]“又请见普王”，癸酉本卷一作“又再请见普王”。

[3]不佞，谦称自己。

[4]慊，不满，怨恨。

[5]“共何能堪”，癸酉本卷一作“其何能堪”。

[6]癸酉本卷一无“普相俾思麦谓英之驻普公使曰：‘法至今日，要宜直任厥咎，不再凌侮我朝廷，然后我国民心乃能克靖。’”

七月十三日，普王驾幸奄士别墅，其地之名园也，花木崇绮，景物清幽，銮跸[1]所至，侍从如云。法使适至，普王延之入见，甚加优礼，示以《哥伦日报》中载王子逊位一事。法使庄阅既竟，对曰："是事臣已知之矣，敝国朝廷已于昨夕檄谕四境，咸使闻知。"普王曰："此事如已涣然冰释，不致乖和，如天之福，敝国臣民无不利赖[2]。"法使复前而致词曰："虽然，以臣度之，是事仍未有止境。嗣后，理乌佛王子当永不为西国君，即有他王子入继西统者，大王亦必止之，庶不徼怨于后日，王其许之！"普王弗从，法使再三渎请，亦不许，谓："前日之言，既已闻命，业有成约，他非所知。"[3]法使既出，阅数时，复诣行宫，请见普王。遣近侍谕之曰："顷已有言，何弗闻也，今而后勿复见汝矣！"遂以是事刊列邮报，宣示遐迩，布告列邦，俾知法使之无礼也。于是，法使束装返国，普法构兵由此遂成。

时[4]欧洲诸国处于局外者，皆欲为之排解，而英为尤力。恐一旦兵连祸结，靡所底止，因请于普、西两国，勿立王子为君。法外部大臣加拉文亦求英国居间调停，毋启二国纷争。及边尼德体既旋法都，则普法各执一词，法以为辱我使，普以为侮我君。普相俾思麦谓英使臣曰："我王接见法使，原极礼貌优崇，彼民不知，谓辱其使，愤怒无端，今我朝必欲法任过而后已！"普外部大臣宣示欧洲列国，谓自此告绝于法。

[1]跸，帝王出行时的车驾。

[2]"敝国臣民无不利赖"句后，癸酉本卷一有"额手欢呼，共相庆祝"。

[3]"他非所知"句后，癸酉本卷一有"我躬不阅，遑恤我后"。

[4]"时"，癸酉本卷一作"是时"。

法之首相加拉文谓英使曰：“《伯灵日报》所载普廷告绝之文，大抵欲顺民心耳，非出普王本意也。”法王于是发号施令，声罪致讨，分兵两队，预备出征。立帅二，一为巴彦[1]，一为李布父，统率兵士启程。十二日，离法都向摩塞里前进。十四日，法军机大臣集议于条拉利甸，升帐誓师，定与普战，传令国中，即募余勇，同伸义愤。翌日，再会廷臣几拉棣厘，问于李布父曰：“帅臣奉命出师，军实已齐乎？”曰：“备矣！”曰：“能昌言之于畴人广众中乎？尚慎旃[2]哉！苟有一事之未备，必至贻误军机，损伤国体。”廷臣沙纳曰：“亦知‘备’之一字作何解与？”李布父奋然曰：“我所谓‘备’者，即普法交兵，积日旷时，虽一物之微，无庸取之于外，有备不虞，又何足患？”

十五日，法廷下战书于普，谓启衅有三端：一普王在奄士显辱法使，而普臣不闻有谏阻；二普王不谕理乌佛王子逊位而去；三不惟不言，且阴以后日难知拒我；此三事，法所据以责普者也。议院中，群论佥同，惟爹亚发孚[3]以为不然。当议院之酌下战书也，廷臣对众言曰：“我朝廷惟望臣民协力赞襄[4]，共申保疆御敌之谋，咸奋

[1]巴彦，弗朗索瓦·阿希尔·巴赞（François Achille Bazaine，1811—1888）。雇佣兵出身，1864年担任法国元帅，普法战争中率领法国最后一支约17万野战军投降普鲁士。

[2]旃，文言助词，等于“之焉”两字的合音。

[3]爹亚发孚，马里·约瑟夫·路易·阿道夫·梯也尔（Marie Joseph Louis Adolphe Thiers，1797—1877），法国政治家、历史学家，路易·菲利普时期的首相，第二帝国灭亡后再度掌权，因镇压巴黎公社而知名。在1871年至1873年间，他曾任临时总统，后被迫下台。

[4]赞襄，辅助，协助。

敌忾同仇之志。七月六日，我已授意于邻邦，使为排解列国，人心无不以我为是。无奈普王悍然不许，绝使臣，弃旧好。今日，我国先事预备者，实处于万不获已，诸将士既奉朝廷重命，各有专司。所望竭忠尽智，协力一心，克敌伐仇，共伸义愤，毋负此大任可也，汝众其各勉旃。”法国廷臣既行文于普，刻期示战，复集议于议院。法都之民闻是消息，无不跃然以起誓，欲灭此而朝食，畿[1]外之众、边徼[2]之氓，同声愤激，一倡百和。国中所刊日报无不以讨普之举于理甚公，其措词最激切者，莫如《调那顺日报》，咸谓：“法廷张挞伐之师，奋遏防之力，洵[3]足以振国威、伸国体。”且曰：“普人辱我亦太甚矣，请渡来因河，我兵已早备矣！”[4]

有英人旅居普国者，知普法兵衅将启，因于十五日夕间，巡行国中，审察其民情向背若何。则民间咸怀义愤，皆曰：“吾王受侮，吾国之耻也，我侪小人尚敢安食甘寝于家乎？必报仇，有死无二。”街衢间或有悬灯树帜者，顷之有自灭其灯者曰：“此非喜乐时也！”曲巷中，酒垆家，男妇老壮聚谈喁喁，听之，悉为后日出征计，居者、行者皆作抚慰劝勉词。有妇别其夫、子别其父、幼别其长者，无不流涕相告，语亦有慷慨赴敌、踊跃思战者。有缅述起衅之由，谓折之于理，普直法曲；有逆料后日之胜负者；有大声呼于众中者曰：“善妒哉，法人也。彼常妒俄、妒英、妒美，以其国势强盛也，今又嫉普

[1]畿，靠近国都的地方。

[2]徼，边界。

[3]洵，诚，实在。

[4]癸酉本卷一无“法之首相加拉文谓英使曰：……我兵已早备矣！”

矣！彼既怀此忮[1]心，何不于各国之语言文字究习稍多？于一千八百六十七年以前，我军时称其行阵之整，演练之精，谓之为能兵，由今观之，则殊不然。设在今日，与之絜长较短，彼不逮我矣。我军之所以异于彼者，彼师剽疾而多轻，我军持重而能久，当大敌而不惊，遇甚败而弗避，勇前而耻后，知进而难退，此其所以胜也。今日者，我国士庶无不怀忿切齿，敌忾同仇，不灭拿破仑朝，誓不息兵罢战。必使灭兵额、削国权、割地求和，为我藩属而后已。”民间之私论如此，亦壮矣哉！

普相俾思麦告戒日耳曼，各船舶须避入港内停泊，免遭敌国俘虏。荷兰国招集民壮，以防两国之兵越境肆扰。墺地里声明为两不偏助之国，若有别国助此，则墺国助彼以均其势力。斯时，南北日耳曼各调集兵勇，下令遄征[2]。普国京师伯灵居民约有十万，是夕，在衢市间言论者数约八分之一，远近郡邑无不同心响应。是夕亥刻[3]，普王自奄士返，乘车回宫，马行甚驶，行经名人石坊先王扶烈达力第二坊下时，已抵王宫外，民间尤未知其为王也，睹车饰之异而后知之，各趋前免冠瞻觐，齐声呼贺。有傍銮舆疾走言事者，王车乃缓辔徐行。于是，民间始知法国将战消息，无不扼腕切齿[4]，作忿恨状。南北日耳曼民志齐心固如出于一，通衢广众中，谈论纷纭皆普法构兵事。

普王将抵伯灵，普太子已偕首相俾思麦、军师毛奇、

[1]忮，嫉妒。

[2]癸酉本卷一无“民间之私论如此……下令遄征”。

[3]亥刻，亥时，今北京时间晚上7点至9点。

[4]“无不扼腕切齿”，癸酉本卷一作“无不奋臂握拳”。

兵部尚书栾将军冷嘉暨各廷臣，已在轮车驿馆敬迓[1]。顷之，外部大臣携法国战书呈于王前，盖从电报所译递者。俾思麦为之朗声宣读，王聆既毕，容色甚和，词气温豫，即召军机大臣共议出师，招募民兵，刻期团练。普太子即将法国所下战书颁告臣民，先营员而及国人，瞬息间如电之速，其传殆遍，通国无不勇气百倍，愿赴行阵[2]。

七月十五日，两国战事始矣。先是七月十四日，法国十部大臣集议于朝，持论久不决，自辰达午，未有成说。忽传普公使文移自普[3]至[4]，书以普文，约略千余言，乃召部员译以国书，俾众传观。初意为公使边尼德体书，继乃知为各不偏助之国劝和之函。英驻法公使亦请法王急收成命[5]，毋乖两国之欢心，如必强邀，其一言激忿，失和必由此起。况今者，两不偏助之国已为之委曲调停，西班牙王位自不为普王子所居[6]，是则何不可之？有朝臣闻英公使言，韪之，重集参议，甫集时，忽闻普王已与法驻普公使绝和。于是，战议遂决，而辞英国劝止之约。

先是于一千八百五十六年，英、法两国立约，嗣后遇有军国重事，彼此宜相筹劝排解。今法人言是事不在约中，英又劝普勿启兵端、乖邻谊，普亦弗听。普首相俾思麦言于众曰：“欲息干戈、修玉帛，岂一国所能独为

[1]迓，迎接。

[2]癸酉本卷一无“普王将抵伯灵，……愿赴行阵”。

[3]“忽传普公使文移自普”，癸酉本卷一作“忽传驻普公使文移自普”。乙未本脱“驻”字。

[4]至，当为“致”。

[5]“请法王急收成命”，癸酉本卷一作“请法王急收面许之成命”。

[6]“西班牙王位自不为普王子所居”，癸酉本卷一句末多“也”字。

乎？”十五日午正，法王于京外胜克流宫[1]召集群臣筹议战事，爵臣绅士遝迩云集。法国公爵首相加拉文莅上议院宣读法王战谕于众前，其略曰：“七月十二日，朕颁诏书告尔有众，尔众无不咸怀一心，愿竭赞襄，忠勤为国，朕实深嘉赖焉。凡我友邦无不悦我国所行之公，是事与西班牙无预，毋庸往问，亦与普王子不相涉，我惟向普王言可已。盖所以主持保卫此王子者，固普王也。普王为一国君，亦为一家主纲，维是事非普王其谁属？普王乃谓是事无预于己，告彼相臣，谓当以家事理之，毋以国事治之。朕闻斯言，殊失所望。当朕与普王往复筹商之际，西班牙国已有书至，言普郡王子今已辞位弗居。朕以为此仅弗为于一时，未能逆料于后日，况王子而外，普王子弟可以入继西班牙王位者，当不乏人，难保无再酿事端，以致不利于我国。是以朕请命于普王至再至三更谕，驻普使臣廷谒普王，求其俯纳，务期面许一言为信。朕非好为多事也，实冀将来彼此共享绥安耳！讵[2]意不蒙见谅于普王，以不欲预闻斯事为辞相臣！”读至是，闻者咸色变，怒气勃郁不可遏，久之始定。

相臣又曰：“以是今日布告尔众，咸使闻知。更可异者，普王罔念旧好，绝我使臣，命其侍臣谓之曰：‘今而后不复见汝矣。’昨获是耗，殊骇听闻。非特此也，普又移文于欧洲列国，将擯我使臣于其都，以示斥绝，则其藐辱我国体也甚矣！”众闻怒益甚，有叱咤于坐者。

---

[1]胜克流宫，即圣克卢宫（Saint-Cloud），曾为皇家城堡，坐落于塞纳河畔，波旁王朝时期与卢浮宫、凡尔赛宫并称三大皇家宫殿，1870年普鲁士人攻入巴黎并烧毁了圣克卢宫，如今为法国国家公园。

[2]讵，怎料。

相臣旋又曰："我闻普王普相授甲兴戎[1]，厉兵秣马，调师出境，将与我国决一战。如是，我国虽欲仍敦辑睦，亦不可得，其势不免于用兵。夫兵凶战危，我国岂乐出于此，特是我之委曲周旋于其间者，原以冀睦邻弭衅耳。今日者，权自彼操，难非我发，彼方欲为祸首，我岂能受之而甘心？[2]惟[3]当整防兵、选余勇、备战攻、严守御，藉以保疆而克敌，以求一洗此耻[4]。咨尔有众，左右翼辅，以保卫我国家，勤劳于王室。"众闻至此，同声称颂。

读竟众退。法国廷臣传檄约战，曰："敬告普王左右，贵国欲立王子为西班牙君。此举也，敝国断不能置之局外，有碍敝国土疆，所关殊巨，必上请于贵国，务使其说永废不行。陈词渎冒，至再至三，不意大王弗图，且谓敝国使臣曰：'后事如何，要难逆料'。大王专制一国，凡所举动，悉由大王裁夺，王子逊位，系于大王一言耳。此犹不蒙应许，于此可觇[5]大王之志矣。此实有害于敝国升平之局、欧洲均一之权。伏闻大王邮示各国，不肯延见敝国使臣与之筹商，其藐忽我使臣、凌辱我国体也甚矣！敝国今者亟自整顿，务在保疆御敌，此非敝国所乐，迫之以不得不然耳。从此敝国与贵邦乖辑睦之欢心，失和同之雅谊，各兴战伐，视若仇雠，贵国自取，于我无尤。"法廷臣咸签名于下方[6]。同日，大臣但部阿釐[7]华宣读是书

[1]"我闻普王普相授甲兴戎"，癸酉本卷一作"我闻普王已授甲兴戎"。

[2]"我岂能受之而甘心"句后，癸酉本卷一有"彼则不情，我固不患不义"。

[3]"惟"，癸酉本卷一作"今"。

[4]癸酉本卷一无"藉以保疆而克敌，以求一洗此耻"。

[5]觇，看，窥视。

[6]癸酉本卷一无"法国廷臣传檄约战，……法廷臣咸签名于下方"。

[7]釐，同"僖"。

于下议院，请筹措兵饷五十兆佛狼（每兆佛狼约吕宋银一圆五分之一）以充军实。于是，使众各取黑白珠以决可否，可者，取白珠；否者，取黑珠。众中取黑珠仅一人而已，乃爹亚也，起而言曰："是役也，师出无名，于理为曲，我所请者，普已许之，又何求焉？"因请于大臣，求观普王告绝法国使臣之书，宣示于众，大臣不许。绅士中有言宜观者百六十有四人，有言不必观者八十有三人，其议以寝。或曰："法臣中不许宣示者，乃相臣柯利威亚也。"

普国闻是消息，遂宣言于欧洲诸国，谓："邮示各国之书，普并无之，或系电报一则寄往普国廷臣并普使臣之出驻他国者，盖欲其稔知普法目下情形耳。此书竟为日报所知，互相钞录，日报所刊，电报所传，其词相同，无一差异，则普无此书邮示各国可知矣，法相臣所以不能呈之于众前也。"

于时[1]，兵部大臣李布父将军以调集师旅请，许之；西基利请拨十六兆佛狼为水师需，整治战舰，取道于波罗的海攻普，亦许之。是夕，法京人民闻将战之信，举欣欣然有喜色，趾高气扬，迥异恒态。操艺术者讴战歌以助工作，旁有和以笙笛者。阛市中灯火辉耀，球彩鲜明，酒肆中三五群聚，酣饮高歌，旁若无人。或有在街结队游行者，唱诗长扬市中者，或有奏乐跳舞手指普京而言曰："汝京计日亡矣！"几于举国若狂，行人为阻。顷之，巡丁前来弹压，告之曰："将临大事[2]，宜静无哗！"

[1]癸酉本卷一无"其议以寝……法相臣所以不能呈之于众前也。于时"。

[2]"将临大事"，癸酉本卷一作"欢跃如此，似可休矣，彼此"。

普驻法公使森士[1]拟于七月十九日离法京，求领文凭启程归国。先是前数日间，小民夜叩其门，掷以瓦砾，或有谋毁其公廨[2]之外墉者，适邻有致仕之老者出而劝阻，折以正理曰：“奈何无礼于邻国之大臣乎？”众始散。或有唱麦须儿之诗而退者，按法国所传，《麦须儿诗》[3]每歌于世乱时危之际，人或多有未之知也。是诗盖作于一千七百九十二年，是时，法自立为民主之国，有武士之娴于文墨者曰鲁实棣里士[4]，从戎于外，特作是诗，俾军中壮士歌之，以寄意焉。诗之大旨谓国弊民愁，由于暴君御下严酷，当除独夫，更新主，共睹夫升平。向时，讴此诗者有厉禁，苟有歌于街衢间者，巡丁必立执之，目为叛人。今略译其诗于下，诗云：

法国荣光自民著，爰举义旗宏建树。母号妻啼家不完，泪尽词穷何处诉？吁王虐政猛于虎，乌合爪牙广招募。岂能复睹太平年，四处搜罗因奸蠹。奋勇兴师一世豪，报仇宝剑已离鞘。进兵须结同心誓，不胜捐躯义并高！

维今暴风已四播，孱王相继民悲咤。荒郊犬吠战声哀，田野苍凉城阙破。恶物安能著眼中？募兵来往同相佐。祸流远近恶贯盈，罪参在上何从赦。奋勇兴师一世豪，报仇宝剑已离鞘。进兵须结同心誓，不胜

[1]“普驻法公使森士”，癸酉本卷一作“普驻京公使森士”。

[2] 廨，古代官署的统称。

[3]《麦须儿诗》，即法国国歌《马赛曲》。

[4]鲁实棣里士，鲁热·德·利尔，《马赛曲》的作者，曾为法国大革命时斯特拉斯堡市卫部队的工兵上尉。

捐躯义并高！

维王泰侈弗可说，贪婪不足为残贼。揽权怙[1]势溪壑张，如纳象躯入鼠穴。驱使我民若马牛，瞻仰我王逾日月。维人含灵齿发俦，讵可鞭笞日摧缺。奋勇兴师一世豪，报仇宝剑已离鞘。进兵须结同心誓，不胜捐躯义并高！

我民秉政贵自主，相联肢体结心膂[2]。脱身束缚在斯时，奋发英灵振威武。天下久已厌乱离，诈伪相承徒自苦。自主刀锋正犀利，安得智驱而术取。奋勇兴师一世豪，报仇宝剑已离鞘。进兵须结同心誓，不胜捐躯义并高！

逸史氏王韬曰：中土诗歌肇自虞廷，喜起赓扬[3]，君臣并咏，千载而下，遂有三百篇之作，诗教于以大昌。若在西国，其于殷周之际乎，古贤王大辟百五篇载于西古史，彰彰可考，所罗门雅歌亦其流亚也。厥后，推叙利亚为极盛，以文章雄于西土。自是以来代有诗人，诸国文士以诗歌名者，指不胜屈。或以陶写其性情，或以颂美夫造化，率皆朝脱于藁，而夕播诸弦。其音韵之短长、节奏之高下，虽不与中土同，而宛转悠扬以出之，激昂顿挫以谐之，则无弗同也。中土音有七，而西国之所以抚琴唱诗者，其调所编之字亦以七，殆天籁欤！余尝过苏格兰旧

[1]怙，依靠，仗恃，怙恶不悛。

[2]膂，脊梁骨，指体力。

[3]赓扬，飞扬轻举，连续而歌。《清史稿·乐志四》：“险辟蚕丛归指掌，决胜庙谟长。凯声竞奏，喜起赓扬。”

京壹丁孛[1]，往游兰娱士园，见巍然一亭，中坐衣冠者一人，须眉奇古，问之，则其地诗人也。没后，立像于此，以志人怀思[2]。噫！以一技之长而为人景仰如此，则西国之传名亦殊易矣！不禁为之徘徊其下而不能去。纪中有法国《麦须儿诗》，普鲁士人爱国诗类皆著自名流，传播人口，特为译录二诗，以见其凡[3]。

或有大声疾呼于门之外者曰“阿摆拉普鲁士，阿摆俾思麦”。按阿摆者，法国语，犹华言堕落也。俾思麦，普之首相，意即谓普国不兴，相臣其亡也[4]。法京中之刊示邮传日报者，深惜下议院许战之非，太息不置，最后言曰：“今既许之，曷能挽同无己，则尽力与之战耳。”于是，法王传檄各国，言将兴师伐普[5]。

普王乘车至行宫[6]，召集群臣筹议军事，国民十万见普王来，无不免冠祝贺，群歌爱国之诗。按爱国之诗，其来久矣，冀[7]为张大普国之疆宇而作，盖有强兵辟土之思焉！其诗曰：

谁是普国之土疆兮？将东顾士畏比明兮，抑西瞻

[1]壹丁孛，爱丁堡（Edinburgh），英国北部城市，苏格兰区经济和文化中心，是英国仅次于伦敦的旅游城市。

[2]“志人怀思”，癸酉本卷一作“志人之怀思”。

[3]“按法国所传，……特为译录二诗，以见其凡”癸酉本卷一为小字，做注解。

[4]“阿摆俾思麦。按阿摆者，法国语，犹华言堕落也，俾思麦，普之首相，意即谓普国不兴，相臣其亡也”，癸酉本卷一作“阿摆、俾思麦，皆法国语也。阿摆者，华言堕落也；俾思麦，普国首相名，意即谓普国不兴，相臣其亡也”。

[5]癸酉本卷一无“于是，法王传檄各国，言将兴师伐普”。

[6]“普王乘车至行宫”句前，癸酉本卷一有“七月十四日夕亥正”。

[7]“冀”，癸酉本卷一作“以”。

礼吴河[1]旁？将礼吴河红萄悬纠结兮，抑波的海白鸥飞翱翔兮？我知其非兮，我宗邦必增广而无极兮，斥远而靡疆。

谁为日耳曼之祖国兮？将士底利嬴之腴壤兮，抑巴华里亚之崇岗？将摩辰牛羊游牧兮，抑麦介物产蕃康？我知其非兮，我宗邦必增广而无极兮，斥远而靡疆。

谁为日耳曼之祖国兮？将威士非邻[2]之界址兮，抑巴买蓝尼之版章？将岸边之沙随流而入海兮，抑旦纽之水波溶漪而荡漾？我知其非兮，我宗邦必增广而无极兮，斥远而靡疆。

谁为日耳曼之祖国兮？将济济盈廷者权能倜傥兮，干略雄强而告我以綦[3]详？将在呵发之境外兮，抑于兜耳之域旁？彼两地之人民，余中心爱慕而弗忘。我知其非兮，我宗邦必增广而无极兮，斥远而靡疆。

谁为日耳曼之祖国兮？我今将告尔以何方。我方言必无远而弗届，流行四极兮而散播八方。将与我同奉一主兮，讴歌于会堂。其隶于日耳曼之版图者，试观此幅员之孔长，此乃日耳曼列祖之所启疆，翦枭獍兮驱虎狼，挞傲慢兮伐矜张，必报仇敌之胥泯兮，而憎妒之全降。不见夫我之友朋，无非荣显与轩昂，维日耳曼之全土兮，开辟非常。

此为日耳曼奄有之土疆，长邀鉴顾于穹苍，俾我

[1] 礼吴河，林河（Rhin），即莱茵河，见前“来尼”条，凡例中王韬亦有说明。
[2]“邻”，癸酉本卷一用别字“灵”。
[3]綦，极，如“綦难”。

侪心志雄兮膂力强，尽心爱此宗邦兮志之衷藏，此乃日耳曼之祖国兮，渺渺兮余怀望。[1]

声韵悠扬，众口如一，国民皆环立宫门，静俟王命。王时出宫外，以温语拊循之。民咸感悦，悉愿为王致死。

七月十八日，普国绅士献颂于普王曰："克敌致果，正在斯时，愿作士气，无损国威，强邻肇衅，弃好崇仇，折冲行伍，无贻王羞，我岂欲战，惟求辑洽，彼不愿和，乃怀残贼，彼击我攻，兵刃既接，甲仗器械，失罔所惜，王赫斯怒，戎首是求，我民咸愤，敌忾同仇！"王览之称善，因谓之曰："此衅之启，非由于我，惟我之心，上帝克知。我昨答法王书，无卑无亢，不激不随，此日耳曼诸邦所传观，旅于远地之日，民咸所乐闻也。前日，朕甫回车，而众民之踊跃迎迓者，无不欢然相庆。然兵端一开，伤民命、耗物力当不知凡几。前者伐嗹、伐墺二役速于奏捷，曾不浃旬，此次之战，当必不同。军饷浩繁，所关甚巨。但此桓桓之猛士、赳赳之武夫，余可恃之以无恐，况乎兵甲之雄壮、器械之精锐，何往而不克？至于操成败胜负之数，则在彼苍而已。朕知戮力于疆场者，无非忠君爱国之士，朕甚嘉之。"言竟，众民咸呼"万岁"。

十九日，普王辟门告众曰："我国家南北一体，联若同气，前者集议已申此旨，志一心齐，欣悦靡暨。昊苍眷顾，国步斯亨。凡百作为，协于众心。宣扬教化，训我齐氓。寻盟守约，辑睦四邻。若此而犹不免出于战争，则

[1] "按爱国之诗，……其诗曰：'谁是普国之土疆兮？……余怀望。'"癸酉本卷一为小字，做注解。

非我国家实职其咎，此尔有众所共见、共知者也。我已预备我甲兵，善保我疆土，彼来我斯应之而已。夫西班牙之迎我世子入缵王祚，或舍或立，我国皆不及知。乃法王遽以为启衅之端，执词致讨，稽诸前史，实所未闻。昔者，法之先王穷兵黩武，俶[1]扰邻邦，罔顾人民和乐之休，不念家国升平之福，喜功好大，日寻干戈。我日耳曼诸邦挫败之辱，至今未洒。何则势分而形涣，则御侮难；地隔而情疏，则受制易。今日者惩兹覆辙，誓作联邦，内外同心，遐迩一德，罔分畛[2]域，实共兴衰，一或见侮，众共击之，并力合进，务雪深仇。顾余之言此非有意欲攻之也！胜负由天，讵能自主？好胜多敌，佳兵不祥，毋为戎首，不亦善乎？兵端一启，不可猝弭，先发难者，必受其殃。余岂不愿普法民生涵濡于圣泽之中，胥跻乎仁寿之域，咸趋乐易，不遘艰危？无如法国执政者贪功肆志，乐祸居心，惑于人言，罔修邻好，恃战攻为己利，藉兵革以泄忿，愚弄其民，使之好斗而忘生。惟我国家以含忍为先，不争为宝，必不肯无故兴戎，致欧洲复睹流离，猝多变乱，乃彼敌人兵刃既接，虽欲不战，亦不可得。凡我南北日耳曼列邦，其辅翼予勇而忘身，忠以爱国，彼攻我拒，彼退我进，奋扬武卫，振励国威，庶可长享康宁于欧土矣。呜呼！惟我列祖列宗夙承天宠，今无异昔，必袭休祥。”普王在朝宣谕如此，当诏书未读之先，议院长铎德禅臣（铎德，西国儒者尊称，若中国翰林院学士）起立众中，朗声称颂。普王宣读诏书时，容貌肃毅，言词严厉，

[1]俶，开始。

[2]畛，田地间的小路。

听者无不竦[1]然动容。普王每读数十言，旷然若有所思，恻然如欲下泪。读未及半，同声叹美者如出一口，读为之少止。是日申刻[2]，诸部大臣筹度军机者咸集，列邦群有司自远毕至，普国首相告众曰："今日法国已兵临我境矣！"众皆起立，额手曰："美哉！敬为相国贺。"

七月十五日，法王传檄布告各国，言将兴师伐普，爰命六军刻期出境，羽林佽飞[3]之俦，咸束装以待令下即行，普法之战，于是乎成矣！[4]

《普法战纪·卷一》终

乌程钱徵昕伯校字

[1]竦，恭敬，肃敬。

[2]申刻，申时，近北京时间下午3点至5点。

[3]佽飞，汉武官名，后亦泛指武官、勇士。清赵翼《邵松阿落一齿已而落处更生贺诗》："童子行先尊胜队，孩儿兵压佽飞杰。"

[4]癸酉本卷一无"爰命六军刻期出境，羽林佽飞之俦，咸束装以待令下即行，普法之战，于是乎成矣"。

卷　二

南海张宗良芝轩　口译
吴郡王韬紫诠　撰辑
杨汤琛　校注

普法两国命将遣师，各驻境上，以期共决一战。顾法将伐普，而普亦早已备法[1]。七月十六日，日耳曼通国绅士献颂于普王，其略曰："前日，京师士民获闻法京所议，初则喜，而继则怒；喜者，喜我国报仇之有日，怒者，怒敌人启衅之无端。用是民心震动，义愤奋兴。今者，我侪集于王前，敬贺大王回銮之速，并谢大王力拒法人之请，勿使损国威、伤国体。顷闻法国构衅已成，将攻我境，我众知之，反为之忧怀顿释，何则？以大王神武威猛、肃毅雄厉，亦复何坚之不摧？何敌之不破？我侪当仰体大王，所行一志，尽心竭忠报国，虽我国勤兵远涉，废农业、失耕时、弃耒耜[2]，而执干戈以劳苦于疆场，然为保疆而卫国，则虽凋物力于兵燹[3]、捐身命于沙虫[4]，亦罔所惜。诚以普法两国相为唇齿，理宜共享升平，以臻美备，均致富强，乃法国惟以妒嫉为怀，见我国辑和诸邦，相联一体，其势骎骎日盛，必思有以败之而出于战。呜呼！法人贪忮之心，上辜苍昊，下逆邻封，惟愿大王恭行天罚，声罪致讨。普与日耳曼各邦厉兵秣马、敌忾同仇，有若前者，连师决战，用告成功。夫必任劳勚[5]、历艰难，然后能相联于无间。惟我民臣[6]赴义急公，踊跃不

[1]癸酉本卷一无"普法两国命将遣师，各驻境上，以期共决一战。顾法将伐普，而普亦早已备法"。（注：癸酉本卷数与本版本不同，本版本卷二在癸酉本仍为卷一）

[2]耜，古代的一种农具，状如铁锹。

[3]燹，野火。兵燹，指战乱所造成的焚烧、毁坏等灾害。

[4]沙虫，即虫沙比喻死于战乱的人，有"猿鹤虫沙"一词。《太平御览》卷九六一引《抱朴子》："周穆王南征，一军尽化，君子为猿为鹤，小人为虫为沙。"唐韩愈《送区弘南归诗》："穆昔南征军不归，虫沙猿鹤伏似飞。"

[5]勚，劳苦。

[6]"民臣"，癸酉本卷一作"臣民"。

倦，恃通国之盛强，藉大王之仁德，激励将士，共乐从戎。凡我行者效命于行间，凡我居者集赀于善会，助所不逮，共济时艰。惟兹心腹肾肠敢掬布大王之前，以明区区为国之忱。京师士民咸知是役之兴，所关綦巨，无不勇于赴敌，以为此固吾分内事也，图建尺寸功，报称于国家。惟我臣民同心祝颂上天丕锡福祉于王，躬俾国祚无疆惟休[1]，式符众望，谨颂！”

普王展阅既竟，遂答之曰：“嗟尔多士，竭忠勇以卫国家，朕甚感焉！当此百忧丛集之时，实可藉是以慰我心。所呈颂词，洵可于戎事之兴传观遐迩，用以激励其雄心，鼓奋其锐志。惟彼强邻已压我境，刻期大战，所系非轻，后事若何，不堪置想。然而，眷顾靡常，惟理是辅，揆诸天心，断无或爽。前者伐嗹、伐墺，捷不逾时，虽此次之战无其迅速，而藉三军之勇敢、战陈之历练、队伍之整齐、器械之精利，克同前役，用奏肤功[2]。呜呼！今日之举，势必劳民生、凋物力至于不可胜数，仰赖彼苍，锡福无疆。俾我国家得志于戎行，国威用张，悍敌失其强。敬谢尔多士，同享此休祥。”

普人于晏德添莲甸街，结队成群，欢乐异常，各处高台无不燃灯升旗，朗耀若画。巴华厘[3]、亚萨慎尼两邦颁诏国中，招集民兵。巴邦议于公库，拨一百八十二万佛

[1]无疆惟休，指无限美好，“惟”为助词。

[2]肤功，大功。《诗经·小雅·六月》：“薄伐猃狁，以奏肤公。”《毛传》：“肤，大；公，功也。”

[3]巴华厘，又译作巴华里、巴威也拉，今通译作巴伐利亚（Bavaria）；一作拜马，今通译作拜恩（Bayern），位于德国东南部，邻捷克、奥地利，属阿尔卑斯山北麓和多瑙高原，重要城市有慕尼黑、纽伦堡、奥格斯堡、累根斯堡等。

狼，以供军需。萨邦召回驻法使臣，示与法绝。普王犹子拟立为西班牙君者，亦已回国。按王子名利亚普尔德[1]，本非普王近族也。普王为和恩造伦支裔，六百年前已分两族，一为西格麻凌恩公安端族派，一千八百四十九年，安端以其地献于普王，普王厚遇之。六十六年以其仲子查理王[2]罗马尼亚，今王子乃其长子也。自见挠于法王，即已坚辞弗往。普王乃授为军帅，并擢季子菲哩特为显官，所以报之也。

法廷君臣集论于议院，大员有刘夏者特揖法王而言曰："我国训兵练士亦既有年，先事整治，于今四载，必能克敌致果，有勇知方。臣料大王亲统六师，身先临敌，藉将士之折冲奋国家之威武，非常之业建于此时矣。"院中议员无不乐战，惟爹亚发孚意见独异，其不愿用兵者，皆素日不附于拿破仑者也。人谓普法之战所以成者，关乎法国民心之忿激，而使之然者，则爹亚也。法之憾普不自今日始矣，爹亚于平日间每与法民言，必谓普之讲求武备，振顿边防，盖将以图法也，恨深于切齿，而势处于剥肤。法民习闻是说，常思报复，必欲与普出于一战而后快，而时时存一先发制人之心。

一千八百七十年，日耳曼举国联盟，合而为一，其事已成，固于胶漆，而坚于金石。既合矣，谁得而分之？而爹亚犹征色发言，昌言于众中，曰："惜哉！此举之竟成也，盍乘其订约未谐，从而遏之，庶几不终为唇齿辅车

[1]利亚普尔德，利奥波德王子（Prince Leopold，1835—1905），出生于克劳亨维斯。1869年为西班牙王位的继承人，未登基。参见卷一。

[2]王，称王。

之相依也。”爹亚言之，而法民忿之，积之于心，遂形之于事。及此时，战局已成，而反违众以止兵，盖亦晚矣。爹亚之意若以为如出于战，背义悖礼，取蹶之道，违天干咎，悔等噬脐。呜呼！由后观之，爹亚之言诚是也，特爹亚未就平日所言而一思之耳。爹亚诚能料事于无形，审祸于未萌，当防之于隐微，而毋多言以致败，斯乃明识之君子也，而爹亚则犹未也[1]。

七月十七日，法国将士络绎离京师，大将军巴彦率兵八万为第三路军，即京师驻防兵也。高尖达公爵大将麦马韩[2]率第一路军由北阿洲[3]阿耳支里亚[4]来，不日可至，更于其地征调戍兵一万六千以备应援；将军富鲁实[5]率第二路军即沙龙[6]守兵也，将军拉麦[7]率第四路军，将军飞

---

[1]癸酉本卷一无“普人于晏德添莲甸街，……而爹亚犹征色发言，昌言于众中，曰……而爹亚则犹未也”。

[2]麦马韩，全名玛利·埃德姆·帕特里斯·莫里斯·德·麦克马洪（Patrice de MacMahon，1808—1893），在克里米亚战争及意大利马真塔战役（1859年）中扬名，被升为法国元帅，并受封为马真塔公爵（duc de Magenta），后任法兰西第三共和国第二任总统（1873—1879年在位）。

[3]北阿洲，北非洲。

[4]阿耳支里亚，阿尔及利亚（Algérie），在非洲西北部，北临地中海，陆疆接突尼斯、利比亚、尼日尔、马里、毛里塔尼亚、西撒哈拉和摩洛哥。16世纪沦为奥斯曼帝国的一个省，此后，西、葡、法等国势力先后侵入，1905年全境被法国占领。阿尔及利亚民众大部分为阿拉伯人，多信伊斯兰教，国语是阿拉伯语，通用法语。

[5]富鲁实，即弗罗萨尔，法国将军，属于巴赞指挥的麦茨军团。

[6]沙龙，香槟沙隆（Châlons-en-Champagne），在1998年前称为马恩河畔沙隆，现简称“沙隆”，位于法国东北部，是香槟-阿登大区和马恩省的首府。

[7]拉麦，拉德米罗，第四军军长，隶属巴赞指挥的麦茨军团。

利[1]率第五路军，将军坚拉白[2]率第六路军。将军都异[3]率第七路军，其兵由阿耳支里亚来，勇猛敢战，临阵[4]直前，攻扑有进而无退。将军褒巴奇[5]统御林佽飞军先法王一日行。各路统军大员中有将军德禄苏[6]者，其人具文武材，精韬略，法之名将也（按德禄苏即后日驻守法京巴黎斯者）。约计四日间，调集劲旅三十五万，悉屯于普法接壤之地，即在士打拉士卜[7]、蔑[8]士[9]、南士毕治乎北诸城外，建筑营垒，听令进止。

七月十八日，法王于京外圣[10]克流行宫[11]大宴[12]群臣，文武毕集，极欢而罢。翌日，师离法京，王亲统六军

[1]飞利，德·法伊，第五军军长，隶属麦克马洪指挥的夏龙军团。

[2]坚拉白，弗朗索瓦·马瑟兰·塞尔坦·德·康罗贝尔（François Marcellin Certain de Canrobert，1809—1895），1835年毕业于法国圣西尔军校后即参加了北美殖民战争。1850年晋升为将军，被任命为拿破仑三世的副官，参与了1851年12月2日的国家政变。1856年晋升为法国元帅。1859年奥意法战争中参加了马坚塔和索耳非利诺交战。1870年普法战争时，康罗贝尔指挥的军队在圣普里瓦战斗之后被迫撤到梅斯要塞，巴赞的军队在梅斯投降时，他也被俘。战后，康罗贝尔由洛特省选入参议院。1871—1876年为法国国民议会中波拿巴主义者的领袖。

[3]都异，即费里克斯·杜埃，隶属麦克马洪的夏龙军团。

[4]“阵”，癸酉本卷一为“陈”。

[5]褒巴奇，查尔斯·布尔巴基（Charles Bourbaki，1834—1881）。

[6]德禄苏（1815—1896），今通译作特罗许（Louis Jules Trochu），法兰西第二帝国覆灭后，任国民防卫政府主席。

[7]士打拉士卜，今通译作斯特拉斯堡（Strasbourg），法国东北部阿尔萨斯（Alsace）大区首府，下莱茵（Bas-Rhin）省省会，现为法国最大边境城市。

[8]“蔑”，癸酉本卷一作“密”。

[9]蔑士，今通译作梅斯（Metz），现为法国东北部洛林（Lorraine）大区中心城市，摩泽尔（Moselle）省省会，靠近德国、比利时和卢森堡，自古以来即为交通枢纽，屡遭入侵。参见后序。

[10]“圣”，癸酉本卷一作“胜”。

[11]圣克流宫，即圣克卢宫（Saint-Cloud）。参见卷一“胜克流宫”条。

[12]宴，相聚叙谈。

羽林佽飞前后拥卫，乃召其耆老而告之曰："嗟我众民，咸听朕言。今者为国体兴大师，以宣力于国家，此诚汝众严肃整齐之候，我国奋兴振顿之时。自一千八百六十六年以来，我与普国极力周旋，推心置腹，待之亦不可谓不厚矣。乃我念虽殷，彼欲未餍，常怀攻击之心，恒有侵吞之志，惟日练甲兵、制器械、备戎事、设边防、极其量，几欲变欧洲作战场。以致近境民人昼夜惊虞，知有今日之安娱，而不知有明日之离乱。用是我国家与邻邦交好之怀，有若转圜之无定。今者，我国所处之地关系非轻，诚有不与之战而不得者。呜呼！普势方张，普谋方新，我虽力拒，彼罔听从，鄙夷我国为不屑，轻视我国若无人。我国臣民无不震怒，咸怀义愤，誓请兴师，独赖国运之隆，以决我军胜负而已。我所攻者，惟普一国，非欲与日耳曼为难也。若日耳曼各邦，我甚敬之，惟望其任国运之自然，守无偏于局外。我为目前御侮计，亦为日后升平计，俾我民得以永享盛隆。夫我之伐普，原为欧洲公义起见，用除其害，毋使欧洲各国为之费饷糈、益兵防，以为彼攻此拒之需，愿在敌前张捷报之旗，丕显我邦国。与昔用兵于欧洲先后相同，嗟我众民尚其众志成城，一鼓作气，有战则克，有攻则取，勖[1]哉无忽！"其副朕怀兵离法京，民人环观如堵墙。军中载有新制之炮，名墨得儿鲁士[2]，灵捷异常，一秒许可发数十响，无不前来索观，啧啧称异。

当出师时，法王颁诏，布告各将士曰："咨尔众士

[1]勖，勉励。

[2]墨得儿鲁士，即米特拉约兹（Mitrailleuse）机枪，射速每分钟达250发，射程为1500米。

无哗，咸听朕命。今者亲统雄师，往征强敌，凡尔有众，忠勇为国，乐于用命。我军之强闻于四方，战无不胜，攻无不取，威声素著，义愤斯张，无坚不摧，有往必利，朕悉尔志，实宠嘉之。王子年虽幼弱，然军旅之事，分所当习，兹朕命其在军中略备行伍，与尔众士同患难、共险危、分忧急，增其壮心，消其傲志。今日之事，衅非我开，我惟循理守道而行斯可矣。彼先来攻我，乌能不战？理之曲直于此可见。仰彼上穹其眷佑予助尔众士，告厥成功。”七月二十二日，法王出示谕民，谓：“兹将亲统六师，启行伐普。已命王后监国，听决大小政事。王子随征，俾习军旅。”

是日，法王大辟朝堂。下议院院长士尼达对法王曰：“下议院群绅士已拨饷项，以供军需，筹设条例，守卫国家，小大之事[1]悉臻妥协，院中群绅士忠君爱国之心灼然如见。特是兵祸之兴，谁为戎首？此其罪岂归于始战之人哉？惟有以酿此兵端者，则彼乃不得辞其咎耳。所以举国同声谓普为启衅之祸胎，盖彼见其国自近今用兵以来屡战屡捷，遂妄有所恃，以为天下莫之能御。又见我国家含忍雍容，不欲伤两国之和，蔑欧洲之好。用是愈肆其侵凌，益增其傲戾，至欲设计相攻，伤吾国体。犹幸我国知所以自保，众民踊跃一心，咸欲与大王驰骋乎疆场，扞冒乎矢石。今大王乃偕世子同统大军，出征强敌。世子青宫著望、绮岁蜚声，然且欲呈能献效于大王之前，以求建功于国家，则其余可知矣。大王督率貔貅，启程先发，凡能执旗以护国者，无不随后从征，弗遑暇逸，几于举国皆

[1]“小大之事”，癸酉本卷一之前有“今”。

兵，无人不战。如是而不能胜[1]，两师势难兼顾，躬膺重任，不能远涉波涛，特命水师提督布实威琛士掌握兵符，统率尔众。惟汝将士尚勉之哉！航海随征，速进毋缓，同心戮力，克奏勋劳，以慰众望，而副朕怀。我法水师甲于欧洲，猛勇冠乎俦类，声名溢夫遐迩，抚今追昔，未之或异，耀武称强，百折不挠。惟尔众士，远渡洪洋，奋临敌陈，尚桓桓如熊如罴，用以敌忾同仇，直前而毋却。我国子民以仁义忠勇全其身，若江湖之济有舟楫，急公奉上以宏济于艰难，今而后共安危、阅忧乐。上天眷佑善人，其必永庇我邦家以著克敌之效，而收振旅之功。水师战于海，步卒骑兵战于陆，譬如逐鹿，或犄之或角之，用能同建勋、猷[2]大功，克集尚望，和衷共济，以邀此懋懋[3]。赏我国所树三色旗帜，由远觇之，自他有耀，声威素著，

[1]“如是而不能胜”句后，癸酉本卷一有“普者，未之有也。大王既行，王后代摄国政，综理纪纲，大王可无内顾忧。王后才智过人，国民咸所敬仰，必能内助大王，惟日赞襄以成伟绩。大王往矣，举国民心亦与大王偕往矣。宣读既竟，法王答之曰：‘朕今往矣，见汝良喜，汝等素矢忠勤，乃心精白公而忘私、国而忘家，实嘉赖焉。今日之举，洽于民心，一国之士无不以为可行，是，固众人之义怒，非一人之私忿也。汝等宜念古名人蒙体司乔之言曰：“发难始祸之人，非即首先攻战之人也，惟其人有以召此兵端者，则不得辞其咎矣。”朕已多方婉导，冀免战争，然不可得。故一志用兵，不复顾虑。所幸者，众志乐从，将士用命，踊跃赴军，不畏强御。惟朕在外统师，王后在内监国，左右赞襄，实惟汝等是赖王后聪明仁智，能识政体，朕倚畀之，可免内顾忧。王子虽弱，朕命随行欲其折冲行伍，建功于国家以为光宠。至于朕之一身，实为已过臣民，属望之所归何则战事之胜负，即国之兴衰系焉。惟此巨任，朕实有之。庶几无启国羞，无陨汝望我军之勇，克敌摧坚，我可自信。呜呼！有赫彼苍卫我邦，战胜取攻，永保富强。’法王谕毕，銮驭逐行”。

[2]猷，计算，谋划。

[3]懋懋，欲知之貌。《文子·上礼》：“至伏羲氏，昧昧懋懋，皆欲离其童蒙之心，而觉悟乎天地之间，其德烦而不一。”

敌胆为寒，尚慎旃哉！逖[1]听捷音书，作于星旗楼，法王之离宫也。”时法王犹未离法京也[2]。

七月十五日，普王立王子为大经略[3]，统领南北日耳曼诸邦军旅。廷议预筹一百二十兆爹剌（按每爹剌约抵吕宋银一圆四分之三）以充军饷。普国出征将士刻日启程，大将士颠蔑士[4]统领北日耳曼兵士，所属者第一路军之半，其下副将沙师特鲁[5]率第七路军，将军立士[6]率第八路军，将军高斌[7]率第十路军，而以战将必定斐[8]尔为之副，皆归大将士颠蔑[9]士节制。军士之数约十有三万，区为军三路有半，以三万五千人为一军。第七、第八两军散屯于沙鲁士、沙伯拉沙、芝扪玻理士、加司题儿诸边境，扼守冲要，而以第十路军为两军之声援。由喊亨白驻札至揽士托作犄角势。将军曼士挺统率南日耳曼第二路、第九路军，而以将军福坚士田为之副，驻于西、北两方，保卫

[1]逖，远。

[2]癸酉本卷一无“两师势难兼顾……时法王犹未离法京也”。

[3]经略，明清两代有重要军事任务时特设经略，掌管一路或数路军政事务，职位高于总督。

[4]士颠蔑士，即卡尔·弗里德里希·冯·施泰因梅茨（Karl Friedrich von Steinmetz，1796—1877），1813年不满18岁就参加了反对拿破仑的民族解放战争，此后在军中不断晋升，普法战争时期指挥第一军团，因独断专行招致重大伤亡被免职。

[5]师特鲁，即察斯特罗夫，即第七军军长，隶属普鲁士国王威廉军团。

[6]立士，奥格斯特（1816—1880），出生在汉诺威王国，17岁就在普鲁士军第二十四步兵团服役；1848年转入第四军团，1870年普法战争时期指挥第一军团第八军，在施皮歇恩和格拉沃德两次战役中大获全胜。

[7]高斌，福伊格茨-雷茨。

[8]“斐”，癸酉本卷一作“飞”。

[9]“蔑”，癸酉本卷一作“密”。

疆圉。普国郡王富列打查鲁士[1]统领第三路、第四路、第十二路、第十三路大军，兵士之数共十有四万，区为军四路，以三万五千人为一军。郡王麾下有名将四人供其驱策：战将甲率第三路军，大将挨儿温士理便尼[2]统第四路军，萨慎尼邦[3]世子[4]统第十二路军，战将乙率第十三路军。普国王子所亲统者为第五路、第六路、第十一路大军，兼统巴华里亚[5]第一、第二路军，其下猛将如云，战士如雨，不可悉数，凡计大军一百十二万四千。

普王拨遣既定，即拟于七月三十一日离京，王后躬送之，直至火轮车路而别。路旁布花遍地，芳洁鲜妍，芬馨载道，时观者如堵，无不肃然瞻仰，无一敢哗者。将发普京伯灵，宣谕国民曰："今日朕统师往征，非出得已，欲为我日耳曼诸邦奋武卫、建国威，巩固此丕基。咨尔众民小大用命，踊跃从公，大赦狱囚，咸与维新，惟我相臣，实克赞予。俾其巡行狴犴[6]，无使一人不获其所。咨尔众民，此衅之开，非我国家之咎也。兵凶战危，岂予所乐？奈有迫我以不得不从事于兵戎者，此尔有众所共知也。呜

[1]富列打查鲁士，腓特烈·卡尔（Friedrich Carl，1828—1885），是普鲁士国王腓特烈·威廉三世（Frederick William III）的孙子，出生于柏林，自幼接受军事教育，10岁时授近卫军少尉军衔，16岁授中尉军衔。18岁进入波恩大学学习两年，毕业后成为阿尔布雷希特·冯·罗恩（Albrecht von Roon）的副官。

[2]挨儿温士理便尼，即古斯塔夫·冯·阿尔文斯勒本（Gustav von Alvensleben，1803—1881），第四路军军长。其弟康斯坦丁·冯·阿尔文斯勒本（Constantine von Alvensleben，1809—1892），也是陆军上将，为第三军军长。

[3]萨慎尼邦，现萨克森自由州（Saxony），德意志联邦共和国的一个联邦州，位于德国东部。

[4]萨慎尼邦世子，弗里德里希·奥古斯特·阿尔贝特（Friedrich August Albert），是萨克森国王约翰一世与巴伐利亚公主阿玛丽埃·奥古斯塔的长子，生于德累斯顿。

[5]巴华里亚，即巴伐利亚。参见“巴华厘”条。

[6]狴犴，传说中的一种走兽，古代的牢狱门上常画它的形状，为牢狱的代称。

呼！天其明保予振兴我邦国，有若在昔，佑我先王。”

七月二十七日，普通国士民持斋禁食，祈祷上天。八月三日，普王驻师迷贤墅，告诫三军曰：“嗟尔众士，明听朕言。惟今南北日耳曼列国并力同心，伐此邻敌，因此邻敌肇衅构兵，横生凌侮。在昔，我邦已屡受人之挟制矣，朕于今日，亲统六师，誓图奋进，愿若先王，有战必克，折锐摧坚。惟尔有众，是赖理直师壮，人助天从，尔众勉旃时哉！勿失普国。”

远近之民一闻普法战事将兴，无不喜悦。在沙鲁时地，有富罗连者，素封子也，姓嘉轩聂一，字晏芝腊，家世业商，操奇赢术[1]以逐什一[2]，聘同邑女布烈斯为妻。其女名阿加士，正及笄[3]年，婉娈淑慎，择期于七月十六日成合卺[4]礼。是晨，适闻征兵之令下，普王以电报布告国中檄，选少壮之民前赴征役。富罗连闻是消息，慨然起曰：“投笔从戎，荷戈杀贼，此我素志也！燕婉[5]之求虽不可缓，合卺即行可也。”遂乘轮车前往从军，命阿加士俟己于沙北勒，出师时，兵必由此，然后少驻征骖，与成

[1]赢术，经商谋利的方法。明宋濂《元故静江路大墟务税使王府君墓志铭》：“年十三，父丧去，御家事，寻操奇赢之术，游七闽，家乃大穰。”

[2]什一，指商人得到的利润，《汉书·杨恽传》：“恽幸有余禄，方籴贱贩贵，逐什一之利，此贾竖之事，污辱之处，恽亲行之。”

[3]及笄，亦作“既笄”。古代女子满15岁结发，用笄贯之，因称女子满15岁为及笄，也指已到了结婚的年龄。

[4]合卺，旧时夫妇成婚的形式。

[5]燕婉，指夫妇之爱。汉苏武《诗》之二：“结发为夫妻，恩爱两不疑。欢娱在今夕，燕婉及良时。”唐白居易《母别子》诗：“以汝夫妇新燕婉，使我母子生别离。”

婚礼，阿加士从之。二日后偕其兄同至沙北勒[1]，时富罗连已隶于队伍，甫由轮车至，见新妇已迓于车旁，乃出队与之执手相见，同谒旗长告之。故旗长转告于都统，都统嘉其能急公也，特破格许之，并为停征数时，许合卺礼毕然后行。新妇即回沙鲁时，夫妇相别时皆以建功于国家相勗，绝不作闺房系恋语[2]。

七月十九日，普王子妃闻普法启衅，择闺阁之同心者集一义会，鸠赀[3]施济病卒。其布告之词曰："今我国集众民，建大纛，以兴义师，出与敌战，无非为日耳曼众邦张国体，并以藩卫我宗枝，保持我戚属。窃思我国本无犯于敌人，而敌人构嫌怀嫉，已非一次，盖缘我国前者屡邀胜捷之威，日跻盛强之势，故彼欲动摇我巩固，扰乱我升平耳。今者，众心奋怒，举国从戎，以捍边圉而保家室。于是，夫别其妻往从征役者，日以千百计。我心虽不能释然于怀，但冀其得拯于苦难之中，获奋于艰虞之会，普天之下，惟我日耳曼人为能竭忠尽瘁于国家。曩者驰驱王事，绝不惮劳，行者殚其力，居者竭其赀，用告成功，以强于国。今日惟愿众人共兴美举、倾橐[4]输，将用以医治为国受伤之军士，速赞厥成，无缓时日，俾得共济于时

[1]沙北勒，沙尔布吕肯（Saarbrücken）。1381年至1793年，主要管理者为拿骚-沙尔布吕肯委员会。16世纪该地区被法国人控制。1697年，法国被迫放弃萨尔州，但在1793年至1815年间，法国又重新控制了该地区。1815年以后，该地区的大部分成为普鲁士的一部分。1957年1月1日起回归德国版图，随后成立萨尔联邦州。

[2]"绝不作闺房系恋语"句后，癸酉本卷一有"此由日报主笔之士所目击，故记之特详"。

[3]赀，通"资"鸠赀，聚集资财。清纪昀《阅微草堂笔记·槐西杂志三》："余旧有质库在崔庄，从官久，折阅都尽，群从鸠资复设之。"

[4]橐，一种口袋。

艰，特倡此会，纠集众赀，其各赐闻，不胜延企！”于是，普京爵绅妻女及宦门仕族之眷属，一闻是议，莫不欣然赴会，共拟捐赀集事。

有一世爵夫人起谓众曰：“彼法国者，我日耳曼世仇也。兹者师出无名来侵境土，其意盖欲损伤我国体、剪灭我邦家、斩刈我民人、耗荡我物力，其志所向，岂在小欤？呜呼！此诚我举国血战时也。一千八百三十年，我列祖同心协力，强敌用摧，复见于今日。今日者，父别其子，子别其母，兄弟别其姊妹，夫别其所爱之妻。能执干戈、持弓矢者，无不为国宣劳，随义旗之所指，与敌血战。我国今兴师旅、预是役者，无不擐[1]甲执兵于疆场之间，凡有临陈创伤者，自宜设法为之治理，故善医会之，设为不可缓也。”

普国商人群聚而献策于朝曰：“法国素以水师称雄于海上，我国波罗的海口密迩于彼，保毋不鼓楫扬帆，先声夺人，来侵边境，以决水攻乎？今愿以旧舶废舰尽输于公，沉于波罗的海中，以拒法国水师。”朝廷许之。

有普民之旅于英土者，闻普法构衅已成，知其战争将始，即时束装旋国，从军自效附轮车而返者络绎不绝。于道观其色，皆有激励飞扬之志，无一不思建功旂常[2]，勒名竹帛，为国家光宠。有将娶者，立遣人致命辞婚，曰：“此非大丈夫有家时也，请俟异日。”有一村落女子矫健绝伦，亦愿入行伍，如中国木兰从军故事，地方官再三阻

[1]擐，穿。

[2]旂常，古代挂有铃铛的旗子，旂画蛟龙，常画日月，为王侯的旗帜，借指王侯。语本《周礼·春官·司常》：“日月为常，交龙为旂……王建大常，诸侯建旂。”

之，始止。

日耳曼商民有贸易于印度[1]者，因普法两国构兵，集众筹议。主事者起而言曰：“今日者，我国家当军旅之际，不无力战受伤者，此皆由于踊跃从公，勤劳王事而致。我等虽在远方，实矜惜之。惟[2]我等以羁旅之身不获，共赋无衣，相从赴敌，而惟此捐资筹款为治伤善后事宜者，我等分所当为，义无可辞。”于是，乐善急公者咸愿倾囊相助。商于孟买[3]者，集银二千六百五十圆；商于加尔各搭[4]者，集银三千圆，皆邮寄回国。中有一人曾隶兵籍，家素清寒，身外别无长物，惟有银匙一具而已，然所值亦殊无几，因对众自陈曰：“漂泊在外数年，于兹阮囊[5]羞涩，不名一钱，惟此区区，尚为己物，今欲以此继诸公义举，实所汗颜，然马负千钧，蚁驮一粒，亦各随其力之所至而已。伏愿诸公以泰山不让块壤，黄河不择细流为法。”众闻，义之，遂以之输公，旋鬻得劳卑五十枚（每一劳卑约抵吕宋银半圆），其乐于输将如此，论者两高之。

按普法军制约略相同，其隶兵籍者，平时无不遴选材武、练习行陈，以期缓急可恃，从无虚数冒粮、羸老充额诸弊，故其兵多而精。法国军籍区为三等：第一

[1]“印度”，癸酉本卷一作“孟买、加尔各搭”。

[2]“惟”，癸酉本卷一作“惜”。

[3]孟买，印度第一大港口，棉纺织业中心。

[4]加尔各搭，加尔各答（Calcutta或Kolkata），印度东部最大城市和主要港口，在恒河三角洲胡格利河左岸，1858—1912年曾为英属印度首府。

[5]阮囊，指经济困难，手头无钱。竹林七贤之一阮咸的儿子阮孚，与其父一样高傲放荡，视钱财为无物，囊内只存一钱“看守”，免得羞涩。清代的百一居士《壶天录》：“阮囊羞涩，行止两难。”

等常居行伍，谓之营兵，一千八百六十九年正月，清单统计兵丁三十三万四千二百八十人，战马八万五千七百匹；第二等策名军籍，有警始用，谓之备兵，又名余勇，谓之余勇者，即以补额兵之不足，如某旗兵于某地战没若干，即拨余勇入其营，以充其数[1]，统核十九万八千五百四十六人；第三等居家习武，按时操演，国有警始出从事，谓之团兵，又名壮丁，职在守御地方，事急亦调出征，凡余勇、壮丁，皆有警始用[2]，统核三十八万一千七百二十三人。顾在军既久，例许给假归里，俾享安闲。当一千八百七十年，所有告假在籍军士计十一万四千四百三十人，其充当军士之例班次亦时有更易，非一入营伍即一定不可改也。凡军士之常居行伍者，以五年为期，期满然后拨归有警始用之队，即余勇也，以四年为期。若初当军士即为余勇者，则以九年为期，先从本队当兵，四年复拨归壮丁，再当五年。按法国一千八百六十八年兵部则例，每岁遴选新军十六万以补不足，有时见有勇猛材技可以拔置不忍遗弃者，即稍为溢额亦可。

法国人民限至二十一岁即归军籍，其有不愿从戎者，则雇取满期旧军以自代。法国承平时，步兵共一百二十四旗，计二十五万二千六百五十二人；骑兵六十六旗，计六万二千七百九十八人；马四万八千一百四十三匹。炮手二十九旗，计三万九千八百八十二人；马一万六千六百四十六匹；大炮一千三百六十二尊。

---

[1] “又名余勇……即拨余勇入其营，以充其数”句，癸酉本卷一为小字，做注解。

[2] “又名壮丁……凡余勇、壮丁，皆有警始用”句，癸酉本卷一为小字，做注解。

总承核平时马步各军四十万四千一百九十二人，马八万六千三百六十八匹，守御疆圉、屯扎要害者亦在内。用兵攻战时，马步各军共集至七十五万七千七百二十七人，马十四万三千二百三十八匹。此法国陆路军数之大略也。

其战舰水师所以防扼沿海越洋攻敌者，计大铁甲战船六十二艘，约抵二万八千四百五十匹马力，炮六百七十二尊；暗轮火船二百六十四艘，约抵五万五千八百一十二匹马力，大炮一千五百四十七尊；明轮火船六十二艘，约抵八千六百六十五匹马力，炮一百五十四尊；帆船一百十三艘，炮六百二十七尊。总核大小战舰四百一艘，约抵九万二千六百二十七匹马力。水师十九万五千五百有一人，大炮三千四十五尊，中有大铁甲战船二艘，雄巨巩固，头鼻有尖铁杆，一置于水下，犀利无比，用触敌船，无不立糜，船之首尾，各有巨炮，一重至二十吨（每吨约中国衡十七石），可纳铅弹六百磅（每磅十二两），此法国水师战舰之大略也。

至于普国军制，国中人民年二十岁者，即归军籍，亦如法国区为三等，而分作战兵、余勇、壮丁。每人当兵七年，其用主攻而不主守。始三年即当战兵，后四年拨入余勇，七年期满，乃归壮丁，有事始出。其兵法尤严，无许觅代。各兵自二十岁至三十六岁，血气方刚，用以冲锋陷阵；自三十六岁至五十岁，材具老练，用以保境守疆。承平时，马步各军计二十九万九千七百四人，马七万三千三百九十七匹，大小统兵官弁一万二千九百二十四员。若猝遇兵警，则限于半月之中，各路兵丁刻期云集，总核七十万，凡各处防守及管理军装均在数中。统计防守之军二队，调遣之军九队，每队分为二翼，又每队有步兵二十五旗，每旗千人；骑兵五十二队，每队一百五十人；炮兵二十一队，每队炮位八尊，国中所有炮台皆正兵壮丁，为之捍卫。国之属民凡男子年及二十者，例当正兵三年，期满再当余兵二年，若遇军兴，仍当正兵，如过此五年，则为本省民兵。第一次当至三十二岁，第二次当至三十九岁，总计一人之身前后当兵者凡二十二年。此外，另有兰士屯兵，凡民有不当正兵者，自年十七岁以上应当兵至五十岁始止，此军非兵警急迫，毋庸调遣。此普国陆路军数之大略也。

沿海战舰不盈五十艘，约仅抵七千二十四马力，炮五百三十九尊，水师之数不下万余，此普国水师战舰之大略也。按一千八百六十二年水路额兵统计，兵舶八十二艘，大炮四百十七尊，其中轮船三十四艘，炮二百十七尊；帆船八艘，炮一百二十四尊；根钵[1]炮船四十艘，炮七十六尊。递年以来，虽时有增减，要皆不逾此数[2]。论者以为普国陆兵如是之盛，而水师战舰寥寥若此，抑何其密于陆而疏于水也？不知普国三面皆陆，惟北方临波罗的海，仅一海口曰但泽[3]，其西境虽有来尼大河，其北境虽有亚儿鼻、阿打威、士都拉三大河，而边徼接壤之处，河道逼仄，非帆樯之所萃，惟士得丁会城[4]（在波美拉尼部，其北近海）支流深广，海舶可通，因此驻防水师不得

[1]根钵，英语gunboat的音译，为小炮艇。清李鸿章《复蒋芗泉》：“就其较轻易者，外国所谓根钵子，即华言小炮划，亦能载大小炮十尊，江海可行，造用皆便，鄙意欲注力于此。”

[2]“要皆不逾此数”，癸酉本卷一作“要皆不能出此范围”。

[3]但泽，参见卷一“但泽建”条。

[4]士得丁会城，参见卷一“士得丁”条。

不略固，无俟于越海称雄也。

普国戎衣尚蓝，岁核军士衣费，需金钱两磅。英国戎衣尚红，岁核军士衣费需金钱四磅。其给值多寡之不同者，以英国缝染各工值昂于普也。或谓衣红则远视易见，而新式火枪复能及远，一时难避敌锋；衣蓝则远视未必了然，便于设伏，其值廉工省，犹小焉者也，即一戎衣所尚之色，亦极其审慎已[1]。

至于普法两国统兵大员皆名将材也，无不变叱风云，折冲樽俎[2]。法国名将麦马韩年逾六旬，前者曾随大帅率领偏师战于北阿洲之阿耳支里亚，一月三捷，战功卓著，后为镇守晏核将军之前锋。一千八百三十三年复往北阿洲，阿人震慑；一千八百五十五年洊[3]升总兵，曾隶波士杰将军麾下，战于忌礼迷亚[4]，纵横荡决，所向无前[5]。一千八百五十七年，北阿洲部族复有反侧，法王[6]以麦马韩稔于阿洲情事，再遣领兵前往攻加卑利士，克之，麦军旌旗[7]所指，阿人无不慑伏信从，朝廷以为能积前后功，立为阿耳支里亚统领水陆兵马大帅。比在意大利[8]用兵

[1]癸酉本卷一无“普国戎衣尚蓝，……即一戎衣所尚之色，亦极其审慎已”。

[2]樽俎，古时盛酒食的器具。原指诸侯国在宴席上制胜对方，后泛指在外交谈判上克敌制胜。《战国策·卷十二·齐五》，苏秦说齐闵王曰：“臣之所闻，攻战之道非师者，虽有百万之军，北之堂上；虽有阖闾、吴起之将，擒之户内；千丈之城，拔之樽俎之间；百尺之冲，折之衽席之上。”

[3]洊，重，再。

[4]忌礼迷亚，克里米亚半岛（Page semi-protectedCrimea），简称克里米亚，是黑海北岸的一个几乎完全被海包围的半岛。东部为刻赤半岛，与大陆隔刻赤海峡相望。

[5]“所向无前”句后，癸酉本卷一有“战胜攻取皆指顾间事”。

[6]“法王”，癸酉本卷一作“朝廷”。

[7]“旌旗”，癸酉本卷一作“兵旗”

[8]“意大利”，癸酉本卷一作“以大利”。

时，欧洲列邦皆耳其名，今与普国有战事，特从阿地调回，以当一路[1]。

巴彦亦法国名将之一，三世以武起家，祖若父[2]皆以能战著名。巴彦雄毅严重，大有祖风，生于一千八百十一年，当二十一岁时，慨然有宗悫破浪[3]之怀，终军请缨[4]之志。值阿洲军事起，投笔从戎，随大帅至北阿非利加洲，折锐洞坚，最先陷陈。战于忌礼迷亚时，随同率师拔戟，自成一队，当之者无不辟易[5]。一千八百六十三年，引兵至墨西哥，先后战功林立，军事中皆服其才勇。

干喇毕亦擅将才，生于一千八百二年，固武世家，夙著声望。前战于忌礼迷亚，领第一路军，屡摧劲敌。及往征北阿洲阿耳支里亚，战勋烂焉，以功迭升显职。后又战于威麻，驰入敌陈，亲当矢石，战酣，伤一臂。时有一将殂逝者，遂补其缺。旋因与朝中大臣不睦，辞职家居。一千八百五十六年，就家起用，擢任总兵，最后战于墺地里，兵威所至，望风骇遁，遂获大捷，因是洊升大帅。

此三大将者，法所倚为干城者也。是时，皆护跸[6]随行，入参帷幄，出御疆场。

[1]“一路”，癸酉本卷一作“一队”。

[2]“祖若父”，癸酉本卷一作“祖若父辈”。

[3]宗悫破浪，出自沈约等《宋书·宗悫传》。宗悫，南朝宋名将。其叔父炳高尚不仕，悫年少时，炳问其志，悫曰：“愿乘长风破万里浪。”

[4]终军请缨，出自东汉班固《汉书·终军传》。西汉武帝朝，南越（今广东、广西及越南北部）割据政权尚未完全归附，终军自请出使南越，表示“愿受长缨，必羁南越王而致之阙下”。“请缨”一词即典出于此。至南越后，他说服南越王臣服汉朝，但南越丞相吕嘉极力反对，发兵攻杀南越王及汉使者，终军亦被杀，死时年仅20余岁，世人称之为“终童”。

[5]辟易，屏退，击退。唐顾况《从军行》之一：“怒目时一呼，万骑皆辟易。”

[6]跸，帝王出行时清道，禁止行人往来。

至于普国，尤为近今将才渊薮。盖天下建非常之功必有非常之人以佐之，故国之将兴也，必有熊罴之士、不贰心之臣，以为国家柱石、干城之选。近来普国人才杰出，诚有非欧洲诸国所及。其间如总理枢密者，则首相俾思麦也，生于一千八百十五年，固世家子也。少时循例隶军籍，期满升于朝，旋奉命出使扶冷佛[1]，知墺地理[2]后必为普患，因是励兵讲武，以备疆圉。一千八百五十二年，出使威喤拿越七年，以事出使俄罗斯，俄主极加优礼。一千八百六十二年，出使法国。复命后四阅月，普王深相倚畀，不次超擢，遂膺金瓯之卜，握枢务、任总揆，位在百执事上。其为相也，因材器使，各当其任，百僚庶职，佐赞襄而受考成[3]者，类皆卓荦之士。于是，朝无尸位，野无遗贤，而国于以治矣。

纲纪军政者，军师毛奇也。气变风云，智罗宇宙，决胜运筹，算无遗策。其行军也，指挥谈笑，有轻裘缓带之风。将略如淮阴[4]，机谋如曲逆[5]，欧洲中殆无能与之匹者，敌人惮之，倚为长城。生于一千八百年，少在颠

---

[1]扶冷佛，法兰克福（Frankfurt），原民主德国东部的专区，东邻波兰，地处北德低地的东部，为波伏平原，境内平原沼泽交错，河网稠密，属奥得河流域，有运河同易北河相沟通。重要城市有法兰克福、菲尔斯滕瓦尔德、艾森许滕施塔特、施韦特等。

[2]墺地理，即奥地利。

[3]考成，在一定期限内考核官吏的政绩。《明史·萧彦传》：“有司惮考成，必重以敲扑。”

[4]淮阴，指淮阴侯韩信。汉高祖六年（201年），封韩信为淮阴侯，淮阴为其封邑。

[5]曲逆，此处代指陈平。本为地名，在今河北顺平东南，为战国时期燕国城邑，因曲逆水（今曲逆河）而得名。秦时设县，至汉初仍户口众多，刘邦曾封陈平为曲逆侯。

麦[1]国（即嗹国，颠麦即□之二字切音），从军后归普国军籍。一千八百五十八年，职居总兵，越一年，战于意大利[2]，尝绘陈图，以拒法军。一千八百六十四年，随普国郡王进击颠麦，胜之。一千八百六十六年，普与墺地里战，相持未下，毛奇在军规画地势，绘成全图，凡一切结陈建营，具有法则，以定军士进止，各军悉受指麾，听其节制，于是所向克捷。能军之名，妇孺皆知，邻国无不隐忌之。一日，在国中偶与法之大帅燕会，戏问之曰："为将之道，何者为先？"法帅应之曰："练兵布陈，用器制胜。"毛奇笑曰："此末着也。"因招之至一斗室中，空无所有，惟见黑版白垩[3]，狼藉几案，法帅仓猝未解所用。毛奇乃取垩纷画于墨版间，纵横界限，顷刻成图，指之曰："由此可以进兵，由此可以建营，由此可以设伏，由此可以绝援，如是则敌情了如指掌，何忧不克哉？此为将之所先也。"法帅失色，唯唯而退，其韬略之足以服人如此。毛奇尤明于料事，洞若观火，若遇小敌，不必躬履行陈，但坐镇国中，飞檄驰告数十里之外，胜败之数，若烛照而龟卜。其用兵之神，固有不可思议者。今与法国战，特授军师要职，以资赞襄，重倚畀焉。

富列打力查鲁士郡王者，为普王第二弟之长子，生于一千八百二十八年，素受业于军师毛奇，一切行军布陈，悉得其指授。一千八百六十六年，统领普国第一路军。一千八百六十四年，同率兵进击颠麦，攻城斩将，颇

[1]颠麦，即丹麦。参见前序"嗹"条。

[2]"意大利"，癸酉本卷一作"以大利"。

[3]垩，粉刷墙壁用的白土。

著战声。一千八百六十六年，统第一路军伐墺地里，由波希米[1]进兵，其地为墺之上壤。按波希米本日耳曼地，为墺之重镇，会城曰巴拉加，建设书院甚宏敞，内藏书籍万册，习文艺者千余人，其地有灵泉一泓，颇著异迹，饮之可以疗疾，居民善造玻璃器皿，甲于欧洲。城中织肆林立，所出麻呢、细布居多[2]，固为墺之重兵所萃[3]，扼守要隘，猝不能下。

大帅边尼德，宿将也[4]，老成持重。郡王广布威信，谕军士毋得虐待墺民，战陈所擒，一体优恤。于是，敌人悦服，卒击走其将，屡战屡捷，所向无敌。时墺之守兵，群聚于沙都华地，一战而悉驱之。旋普国长世子率第二路军继至，追奔逐北，遂获全胜。郡王生平好谈兵法，尝著《战攻十策》，伐墺之役，悉如其谋，军声所至，势若破竹。国人于是咸服其智，至今军心常爱戴焉。又作一书曰《制法刍言》，谓异日普与法战，必小用[5]其策以制胜。书作于法胜意大利[6]时，书中皆言法人行军布阵之疏，洞见其症结。当时法国方雄视欧洲，国势方张，军锋正锐，而自郡王视之，已逆料其后日之必败矣。识微见远，此其智殆不可及也。

---

[1]波希米，波希米亚（Bohemia）是古中欧地名，捷克西部地区旧称，原是日耳曼语对于捷克区的称呼。波希米亚是古中欧国家，曾为神圣罗马帝国中的一个王国，南临奥地利，西抵巴伐利亚，北接萨克森和卢萨蒂亚，东北与西里西亚为邻，并与东部的摩拉维亚接壤。

[2]“按波希米本日耳曼地，……所出麻呢、细布居多”，癸酉本卷一为小字，做注解。

[3]“固为墺之重兵所萃”，癸酉本卷一无“固为”和“之”字。

[4]“宿将也”，癸酉本卷一作“墺之名将也”。

[5]“小用”，癸酉本卷一作“当用”。

[6]“意大利”，癸酉本卷一作“以大利”。

士颠蔑[1]士[2]，普之名将也，料敌精，治军肃，虽不以奋击为功，而每出必胜。

老将福坚士田，普之宿将也，精神矍铄，据鞍自雄，生于一千七百九十七年。于一千八百六十六年统兵攻墺地里，以奇兵捣墺之中坚，卒得大捷。今统巴华里亚兵攻法，转战向前，称为劲敌。

副军师栾将军生于一千八百有三年，未弱冠即隶军籍，越五载以才选入太学，教习材艺，著书数册，备言战守。一千八百三十二年，统兵与比剌士战胜焉。一千八百五十九年，为郡王师授以兵法，越三年，洊升水师大臣，旋调[3]兵部。凡此皆学冠一时，略不世出，洵所谓绝伦超群者也。

至于普王子才兼文武，学贯天人，操纵在其掌握，运用具乎寸心，生于一千八百三十一年。少尝受学于毛奇，曰："士贵能自得师，今以子为师，庶望有成矣。"毛奇因悉出其胸中所学授之，由是探要抉微，所造精粹，豹略龙韬，问者几莫能测其深浅。一千八百五十七年，娶英国公主[4]为妃，阃[5]范闺才，称为嘉耦。其统领第二路军已历四载，曾于攻墺之时，小试其技，旋即议和，未能尽展

[1]"蔑"，癸酉本卷一作"密"。

[2]士颠蔑士，卡尔·弗里德里希·冯·施泰因梅茨，见前。另，"士颠蔑士"前，癸酉本卷一有"大将"一词。

[3]"旋调"，癸酉本卷一作"旋转"。

[4]英国公主，即维多利亚·阿德莱德·玛丽·路易丝公主（Princess Victoria Adelaide Mary Louise，1840—1901），是维多利亚女王和阿尔伯特亲王所生的大女儿，1841年获封不列颠长公主名号。腓特烈去世后，她被称为腓特烈皇后（Kaiserin Friedrich）。

[5]阃，门槛，妇女居住的内室。

所长也。兹者身当大任，督率全军，躬与法军对垒，诚所谓劲敌也。普王子爱养士卒，无所不至，一遇陈伤疾病，躬自抚循，罔间昼夜，不独亲同甘苦已也。是以军士咸乐效命，陷阵突垒，争先致死。又赏罚明而号令严，功及细微，而罪无偏刻，故将士无不乐为之用。有如身之使臂，臂之使指，折锐冲锋，咸获其效。盖不独善将兵，尤善将将，虽古之大将，才何以过欤？观于普之有才如此，而国之兴可知矣。虽无战胜攻取之事，识者已知其国势之蒸蒸日上焉。

呜呼！人才关于国运，岂偶然哉？[1]闲尝论之，自古两国争衡，兴兵构怨，必有由起，或以强凌弱，或以众暴寡，或以大制小，卒至鲸吞蚕食、剪灭并兼，终系于此，无他，持之未得其道也。乃有力之强弱等，兵之众寡等，地之大小等力敌势均，而一胜一败，攸分者一慎密于先几，一疏忽于临事也。国运之盛衰，盖有若或使之者。普法两国情形既判，势无两立，即理无两是。斯役之兴，固在一千八百七十年夏，而衅之始则不在是年也。论者谓两国穷兵黩武，糜烂其民，而出于战因之是非曲直，各执一词，欧洲诸邦大抵以普为是者居多。或谓普国所行多由诡道，往往挟诈怀私，处心积虑；或谓法王拿破仑第三以不仁而在高位，作不顺而施不恕，以至两国之民俱受其祸。故于法之败也，幸之者多，惜之者少。然而，普兴法蹶，其由来者渐矣，非一朝一夕之故也。

论者盍即两国之近政观之，普王自践阼以来，国势

[1]癸酉本卷一的内容截止于乙未本卷二“人才关于国运，岂偶然哉？”句，此句后的内容“闲尝论之。……吾必以爹亚为深识远虑之士也”，不见于癸酉本。

渐臻强盛，幅员日辟，版籍日增，今昔强弱之悬殊有若霄壤。昔者为法前王所遏制，而普王亟图振作，内修政治，外扩规模，奋发为雄，卧薪尝胆。法王曾令普国减兵，而行寓兵于民之法，凡兵入行伍者，止许六阅月，期满则又招募民间壮丁以充其额，因是举国皆民，亦即举国皆兵，民无不经训练而习战阵。普兵之强，实法王有以使之也。日耳曼本属联邦，而墺为盟主，执牛耳焉。普务欲驾乎其上，不受指挥。一千八百二十六年，伐墺，墺败，行成，乃盟于乃哥士北，盟词有曰：以后任由诸国联为一邦，北日耳曼凡二十有一邦，普为首；南日耳曼凡四邦，巴华厘亚为首，或愿附于北亦无不可；惟墺自守一隅，不列于联邦。如是，几于南北日耳曼俯首听命普于一旦，顿而拓地四十七万九千八百二十方里，得众二千九百二十万八百六十二人。

夫普，不过北方一国耳，然而，控弦持戟[1]之士，殆不下二千三百六十万，以民尽为兵也。然则普之雄大，岂有居其右者哉？南北日耳曼之间以缅河为界，南北由此而分，南邦巴华厘亚虽称崛强，然不敢与普抗衡。时墺已衰弱，与普为难者，舍法其谁？是普之所忌者，惟法而已。南北联邦既由分而合，患难相恤，守望相助，声势易于联络，于法固大有所不利焉。况乎普之志非小也，不独联与国，亦欲御邻邦久已。知法之从中扞格也，特屈于力，未能骤与法抗耳。向为法所凌侮，夙愤难忘，雄心久蓄，固已谋之豫、筹之熟矣。旁观者知两国必有战争，特不能料其机之迟速耳！自伐墺之后，乃得备我器械，练我士卒，

[1]戟，古兵器的一种。

与南北诸邦同声气、一心力，擐甲执兵，以共赴乎疆场。观普之日夕整顿边防，即知普之将有事于法也。呜呼！人有猛厉无前之心、慷慨必报之志，虽邻国无衅，又何难激之使成？祸变之生，不必由己所致，兵戎一起，虽机有迟速，事有缓急，而兵备未尝一日稍弛，一旦敌国外患之来，即可起而应之，何虞乎不克哉？

法国善于用兵，拿破仑第一几以霸主自雄。曾有言曰："各国有不请命于法而擅兴甲兵者，必兴师讨之。"二百年中增广土地，恢廓疆宇，取来因河[1]左滨及古哥厘地，割为己有。路易十一[2]在位时，又据巴根利棣郡，即古哥厘之所属也。巴根利棣郡以外一带，边徼濒于来因河左，普之列王力图得之，后终为法所据。其地曰扶兰些金，此外曰罗连郡[3]、柯萨士郡，法通国分八十六郡，此三地计当十之一。法人既得此三地，遂与普境壤毗连，犬牙交错，惟地势衺斜，界限亦逶迤相属。溯自法王显理第一在位，首图吞并。斯时，布冷顿卜邦势方强盛，日耳曼受其凌虐，国中崇耶稣教者为所窘逐[4]。法遣一介之使告

[1]来因河，即莱茵河（Rhime River）。参见卷一"来尼"条。

[2]路易十一（Louis XI，1423—1483），查理七世之子，绰号慎密者。经过多年努力，路易十一大体上完成了法兰西的统一，在建立他的中央集权统治过程中，喜爱玩弄阴谋手段，因此同时代人称他为"蜘蛛国王"。

[3]罗连郡，即洛林区。洛林（Lorraine），原是独立公国，成立于843年；1552年，法王亨利二世夺取了境内的梅斯（Metz）、图尔（Toul）和凡尔登（Verdun）三个主教区；三十年战争中，法国一度占领洛林全境；1697年洛林转属神圣罗马帝国；1737年成为法王路易十五的岳父、原波兰国王斯坦尼斯拉斯一世的终身领地；1766年并入法国。1871年普法战争后，洛林东部和阿尔萨斯被割让给德国；1919年依据《凡尔赛和约》割让给法国；1940年又为纳粹德国兼并；1945年，法国再度占领洛林。

[4]窘逐，逼迫驱逐。太平天国洪仁玕《干王洪宝制》："为义而见窘逐者福矣，以天国乃其国也。"

于普曰："我与尔国固唇齿之邦也，汝日见逼于强邻，我当兴师赴援，退敌后请割地为酬。"罗连郡由是遂入于法。在昔，柯萨士郡本臣服于法，隶于附庸，后为日耳曼所取，此当耶稣降生后九百余年也。路易十三既即位，以为此固我之疆圉也，夺而踞之。一千六百四十八年，普与法战，普师败绩，立盟于威士华利亚[1]，普将三省之地割畀于法，盟约之词谓："今而后永归法人统辖，普不预闻。"

一千六百八十一年，普又与法战，而士打拉士卜亦为法人所有。士打拉士卜固柯萨士之都城也，法人得之，其势益强。一千六百九十七年，普法盟于威士域，普献柯萨士余地于法。一千七百六十六年，法复割罗连一郡入于版图。扶兰些金本属西班牙旧土，一千六百七十八年，法起兵伐之，囊括席卷，割隶法疆，此皆前后所增新地也，广袤直达于海。时普弱法强，普方畏法，拱手退让之弗遑，方谓世世子孙长守勿替。不料普王励精图治，奋发有为，用能激发义愤，恢复旧业，斯亦天道循环，理无或爽也。

当拿破仑第一师败身擒，议正疆界于墺京维也纳，还各国侵地。于是，来因河界仍如旧址，而罗连、柯萨士两郡不与焉。法王拿破仑第三既承大统，藉前王之余威，其意惟在辟土疆、恢境宇，以自快其私。与普积怨已深，见其勤政爱民，练兵讲武，无一日不怀忌嫉。逮乎联邦之势既成，知非口舌所能挽回，惟有修戈矛、奋武卫，疾临普

[1]威士华利亚，威斯特伐利亚（Westphalia），又译作威斯特法伦。原本是萨克森公国的一部分，1807—1813年成为从属于拿破仑的威斯特法伦王国，1815年成为普鲁士王国的威斯特法伦省。该地位于莱茵河和威悉河之间，是终结三十年战争的《威斯特法伦和约》的缔结地。

境，以决一战，上下臣民无不如是。况两国于平日间本非共敦和好，专事辑和，以礼文相维系，以信义相感孚，所争者权利，所夺者土疆。法仇普，普亦怨法，各欲因利乘便，伺间抵隙，以求逞于疆场之间。故两国之出于用兵，情有必然，势所必至。而不知者遂谓以立普王子为西班牙君而起，则未深求其故者也。

逸史氏王韬曰："此美国人麦吉雅各之所持论也，其立意颇不以爹亚为然。盖以爹亚[1]虽有先几料事之明，而究不能沉静观变，默为挽回，反多言以激，众怒如水决防，不可复遏。爹亚在当时安得不任其咎哉？呜呼！大厦倾非一木之所能支，法国廷臣主不战者，惟爹亚一人。西例主乎舍寡从众，然则爹亚又安能以一人之口力辟盈廷之聚讼哉？吾必以爹亚为深识远虑之士也。"

《普法战纪·卷二》终

乌程钱徵昕伯校字

[1]爹亚，马里·约瑟夫·路易·阿道夫·梯也尔（Marie Joseph Louis Adolphe Thiers）。参见卷一"爹亚发孚"条。

卷　三

南海张宗良芝轩　口译
吴郡王韬紫诠　辑撰
杨汤琛　校注

日耳曼列国版图由合而离，盖始于一千八百六年，后越九年，复联为三十五邦，归于墺地里统辖，列国会盟，墺执牛耳焉。一千八百六十六年，普与墺地里战，胜之，逐之出日耳曼列国外。于是，列国推普为盟主，分为南北日耳曼：北二十邦，普鲁士为之长；南六邦，巴华厘亚为之长。南北共立和约谓："嗣后如遇敌国外患，彼此救援。"是年八月二十二日，为保疆御敌之誓词曰："凡遇战斗军旅之事，普可檄调巴华厘亚之兵往从征伐。"二十四日，与戈添毕盟。二十六日，又与巴甸盟，皆如巴华厘亚所誓之词。

一千八百六十七年，北日耳曼诸邦与普同一议院，院中议事人员例必盈十万人乃得公举一人。按南北日耳曼各邦锡土分封，仿佛春秋时之列国，其幅员广狭各自不同，爵位高下亦各区别，其间，称王爵者四，大公爵者六，公爵者六，王子开藩爵如上公者八，自为民主不设例禁者三。棋布星罗、犬牙相错，顾列邦壤地虽小，而与欧洲诸大国往来皆用敌体[1]礼，惟是分土既众，不免蛮触之争，遇大敌则心力不齐，难于制胜。然自墺京维也纳歃血结盟之后，法国亦惮之而不敢发。道光二年[2]，公议各国按人数多寡出兵若干，以备守御，每百人出额兵一名，每二百人出接应兵丁一名，彼此联络，互相保护；军分十二队，马步诸军其数亦不过三十四万，统领元帅由各国会议推举。然皆墺地里国人为多，各国境与法兰西相向之地，筑

[1]敌体，即彼此地位相等，无上下尊卑之分。汉班固《白虎通·王者不臣》："诸父诸兄者亲，与己父兄有敌体之义也。"

[2]道光二年，1822年。

三坚城，列国各出军士，相为戍守。

自普强墺弱，共主之权遂拱手而让之于普。其初，墺、普相联共三十五邦，自普与墺分称王之邦，亚诺威别自为国，称大公爵之邦。碌森卜[1]属于荷兰，比利时称公爵之邦。荷耳石登[2]属于嗹。晏和曼卜与得稍哥凌[3]合为一邦。拿（搔）[4]又复他属，称侯爵之黑西罕卜，亦不在其列。民主之邦佛郎法[5]亦他有所归。于是仅得二十有六邦[6]。兹将南北日耳曼各邦幅员广狭、民数众寡、爵位大

[1]碌森卜，即卢森堡（Luxembourg），西欧国家，全称卢森堡大公国，同法国、比利时和德国为邻。15到18世纪，先后被西班牙、法国、奥地利、荷兰等统治；1867年《伦敦条约》签订后，欧洲各国公认它为中立国；两次世界大战期间都被德国侵占；1945年恢复独立。

[2]荷耳石登，即荷尔斯泰因公国（Duchy of Holstein），为神圣罗马帝国所属最北方的一个邦国，位于今天德国北部的石勒苏益格-荷尔斯泰因州，在1866年被普鲁士王国并吞。

[3]晏和曼卜与得稍哥凌，疑为梅克伦堡-什未林大公国（Grand Duchy of Mecklenburg-Schwerin），先为德意志邦联的成员，后成为北德意志邦联的一个联邦国，最后于1871年合并至德意志帝国之内。

[4]拿搔，拿搔（Nassau），在历史上是神圣罗马帝国中的一个日耳曼联邦州国，兴起于今日莱茵兰-普法尔茨地区的兰河下游。拿骚城堡建于1125年，1255年拿骚第一次被分割，因此接下来几个世纪中出现了好几个称为拿骚的联邦州国，其中一个是拿骚-狄伦堡，奥伦治-拿骚世家即由此衍出。拿骚公国首都先后为魏尔堡和威斯巴登，1866年为普鲁士王国兼并，并入黑森-拿骚省中。

[5]佛郎法，法兰克福自由市（Free City of Frankfurt）成立于1372年，是神圣罗马帝国和德意志邦联的自由市。从1562年起，法兰克福取代亚琛，成为神圣罗马帝国皇帝加冕大礼的举行地，直到神圣罗马帝国告终，前后有10位皇帝在这里加冕。1806年被并入威斯特法伦王国。1814年重建后为德意志邦联的首都和邦联议会所在地，1848年为法兰克福国民议会所在地。1866年普奥战争中被普鲁士占领，《布拉格和约》后，被普鲁士并入黑森-拿骚省，名为美茵河畔法兰克福（德国有两个法兰克福，一个在德国中部美茵河畔，一个在德国与波兰交界的奥得河畔。为了区分通常在城市名前注上河的名字）。

[6]“按南北日耳曼各邦锡土分封……于是仅得二十有六邦”，癸酉本卷二为小字，做注解。

小、兵额多少，具详如下：

北日耳曼凡二十邦，一、普鲁士国，其地长广六十万二千三百十八方里，民户二千二百七十六万九千四百三十六人；其君王爵额兵六十二万二千八百六十六人，今在位之普王威林第一[1]生于一千七百九十七年三月二十二日，乃扶烈达立威林第三[2]之子，母为鲁彝公主[3]。王少时学习兵法，曾于一千八百十三、十五两年亲统偏师，进攻法境，其时职仅裨将耳，四十年论功洊升显职，授为波马兰尼省总督。四十八年五月十五日，由众推举为瓦辟士郡[4]、波士郡国会人员。四十九年六月立为总统，督兵平巴甸之乱；是年十月一日立为大经略，总制礼吴河[5]上各省。五十八年十月九日，其兄疾，革命之摄国政；六十一年正月二日，其兄[6]薨逝，遂即王位。先是，于一千八百二十九年六月十一日，纳塞士威麻邦[7]查鲁

---

[1]威林第一，威廉·腓特烈·路德维希（Wilhelm Friedrich Ludwig，1797—1888）。参见卷一“威廉第一”条。

[2]扶烈达立威林第三，腓特烈·威廉三世（Frederick William III of Prussia，1770—1840）。参见卷一“扶勒达力威廉第三”条。

[3]鲁彝公主，路易丝·奥古斯苔·威廉明妮·阿玛莉埃（Luise Auguste Wilhelmine Amalie，1776—1810），梅克伦堡-施特雷利茨（Grand Duchy of Mecklenburg-Strelitz）公爵卡尔二世（Charles II）的第三女，1793年，与威廉·腓特烈·路德维希结婚。

[4]“瓦辟士郡”，癸酉本卷二作“瓦薛士郡”。

[5]礼吴河，又译林河（Rhin）、莱茵河（Rhime）。参见卷一“来尼”条。

[6]其兄，即腓特烈·威廉四世（Frederick William IV of Prussia，1795—1861），霍亨索伦王朝（House of Hohenzollern）的普鲁士国王，1840—1861年在位。

[7]纳塞士威麻邦，萨克森-魏玛-艾森纳赫（Saxe-Weimar-Eisenach），为韦廷家族在图林根的一个邦国，于1741年由萨克森-魏玛和萨克森-艾森纳赫合并而来，1815年正式成为德意志邦联的一个大公国，1871年加入德意志帝国，1918年君主制被推翻，1920年成为魏玛共和国图林根州的一部分。

士扶烈达立大公爵[1]之女阿加士特[2]为夫人，至此升为王后，每岁国俸计金钱四十六万九百六十四磅，宫院修葺之费不在其列。

二、塞慎尼邦[3]（一名萨索尼，又曰塞循），居适中之地，其疆域北界普鲁士、西界鲁士克厘士、东南界墺地里，西南界巴华厘亚，其地长广四万八千二百三十一方里，民户二百二十二万五千二百四十人。国中共分四部：曰德勒斯达[4]部（一名德利停），首邑同名即都城也（都中生齿十二万[5]七千七百五十人）；曰立石部，曰夙高部，曰拔森部。其君王爵额兵二万五千三百九十六人，其兵制凡男丁年及二十岁者，例入营伍，六年期满，复当余兵三年，防护地方。其风俗豪强，乐于战斗，向时应派兵数例出二万人。今在位之塞慎尼王约翰第一[6]生于一千八百一年十二月十二日，乃马恂迷伦公爵[7]第二之子，母为哥鲁林公主[8]。少入学院，娴习政务，年二十一

[1]查鲁士扶烈达立大公爵，卡尔·弗里德里希（Charles Frederick，1783—1853），德意志邦国萨克森-魏玛-艾森纳赫的大公，1828—1853年在位。

[2]阿加士特，即玛丽·路易丝·奥古斯塔·卡特琳公主（Marie Luise Auguste Katharine，1811—1890），1829年与威廉·腓特烈·路德维希结婚，有一子一女。

[3]塞慎尼邦，萨克森王国（Kingdom of Saxony），国祚由1806年至1918年，历七主，在拿破仑时代是数个历史性联盟的独立成员。从1871年起是德意志帝国诸联邦中一个独立的成员，最后于1918年并入魏玛共和国，现为德国的萨克森自由邦。

[4]德勒斯达，即德累斯顿（Dresden），德国东部城市，重要的经济和文化中心，萨克森州首府，跨易北河两岸。

[5]“十二万”，癸酉木卷二作“十一万”。

[6]约翰第一，约翰一世（Johann I，1801—1873）、萨克森第四任国王（1854—1873年在位）。在1870年至1871年的普法战争中，约翰一世与普军并肩作战，帮助霍亨索伦家族建立了德意志帝国。

[7]马恂迷伦公爵，马克西米利安（Maximilian，1759—1838）。

[8]哥鲁林公主，卡洛琳娜·玛利亚·特蕾萨·朱塞帕（Carolina Maria Teresa Giuseppa，1770—1804），1792年与马克西米利安结婚，有三子四女。

岁始入户部办事，越九年，洊升是部大臣。一千八百三十年至四十六年，特授大总戎，节制内外诸军，后出游以大利，所译书籍甚夥。一千八百五十八年八月九日，其兄扶烈得士阿加斯[1]薨，遂继其位。王后为窝媚梨公主，乃巴华厘亚王女，娶于二十二年十月二十二日。国王每岁公禄十二万八千磅。

三、爹[2]莲毕斯乖零[3]（一名格梅稜堡不尔厄斯乖零，又曰墨林堡），在欧洲北平原内，地势处日耳曼之北，北界波罗的海，东与南界普鲁士，西界汉挪瓦[4]。（按麦莲毕分两部，此不仅就不厄尔斯乖零说。）其地长四百里，广二百八十里，统计四万五百十三方里，民户五十四万八千四百四十九人。国中共分六部：曰斯乖零王亲部，即其都城也（都中人民二万二千一百九十七人）；曰维麻士[5]伯爵部，曰梅格林不尔厄部，曰温登部，曰罗士铎部，曰公会部。其君为大公爵，额兵五千六百八十五人（此论战时增加之数，其承平时，正兵本不过二千八百四十一人），应派兵数例出二千九百六十七人。今在位之大公爵扶烈达力负兰士第二[6]，生于

[1]扶烈得士阿加斯，弗里德里希·奥古斯特二世（Frederick Augustus II of Saxony，1797－1854），第三任萨克森国王（1836—1854年在位）。

[2]“爹”，癸酉本卷二作“麦”。

[3]爹莲毕斯乖零，为梅克伦堡-什未林大公国（Grand Duchy of Mecklenburg-Schwerin），大公国首先是德意志邦联的成员，接着成为北德意志邦联的一个联邦国，最后于1871年合并至德意志帝国之内。

[4]汉挪瓦，汉诺威（Hanover），德国北部重要工商业中心，萨克森州首府，位于中德高地和北德平原相交处。

[5]“维麻士”，癸酉本卷二作“维士麻”。

[6]扶烈达力负兰士第二，弗里德里希·弗朗茨二世（Frederick Francis II，1823—1883），第三任梅克伦堡-什未林大公，1842—1883年在位。

一千八百二十三年二月二十八日，乃普国保罗扶烈达力大公爵[1]之子，其母为亚山殿林公主[2]，亦普国女。四十二年三月七日，父没继位。四十九年十一月三日，娶阿加斯士得公主为妃；六十二年三月三日，妃薨；明年五月十二日纳再晏拿公主为继妃；逾岁四月十五日，继妃又卒；至六十八年七月四日，复聚美梨公主为又继妃。每岁公田赋税所入约十二万磅。

四、荷殿毕邦（一名戈添毕，内有一小邦曰尼浮生，为之附庸），在欧洲北平原内。其疆域北界日耳曼洋，东界孛黎棉，西、南两方俱界汉挪瓦，其地长广七千二百五十一方里，民户二十九万五千二百四十人。国中共分七部：曰荷殿毕部，即都城也（都中户口八千三百七十九人）；曰纽思卜部，曰荷域耳干尼部，曰德耳棉荷士部，曰域达部，曰葛勒边孛部，曰依哇部。此外有鲁别邦、巴根斐邦，亦附隶焉。其君为大公爵，额兵三千六百七十三人。其国共设步兵四队，计二千八百八十人；骑兵三队，计四百十人；炮兵三百六十九人，此外有管理军装员弁十四人，并不设立水师[3]，应派兵数例出三千七百四十人。今在位之大公爵彼得第一，生于一千八百二十七年七月八日，乃阿加士大公爵之子。其母为埃特公主，一千八百五十三年二月二十七日，父薨继

[1]保罗扶烈达力大公爵，即保罗·弗里德里希（Paul Frederick，1800—1842），第二任梅克伦堡-什未林大公，1837—1842年在位。

[2]亚山殿林公主，弗里德里克·威廉敏娜·亚历珊德琳·玛莉·海伦（Friederike Wilhelmine Alexandrine Marie Helene，1803—1892），普鲁士国王腓特烈·威廉三世的第三女，与保罗·弗里德里希1822年结婚，有二子一女。

[3]“其国共设步兵四队……并不设立水师”，癸酉本卷二为小字，做注解。

位，于先一年二月十日，纳以利沙伯公主为妃。每岁食国俸二万五千五百磅，封地所入者岁有六百磅，亦以供君度支。

五、布伦士克邦[1]（一名不伦瑞克），其地不相连属，或重叠歧出有若鱼鳞，或弯环曲折如带然，统计长广四千五百七十八方里，民籍二十八万二千四百人。国中分为六部：曰布伦士克部，即都城也（都中户口共四万四千一百八十人），介于普鲁士、汉挪瓦之间；曰勿尔衡孛德部，曰思士达部，曰荷耳士棉多部，曰干达琛部，曰布伦根白部。其君公爵，额兵凡五千三百五十九人。其军制承平时，马步两军二千四百七十六人，炮军二百四十四人。军兴时，马步两军增至四千八百五十七人，炮军增至五百二人。自一千八百四十九年以来，其大军为普国之翼兵，防守普之邻得堡城，应派兵数例出三千四百九十三人。是邦舆图虽狭而制度整饬，实为日耳曼诸邦所不及。今在位之公爵威林第一生于一千八百六年四月二十五日，乃扶烈达力公爵之次子，其母为美厘公主。三十一年，国中有事，其兄出奔他国，遂于是年四月二十五日即位就公爵，富有物产，每岁税课所入三万三千一百八十磅。

六、塞士威麻邦（一名色西威麻），通境区为三方，国都曰维麻，东南曰纽士达，西方曰伊时纳，西北与普之萨索尼土壤毗连。其地长广一万一千七百八十三方里，户口二十七万三千二百五十三人，土瘠而民勤。威麻为都城

[1]布伦士克邦，不伦瑞克公国（Duchy of Brunswick），1815年维也纳会议建立此国以取代前不伦瑞克-沃尔芬比特尔公国。19世纪该公国先后为德意志邦联及北德意志邦联成员邦国，1871年则成为德意志帝国邦国。第一次世界大战后不伦瑞克公国宣告完结，为不伦瑞克自由邦所取代，并加入魏玛共和国。

最饶，富足穀食，城中生齿一万三千一百九十六人。其君公爵，应派兵[1]数例出三千三百五十人。今在位之大公爵查鲁士亚力山大，生于一千八百十八年六月二十四日，其父亦大公爵，与之同名，母为媚梨[2]公主。五十三年七月八日，继父即位，先于四十二年纳苏斐公主为妃。每岁食国俸二十三万磅。

七、麦莲毕士特勒士邦[3]（一名梅格稜斯德勒利斯，又曰脉几领麦斯特里司），在依弥河东岸，东南俱界普鲁士，西界斯乖零，北界波罗的海。其地判为两大区，一曰塞达割，一曰勒斯白，长一百八十里，广一百余里，统计之六千四百十四方里，户口九万九千六十人。都城曰新士特勒士，雉[4]堞[5]崇整，颇称巩固，生齿七千二百二十七人。其君为上公爵，额兵仅八百人，应派兵数例出一千一百九十七人。今在位之大公爵扶烈达力威林第一，生于一千八百十九年十月十七日，乃大公爵佐治之子，其母为梅利公主。六十年九月六日，父薨即位，先于四十三年六月二十四日纳阿加士得公主为妃。每岁食国俸二十三万磅。

八、塞士迷煎宁邦（一名塞西敏领壬，又曰埃塞美塞内英），弹丸小区，判为两土，合计约不满百里，长广

[1]“派兵”，癸酉本卷二作“兵派”，当是癸酉本为倒文。

[2]“梨”，癸酉本卷二作“犁”。

[3]麦莲毕士特勒士邦，即梅克伦堡-施特雷利茨（Grand Duchy of Mecklenburg-Strelitz），从1701年至1918年是德国梅克伦堡境内的一个大公国，但是没有独立的立法权，从1871年开始它是德意志帝国的联邦国之一，从1919年至1933年，成为德国的一个自由州，即梅克伦堡-施特雷利茨州。

[4]雉，为量词，古代城墙长三丈高一丈叫一雉。

[5]堞，城上如齿状的矮墙。

八千四百七十九方里，户口十七万三千三百四十人。其疆域西北界威麻，东南界巴华厘亚。通国共分四部：一曰迷煎宁，即其都城，建于威拉河右岸，城中多名园广墅，华丽冠于日耳曼诸邦，称胜地焉，生齿六千六百八十六人；一曰希巴根，一曰算尼白，一曰沙耳飞。应派兵数例出一千九百十八人。今在位之公爵佐治第二，生于一千八百二十六年四月二日，乃班那公爵第一之子。五十年五月十八日娶沙律公主为妃；越五年三月三十日，妃薨；五十八年十月二十三日，续配翡多刺为继妃；六十六年九月二十日，其父以倦勤国事内禅，遂继统称君。每岁公禄一万八千七百五十磅。

九、晏和[1]邦（一名安合，又曰庵治尔），本由三国而并为一邦，其地长广七万七千四百八十一方里，户口十八万一千八百二十四人。一曰晏和曼卜[2]，一曰晏和德稍[3]，一曰晏和哥凌[4]，半在伊弥河平原，半在哈士山谷。曼卜错入于普鲁士境内，有轮车铁路直达普京伯灵，幅员二千八百三十五方里，民数五万六千三十一人。德稍地势居东，最称沃野；伊弥、摩特两河环流其境，幅员三千十方里，民数六万二千九百四十人，地虽褊小，曾产名人。哥凌居曼卜、德稍之中，而易北河绕其左右，幅幁二千六百六十八方里，民数二万七千五百人。其君公爵，兵无定额，应派兵数，曼卜例出六百十六人，德稍、哥凌例出一千四百二十二人，合之共二千三十八

[1]晏和，又译作安拿尔（Anhalt）。

[2]晏和曼卜，又译作伯尔尼不尔，安哈尔特-贝恩堡公国（Anhalt-Bernburg）。

[3]晏和德稍，又译作德骚，安哈尔特-德绍公国（Anhalt -Dessau）。

[4]晏和哥凌，又译作咯敦，安哈尔特-克滕公国（Anhalt-Köthen）。

人。按一千八百五十三年五月二十二日，公会集议，德稍、哥凌合为一邦，旋又合曼卜版图，统于一君。今在位之公爵为李阿佛固扶烈达立，世裔与普同出于一源者也，于一千八百十七年八月九日即位，由祖传孙。祖名李阿佛扶烈达立，父为扶烈达立世子，其母乃亚美梨亚公主。即位逾年四月十八日，娶扶烈达立公主为妃，卒于一千八百五十年正月一日；越四年四月二十二日，再娶他族女正位宫中。其邦疆舆虽隘而民居稠密，城邑相望，山水环抱萦带。郊外都城亦具园亭之胜，清幽宏敞，足供娱览，是以列邦游屐都至焉。

十、塞士哥毕哥邦（一名石西哥卜哥地），其地区为两方，西曰哥卜，东曰哥沙，陀林嘉华大山横亘其间，大小河道潆贯境中，足资灌溉。其地长广六千三百九十方里，户口十五万九千四百三十人。所分二部，哥卜城濒易士河左岸，城内虽狭小，而附郭多大乡；哥沙城建于列尼河上，有车路可以四达，其民以牧畜为业。其君公爵，额兵只一千八百六十人，应派兵数以尽调额兵为率。今在位之公爵渊士第二，生于一千八百十八年六月二十一日，乃公爵渊士第一之子，母为鲁彝公主。少入学校，肄习政事，年十九入塞慎尼邦军籍。弱冠后，慨然有涉历远方之想，遂往西班牙、以大利、阿非利加北洲，遨游殆遍，车辙所至，辄览其山川险易，问其风俗醇良，识其民生劳苦，一志于书。二十四岁五月三日，娶亚力山地连公主为妃。一千八百四十四年正月二十九日，父没即位。每岁封地赋税所入计一万五千磅，或亦时有赢绌。

十一、塞士亚北典卜邦[1]（一名石西阿尔典卜），其地在塞慎尼邦之西，疆域判为两区，鲁士基、拉威麻二境直亘其间，遂成中断。依地势分设二部：一为罗尼白部，而以亚典毕为都城，城建于孛黎河左，由普京伯灵至巴华厘亚之轮车铁路必绕其境外而过。城中生齿一万六千三百十人；一为沙黎伊森白部，而以格拉为首邑，邑中生齿二千四百六十三人，其地长广四千二百六十五方里，户口十三万七千八百八十三人。此邦地隘民贫，耕种之外多业纺织。其君公爵，兵无定额，应派兵数例出一千六百三十八人。今在位之公爵渊士第一，生于一千八百二十六年九月十六日，乃佐治公爵之子，母为马梨公主。二十七岁四月二十八日，娶晏尼公主为妃。一千八百五十三年八月三日，父没，即位。每岁公禄二万一千四百五十磅。

十二、窝德邦（一名注特尔[2]），山野地也（东南俱界希士格塞尔，西北俱界巴华里亚），其疆域所邻西、北、南，并与普之维士发里接壤。境内多小山，饶林木、铁石之利。其地长一百二十里，广八十里，总计之三千八百五十五方里，民数五万八千六百四十人。共分两部：一曰窝德部，以阿罗耳为都城，冈岭葱郁，颇擅形胜，城中居民二千一百六十八人；一曰北阿曼部，地出温泉，其君爵同于公，兵无定额，应派兵数例出八百六十六人。世子佐治画朵，生于一千八百三十一年正月十四日，乃佐治扶烈达立之子，向与普鲁士同出一源，其母为依麻

[1]“塞士亚北典卜邦”，癸酉本卷二作“塞士亚北典北邦”。

[2]“注特尔”，癸酉本卷二作“注尔特”。

公主。一千八百四十五年五月十四日，父没，即位，以尚在冲龄故，母为之听治，代摄国政。二十二岁九月二十六日，娶希连拿公主为妃。每岁公禄计三万六千七百三十五磅。

十三、勒迭模邦（一名德的摩尔，又曰立比利摩尔），在阿威诺之南，境内多山，林木丛茂。其地长一百二十里，广一百里，总计之三千七百三十五方里，户口十万八千五百十三人。其民勤耕织、孳牧畜，气候和平，庶草蕃芜[1]。首邑迭模建于威拉河滨，城中生齿五千二百三十二人。其君爵同于公王胄也，兵无定额，应派兵数例出一千二百二人。世子李阿佛第二，生于一千八百二十一年九月一日，乃李阿佛王子之子，其母为依媚梨公主。一千八百五十一年正月一日，父没，继位。逾年四月十七日，娶以利沙伯公主为妃。每岁国俸一万磅，然度支之际，出浮于入。

十四、斯瓜鲁多士达邦[2]（一名瓜斯堡，又曰卢德斯堡），包于普鲁士境内。陀林根大山峙其南，土瘠而谷少，所植多胡麻，居民耕牧之外，尚陶冶。山矿饶盐铁。其地长九十里，广七十里，总计之二千八百五十八方里，户口七万一千九百十三人。共分两部：一曰鲁多士德部，都城同名，建于沙黎河滨，巩固崇整，雉堞环其四周，城中居民六千一百十二人；一曰佛郎根荷森部，颇称繁旺，以佛郎根白为首邑。其君爵同于公，兵无定额，应派兵数例出八百九十九人。今在位之君亚儿佛，生于

[1]蕃芜，滋长茂盛。《后汉书·班固传下》：“百谷溱溱，庶卉蕃芜。”

[2]斯瓜鲁多士达邦，又译作斯瓜尔斯不尔，分二国，一曰鲁德尔斯达，一曰孙德耳砂森。

一千七百九十八年四月三十日，至一千八百二十七年七月十六日，娶阿加士公主为妃。一千八百六十七年六月二十八日，其兄薨，乃继为君，耆[1]耋[2]之年始践国位。每年国人所奉公禄计一万二千一百八磅，私地赋税所入不在此例。

十五、斯瓜孙德砂森邦（一名斯瓜斯堡孙德耳沙生），包于普之萨索尼境中，西界塞士哥沙，东界鲁多士达，其土稍沃衍，民食可以无虞；其地长一百二十里，广六十里，总计之二千七百六十八方里，户口六万四千八百十五人。共分两部：一曰孙德砂森部，都城同名，美注、威巴两河交汇境中，居民三千九百十七人；一曰晏士达部，首邑同名，贸易旺于都城，版籍[3]亦众盛。其君爵同于公，乾纲独揽，权不旁贷，兵无定额，应派兵数例出七百五十一人。今在位之王子娟特第二，生于一千八百一年九月二十四日。二十六岁，乃娶马梨公主为妃，越七年薨。一千八百三十五年八月十九日，继父娟特王子之位。一千八百五十三年，复娶马地得公主为继妃。民间所奉公俸二万二千二百四十磅，封地所入不列于中。

十六、鲁士色力司邦（一名留斯士给利斯，亦曰给拉），其疆域东界萨慎尼，西界阿典北，南界巴华厘亚，北界纽斯达。本为一邦，而后析为二，袤延仅数十里，约共三千七百四十六方里，户口八万一千八百六人。境内峰峦环拱，回互起伏，青翠万状，然无崇山峻岭雄峙其间，

[1]耆，即六十岁以上的人。

[2]耋，即七八十岁的老人。

[3]“版籍”，癸酉本卷二作“户籍”。

土沃食饶，称为乐国。地分三部：一曰色力司部，都城同名；一曰罗本石丁部；一曰基拉部，幅员之广，版籍[1]之盛，贸易之丰，三部之中，此为最。其君爵同于公，兵无定额，应派兵数例出一千二百四十一人。今在位之君轩力第十四，生于一千八百三十二年五月二十八日，乃轩力王子第六十七子也，母为亚地厘公主。二十七岁娶鲁彝公主为妃。一千八百六十七年七月十日，父没，继位。每岁国俸二万磅。

十七、桑毕勒邦（一名梭唔卜勒毕），其疆域东界亚诺威，南界勒迭模，西北界巴华厘亚，平壤膏沃，谷食充饶。境中有布基白山为屏蔽[2]，威沙河为灌输。其地长八十里，广三十余里，约计一千七百三十一方里，户口三万七百七十四人。不分部落，共辖四邑。都城布基白，建于坳河之滨，依山为城，颇称巩固。城中生齿三千二百五十人，山矿多产煤。其君爵同于公，兵无定额，应派兵数例出三百五十人。今在位之王子（其君亦得称王子）亚多父，生于一千八百十七年八月一日，乃佐治王子之子也。二十八岁十月二十五日，娶夏棉拿公主为妃。一千八百六十年十一月二十一日，父没，即位。每岁公禄二万五千磅，然所负国债殊多。

十八、含卜[3]邦（一名汉麦，又曰旱堡，又曰昂不尔厄，按昂即邦名，不尔厄，言独部落意也）。按此邦政由

[1]“版籍”，癸酉本卷二作“户籍”。

[2]“为屏蔽”，癸酉本卷二作“为之屏蔽”。

[3]含卜，汉堡（Hamburg），德国三大州级市（柏林、汉堡、不来梅）之一，德国第二大城市，也是德国最重要的海港和最大的外贸中心，有着“世界桥城”的美称，在易北河、阿尔斯特河（Alster）与比勒河（Bille）汇流处。

民主自推殷户为统领，以总其成，不隶王侯，称之为罕西部落，以曾[1]列入罕西阿德会也。不立君主者，向有四邦：曰鲁北，曰孛厘棉，曰佛郎法，而含卜其一也。含卜在日耳曼之北，地间隔不相联属，延袤四五十里，约计一千二百六十三方里，户口二十二万九千九百四十一人。都城建于依弥河右，距河口二十九里许，帆樯鳞集，琛货云屯，为各国互市之地，濒河林树葱茏，蔚然深秀，楼台宏丽，风景宜人，为含卜城外名胜所。其船多至中国贸易，或谓之胜波利国，于通商处所亦设立领事官。国中设官二十八人，佐理政事，由部众推选，家赀[2]十万以上者始得充之。六十年前为法人所侵扰，大受残害，应派兵数例出二千一百六十三人。

十九、鲁北[3]邦（一名卢卑各，又曰律北克国），地不相联，居于北方，延袤约三四十里，约计九百六十七方里，户口八万七千五百十八人，贸易亦甚巨，六十年前为法人所攻，有麦鲁查者，婴城[4]拒守，然卒不能支。炮台已为法焚毁，旋得邻兵来援，法人始退。鲁北都城建于划根尼、德拉威两河之间，河水潆汇，灌溉有资，濒波罗的海有鲁别湾，距城三十五里许，城中版籍三万七百十七人，不设君位，庶民自立官长治理，应派兵数例出二千一百六十三人。

---

[1]癸酉本卷二无“曾”字。

[2]赀，计量。

[3]鲁北，吕贝克（Lübeck），位于德国北部石勒苏益格-荷尔斯泰因州，距离汉堡60公里，是北欧著名的旅游城市。距波罗的海吕贝克湾15公里，有运河南通易北河。

[4]婴城，即环城而守。《汉书·蒯通传》：“必将婴城固守，皆为金城汤池。”

二十、孛厘棉[1]邦（一名不来梅，又曰北闵），在威塞河[2]滨，东界亚诺威，余俱界戈添毕，袤延三十里许，总计之积九百五十四方里，户口九万八千五百七十五人。其通商悉在威塞河口，贸易甲于他处，民以造船为业，商船时来中土。邦中著名之城三：都城，即曰孛厘棉，分新、旧两城。旧城建于威塞河右，衢巷狭小，房舍朴陋；新城建于威塞河左，颇极华整。境内火轮车路可达比利时、法兰西，一千八百六年曾为法人所侵夺，后卒归入公会，向时设官数员，事悉专断，近日虽亦由殷户推举，而一切政刑，必会议而后定，部众亦得预议事列。余二城曰维矶萨克，距都城西北二十九里；曰孛黎麻哈衡，距都城北约百里，应派兵数例出二千一百六十三人。

南日耳曼凡六邦：一、巴华厘亚邦（一名巴威也拉，又曰拜焉），在东南方，东南俱界墺地里，西界戈添毕，北界希西加司。其地屏山而带河，近河之地多丰，近山之地多硗，多恼河[3]亘其间，尤资通国灌输。在列邦中，幅幁最广（除普、墺两国言），亦最称雄强。南北一千一百余里，东西八百里，总计之积二十四万七千七百五十二方里，户口四百六十五万七千三百六十七人。通国共

[1]孛厘棉，不来梅（Bremen），德国北部城市。位于威悉河下游，距离河口80公里。17世纪因河口淤浅一度衰落；19世纪起，随河道拓深和工业发展成为北部重要工业和港口城市。

[2]威塞河，威悉河（Weser），由源出德国中部的福尔达河和威拉河（Werra）在明登附近汇合而成，曲折流贯德国北部，注入北海黑戈尔兰湾，有运河同易北、埃姆斯、莱茵等河相通。

[3]多恼河，即多瑙河（Danube），欧洲第二大河，是中欧和东南欧的重要国际航道。发源于德国南部黑林山东麓，向东流经奥地利、斯洛伐克、匈牙利、克罗地亚、南斯拉夫、罗马尼亚、保加利亚、摩尔多瓦、乌克兰等国，在罗马尼亚的苏利纳（Sulina）附近注入黑海。

分八部：一曰澳巴毕晏部，都城曰慕尼克[1]（亦曰门桢），街市整洁，居民勤于艺术，与各国通市，城中生齿十三万七千九十五人。二曰乃华毕晏部；三曰布华尼士部；四曰厘仁士卜部，自古著名，向时日耳曼会盟，咸集于此，房舍华丽，贸易盛隆；五曰澳巴佛郎根部；六曰密得佛郎根部，首邑曰南卜勒尼，河贯于城中，桥梁相望，风景清嘉，多织布造器之匠；七曰晏得佛郎部，首邑曰恶士卜，建于棉河上，古城也；八曰纽卜部，首邑曰恶士卜，在瓦得、勒尼两河汇流处，民勤织业。国设上、下两议院，规制略如英法。军制分为三等：一曰正兵，其额十万三千二百十三人；一曰余兵，十万一千四百二十四人；一曰防兵，五万六千五百人。向时，额设步兵三万六千五百六十六人，骑兵六千四百八人，炮手三千三百五十七人，其防守及兰威兵数目未详。凡为兵者，自十九岁至三十岁充入行伍。民间甚重文学，多俊秀，其操业者，多务农。向时与塞慎尼、墺地里迭相雄长，其君于一千八百五年升为王爵，应派兵数例出五万九千三百三十四人。今在位之王勒域第二，生于一千八百四十五年八月二十五日，乃马恂迷伦王第二[2]之

[1]慕尼克，慕尼黑（Munich），位于德国南部阿尔卑斯山北麓的伊萨尔河畔，德国第三大城市，仅次于柏林和汉堡。

[2]马恂迷伦王第二，马克西米利安二世·约瑟夫（Maximilian II Joseph，1811—1864），巴伐利亚国王。

子[1]，其母为媚梨公主[2]。六十四年三月十日，父薨，遂即位，每岁公禄二十四万八千八百十七磅。

二、戈添毕邦（一曰瓦尔敦巴尔，又名哇鼎麦，又作威丁山，更名味典白），东界巴华厘亚，南界干泽丹湖，西北俱界巴敦。西南有大山为屏蔽，余则疆土平旷，赖来尼、多恼两河之水以资灌溉，为日耳曼列邦中最美部落。南北五百里，东西三百六十里，总计之长广六万四千八百方里，户口一百七十二万七百八人。通境分四部：一曰乃加部，以乃加河得名[3]，都城曰斯得都牙，环城皆山，林木葱郁，城中房署壮丽，衢市广洁，虽不及普京，而亦可居其亚；二曰赊瓦尔部，首邑律灵埌，多工肆，昔曾建都焉；三曰浙士部；四曰丹纽部，首邑阿仑，其地产糖，国民勤于穑[4]事，尚艺术，食足货饶，颇称富强。一千七百九十六年，为法人所侵，遂与议和，得以无事。其君王爵由一千八百六年附入来尼公会，始列于王邦。向时额兵一万二千七百三十八人，军兴时增至二万六千七百五十人。国内男丁年及二十一岁者，应入营伍，至三十一岁止。一说额设步兵一万，骑兵三千六百，

---

[1]马悯迷伦王第二之子，为路德维希二世（Ludwig II，1845—1886），维特尔斯巴赫王朝的巴伐利亚国王，1864—1886年在位。路德维希二世在巴伐利亚的历史中一直被认为是最狂热的城堡修建者，因主持新天鹅堡的修建，被称为“童话国王”。

[2]媚梨公主，玛利亚·腓德烈卡·弗朗西斯卡·海德维格（Marie Friederike Franziska Hedwig），普鲁士国王腓特烈·威廉二世的孙女，1842年和马克西米利安二世结婚，婚后有二子。

[3]“以乃加河得名”句，癸酉本卷二为小字，做注解。

[4]穑，收割庄稼。

大炮手二千五百[1]，应派兵数例出二万三千二百五十九人。今在位之王查鲁士第一，生于一千八百二十三年三月六日，乃威林第一之子。六十四年六月二十五日，父薨，即位。是年七月十三日，纳阿嘉公主为后，国人岁奉公糈[2]七万三千五百六十六磅。

三、巴颠邦[3]（一曰巴敦，又名麻领），其疆域东界戈添毕，西界法兰西，南界瑞士，北界巴华厘亚。南北七百里，东西三百四十里，总计之积四万九千四百八十五方里，户口一百三十六万九千二百九十人。境内多山，黑林山几踞其大半，冈岭盘亘，峰峦耸秀，风景清华为日国最。国之西偏，地不甚平而极膏沃，全藉来尼、多恼两河以资灌溉。通境分为四部：一曰密德林部，都城曰加斯卢，建于平原，蔚然深秀，宫院雅丽非他处可及，有轮车铁路以达法兰西、瑞士等国，城中居民不下万余家，计二万五千七百六十二人；二曰荷巴林部，首邑曰佛黎白，贸易颇盛；三曰勒部，首邑曰干泽丹，以濒干泽丹河得名，有古罗马城遗迹尚存，其地多温泉；四曰宴达林部，首邑达曼兴，城垣广大，商贾殷阗[4]，民人多以耕地采山为业，其君为大公爵。国中设立上、下议院，政事节制之权得归于上。不设军政，额兵六千五百八十四人，应派兵数例出一万六千六百十七人。今在位之大公爵扶烈达立第

[1]“一说额设步兵一万，骑兵三千六百，大炮手二千五百”句，癸酉本卷二为小字，做注解。

[2]糈，古代祭神用的精米。

[3]巴颠邦，巴登大公国（Grand Duchy of Baden），是德国西南部莱茵河东岸曾经存在的一个大公国，国祚由1806年至1918年。

[4]阗，充满。

一，生于一千八百二十六年九月九日，乃李阿佛大[1]公爵第一之子，母为苏翡公主。五十二年四月二十四日，父薨，遂承其统即位。四年九月二十日，纳鲁彝公主为妃。国民岁俸公糈六万磅。

四、希士耽士德邦（一名希西加司，又曰挨塞加塞尔），其疆域东界巴华厘亚，西界普鲁士，与惟士发里接境[2]，北连亚诺威，长四百里，广二百五里，地面积方二万七千一百三十四里，户口八十一万三百二人。其地多山冈、茂林树，西方土平壤沃，来尼河支流分注域中。通境区为三部：一曰西得根孛，都城曰耽士达，濒耽白河，有新旧两城，生齿众盛，栋宇崇华；二曰零黑西部，首邑棉士，濒来尼河左岸，城垣广固，环堞建立炮台，防卫綦严；三曰阿巴黑西部，首邑屹森平兰。其君为大公爵，设上、下两院，每三年一集议事，额兵一万六百十八人，应派兵数例出一万三百二十五人。今在位之大公爵勒域第三，生于一千八百六年六月九日，乃大公爵勒域第二之子，母为威连公主。四十八年六月十六日，父薨，即位，先于三十年十二月二十六日，纳马地公主为妃。六十二年五月二十五日，妃以疾逝。每岁公禄六万二千六百五十磅。

五、鲁士格厘士邦（一名留咯士勒斯，又曰流斯额力司），其疆域东界塞慎尼，西界阿典白，南界巴华厘亚，北界普鲁士。长七十里，广五十里，总计之积一千二百四方里，户口四万二千一百三十人。通国境宇甚狭，不设部落，但就地之形势区为二土：一曰格厘士，都城同名，

[1]“李阿佛大”，癸酉本卷二作“李佛阿大”。

[2]“与惟士发里接境”，癸酉本卷二作“与惟士发境相接”，并为小字，做注解。

濒伊泽达河，境多小山，牧场广斥；其东曰巴克，不过蕞尔弹丸耳，建于沙黎河岸。其君爵同于公，应派兵数例出一千二百四十一人。今在位之王子轩力第二十二，生于一千八百四十六年三月二十八日，乃轩力王子第二十一之子，母为哥连公主。五十九年十一月八日，父薨，即位，年幼，其母摄理国事，至六十七年三月二十八日，王子始自亲政。按其制，国君年未盈十八岁，不得治事，或母后或至戚暂为居摄，俟其成立，然后反政焉[1]，凡在治下者，所有物产多属于王子。

六、勒天士田[2]邦（一名利治丁斯鼎，又曰列支敦士，更作光石），在日耳曼列邦中幅帼最为狭隘，几于微小不足比数，包于塞慎尼所属之伊支摩治大山内。其地延袤南北四十三里，东西约十四里许，积方四百四十三里，户口七千一百五十人。境内多山谷，土性膏腴，草木蕃殖，居民多以耕牧樵织为生。分为两部：一曰勒天士田部，都城同名；二曰石零白部，其君爵同于公，本勃林士苗裔，向为欧塞特里国人。殷富为欧洲之冠，应派兵数例出九十一人。

统计北二十邦，计地长广一百四十四万五千六百四方里，户口二千七百九十七万八千六百五十一人。南六邦计地长广五十万三千五百九方里，户口八百六十万六千九百四十八人。凡南北日耳曼相合，得地一百九十四万

[1]“按其制……俟其成立，然后反政焉”，癸酉本卷二为小字，做注解。

[2]勒天士田，即列支敦士登（Liechtenstein），位于欧洲阿尔卑斯山、瑞士和奥地利之间，莱茵河流经西部边境。1719年建立列支敦士登公国；1815—1866年加入德意志联邦；1866年独立，为君主立宪国，在两次世界大战中都保持中立；1924年同瑞士订立关税同盟。

九千一百十三方里，人民三千六百五十八万五千五百九十九人，按此乃一千八百六十一年十二月三日各邦户口册所报民数也，约计每九方里可得一百七十七人，由是岁至今，日耳曼民数已加至三千八百万人，其数约与法国相等。法国舆地长广一百八十六万七千三百二十方里。生齿之籍每五岁辄一核，一千八百六十六年五月十五日，所有详核户口总册，共计居民三千八百六万七千九百十四人。然则法国疆宇之广，民族之盛，举南北日耳曼二十六邦当之，始相敌也，其兵额则日多于法[1]。旷观南北日耳曼之形势，分之或不免如弹丸黑子，合之则俨然土广而民众。今南北同联一体，呼吸相通，几如身之使臂，臂之使指。其静也，屹山岳而不摇；其动也，如注江海而莫御，于以叹普之擅其利者无穷，固孰得而京之哉！

是时，南北日耳曼从普出征道，北日耳曼兵共计五十五万人，大炮一千二百尊，骑兵五万三千人，余勇十八万三千人，余炮二百三十四尊，骑兵余队一万八千人，更有兰华兵（译即壮丁也）二十万五千人，兰华骑兵一万人，总计马步兵丁九十四万二千人，炮一千六百八十尊，马十九万三千匹。第二道巴华厘亚兵六万九千人，炮一百九十二尊，马一万八千匹，余勇二万五千四百人，余马二千四百匹，另有兰华兵二万二千人。第三道戈添毕，兵二万二千人，炮五十四尊，马六千二百匹，余勇六千五百人，兰华兵六千人。第四道巴甸，兵一万六千人，炮五十四尊，余勇四千人，兰华兵九千六百人，南北

[1]“按此乃一千八百六十一年十二月三日……其兵额则日多于法”，癸酉本卷二为小字，做注解。

日耳曼兵凡一百十二万四千人。普法交境之处，设兵防卫尤严，其间以礼吴河为之界。普国通境中建有第一等炮台者九，其濒于礼吴河者，有美贤士炮台、高卑连士台[1]、哥龙炮台；其在亚儿鼻河滨，有江尼士田炮台、麦棣炮台；在阿得河处，有士铁田炮台；在华得河处，有波仙炮台；在威士雕得河口，有丹泽炮台；在比厘芝儿河处，有冈尼士炮台。以上诸炮台皆在普国界内，惟美贤士乃在希士邦，江尼士田乃在塞慎尼邦。其第二等炮台则在沙鲁士威些儿、棉甸儿、佛施佼士平度、哥来由克拉、士尼士答俾貳忌儿、士得辣耳、辰高毗诸处。其第三等炮台则在域添毕、哥厘儿、加士棣莲、克兰颠士、士威尼文尼俾路诸处。皆以扼守要隘，拱护城垣，保卫疆圉。其余诸小炮台尚如星布棋错，即在棣厘士甸、德司多孚、马连毕得沙厚威沙河口、亚儿鼻河口、美迷儿埠，皆筑土为垒，掘地成濠，坚固异常，足资捍御。

初，法人议欲由希士邦进兵，俾南日耳曼守局外之义，先行攻取扶冷佛，于其地多建炮台，残毁礼吴河左岸，直入威士非里亚，以收间挪华（间挪华，普邑，其地人心未顺于普）、颠麦（即嗹国别名）之助，尽逐普军过亚儿鼻河，谋定尚未发也。普王一闻法国启衅，志将用兵，知其必出是举，即用电报飞递各处，屯兵戍守。由亚儿鼻河至礼吴河，所有往来轮车，悉以运载军士，驰赴礼吴河上，商贾均不得附载，计每车于一日间可载兵丁二万人。如是，则法军未出之，先已有普兵二十四万屯于礼吴

[1]“高卑连士台”，癸酉本卷二作“高卑连士炮台”。

东境，别有各路征调之兵陆续云集。故普[1]由哥龙高俾连士美贤士径渡礼吴河，攻入法境波罗的海口，普已拨战舰镇守。南日耳曼亦皆预设伏兵。南北两隅势盛力厚，法国均不能攻。七月十七日，普法各守礼吴河上，交境之地，互筑营垒，隔河彼此可以相望。两国军士遇有衣冠稍异、言语略差者，诘问綦严。士打拉卜城每于日落之后，守城官弁即令鸣钟闭城，亲加局鐍[2]。城中妇女妻别其夫、母别其子者，率为凄咽流涕，边境邑民多有骚然不靖者。

两国既出师决战，欧洲诸邦无不警动。英国总理外国事务大臣特莅上议院，将普法构兵始末宣告爵绅。英国首相亦集众布示下议院，于两国战争两无偏袒，设法禁止境内战舰，毋许擅自出口。七月十九日，英京邮报总局刊录示民檄，谕谨守局外、两不偏助之义，其词更严于前。附近法国北境之荷兰、比利时行文各大国云："普法两国战事，概不预闻，各无所助，以期无党无偏，协于至正。但于交界处严兵守御，以备不虞。"英国大臣移书普法云："比利时国、碌森卜邦（在日耳曼三十五邦中属于荷兰，又名鲁星勃）密迩敝邑，贸易商舶之所从取道也，有关于利害甚巨，愿尔两国士马[3]毋涉其境，俾其民安物阜，娱乐升平，则感两大国之惠于无既矣。假若[4]侵轶其疆埸，骚扰其廛市，则敝邦志切保安，谊关唇齿，将勒兵境上，与之从事，协比邻封，扶植弱小，想两大国之所乐闻也。书到伏维克副所请，幸甚！"按英国之所以必当保卫比利

[1]"普"，癸酉本卷二作"普军"。

[2]鐍，有舌的环，指上锁。

[3]士马，兵马，引申指军队。

[4]"假若"，癸酉本卷二作"倘若"。

时、碌森卜者，因于一千八百三十一年十一月十五日英、俄、墺、法、普五国同立一约，共保比利时国不得为他国所侵凌，此约立于英京，约中第二十五款曾言及此。又于一千八百六十七年五月十一日，英、俄、墺、法、普及比利时、以大利、荷兰同立一约，共保碌森卜不得为他国所攻侮，是约亦立于英京约中，第二款曾言及此。两邦之地虽为蕞尔弹丸，然其形势所关甚巨。因其地与普、法、荷兰土壤交错，与英亦仅隔都华一河而已，此河一苇可航，若使别国得据其地，则英几失其雄峙之势，而出入俱为所制，则将开欧洲争斗之门矣。比利时王、碌森卜大公爵闻英国仗义执言，惠保小邦，致书感谢。时颠麦、以大利、墺地里、俄罗斯，亦皆中立观望，两无所助。

法国传檄南日耳曼诸邦云："汝国助法、助普，其将何择？抑无所偏视，一秉诸公耶？其明告我。"诸邦得书不报。先是，普于一千八百六十六年与南北日耳曼列国歃血莅盟，立联邦之约，其誓词曰："今而后共安危、同缓急、难相恤、警相援，其永守之，毋或有渝。"至是巴华厘亚首先践约，以电气秘机达书于普王谓："愿助用兵，迟速惟命。"普王即刻报书云："顷惠手书[1]，感且不朽，大王义风所激，直可薄云汉而贯金石，贵国之兵已首征途，将临行陈。朕命世子亲统诸麾下，隶于第三路军中，必能大建勋劳，为贵国光。我国家本享绥安，永期福乐，强邻驾祸，遂有责言，凌蔑横生，藉为口实，遽兴戎事，实所未闻。今者贵国众民、日耳曼列邦黎庶合而为一，同德同心，良为欣悦，此前时之所未有也。诚无愧日

[1]顷惠手书，即刚刚赐予的亲笔信。

国之休风善政矣。惟天眷佑我邦家，有战必克，膺福无疆！敬谢大王践言守约，凡我友邦共鉴此心。书不尽言，惟希裁察！”

巴华厘亚王得书甚喜，再复数行于普王曰：“闻信欢忭[1]，实契余怀，心心相印，罔间遐迩。我军、尔旅无异手足一体相连，共立殊勋，予日望之。况乎今日之战，公而非私，原欲使我日耳曼诸邦张国体、建国威，同沾利益，毋受侵凌。敝国得预其间，自此致振兴而臻安，固悉大王之所赐也。”巴华厘亚本与普国时有龃龉，至此尽捐前隙，交好益密。于是，南日耳曼诸邦无不闻风兴起，各皆秣马厉兵，助普攻法，而普之军威愈振。

七月二十日，普王檄谕众军曰：“朕今日尽征日耳曼倾国之师，以拒强敌，而决一战。此犹剑离于室，刃出于鞘，不复可忍矣！此衅之启，非由朕肇，朕之此心，上可以答苍穹，下可以对黎庶。我国所行，一循正道，毋稍涉乎偏私，毋轻启乎仇怨，但此大战，当非旦夕所能奏功，我日耳曼诸邦必至人物凋伤，财力损敝，惟望上天克相朕躬[2]，左右我国家。我日耳曼众民一闻衅作，无不同兴义愤，咸愿荷戈前驱，为国戮敌，朕心欢悦，益信造物之无私，而决我军之必胜。朕必当效法烈祖，与众民共甘苦、同欢乐，戮仇克敌，咸享升平。朕自少通庶务以来，无日不乾乾惕厉，以上帝为依归，获蒙眷佑，汝众当亦知朕之笃信勿疑。呜呼！天心仁爱，惠启我邦，寅[3]感之私，

[1]忭，高兴，喜欢。

[2]朕躬，即我身，天子自称。《尚书·汤诰》：“尔有善，朕弗敢蔽；罪当朕躬，弗敢自赦。”

[3]《说文》：“寅，居敬也。”

非可言喻。今于七月二十七日大辟会堂，偕尔众民祈祷祝谢，用迓天庥[1]。是日，国中咸止工作，一心敬礼，俟军事既蒇，再酬鸿贶[2]。朕引领捷音，得自上锡，俾偕汝众，共沐平和。呜呼！汝众勉哉！”

初有传言：英、墺助法，俄助普者，后乃知其出自风闻，并非确耗，欧洲各大国于普法之事两不置问，英既贻书两国，劝其勿酿兵端，撤师讲好，彼此不从，亦惟作局外旁观而已。英首相已将各不偏助之议刊诸邮报，宣示列邦。法人见之，大以为不然，寄言诘责，英初不置辨也。

初，法国驻扎英京公使刺花烈于七月二十二日呈书英国朝廷云：“顷奉廷寄，敢即转呈我王，为保持国体起见，欲令欧洲权势彼此均平，无所偏倚，有违此者，即于国体有损，势不得不出于用兵。今衅自普开，断难坐视，故兴师攻普，并攻助普攻我之人。我王业有谕言，谓此衅既启，凡水陆各将士悉当恪依《万国公法》以待局外之国，又必循一千八百五十六年四月十六日法京议定颁行之例，一体施行。所呈款例如下：一，私掳船舶之例应废；二，敌人之货若为局外之国旗式所保护者，非犯军律，概不拘获；三，局外之货为敌国旗式保护者，亦不掳获，若有干军律，则当擒治；四，用重兵镇守各海口，毋许敌人入境。西班牙、米利坚虽不在一千八百五十六年所立约内，但敌人之货在此两国船内者，亦所不掳。若有犯军中禁例，则当擒治充公。米利坚、西班牙两国之货在敌人船

[1]庥，庇荫，保护。

[2]贶，赐，赠。鸿贶，指巨大的恩惠，南朝梁沈约《枳园寺刹下石记》：“且义止今生，报褰来果，非所以酬鸿贶于冥津，畅丹诚于遐劫。”

内，亦不没入于官，此其所定条例也。我朝廷甚望英国于构兵肇衅之时，力守局外之义。”

墺地里、以大利两国征兵募勇，授甲修戈，严饬疆吏，保固边圉，或谓非作左右袒，将为日后劝和之地。法国朝廷患普兵之日益也，议增兵十四万人，旋以军饷不足，议加至四百四十兆佛郎（按每佛狼约抵吕宋银一圆中五分之一），又以七十兆佛狼供水师之霈[1]。筹饷大臣议抽入口茶叶、加非两项税银，以助军糈，于七月二十七日以前购货落船者，概行免抽。兵部大臣行文罗马教王，调回罗马戍兵至国，以备遣拨。罗马教王扑移书普法两国，劝其勿动甲兵，致乖邻谊。普王答书云：“敝国常以不战为宝，用兵为戚，今与法国岂不欲和？势不能也。设使无劳一军，不折一矢，而敝国长有磐石之安，岂不幸甚？”其与法王图之，英人以邻国军兴，亟思先事筹备。于是，兵部大臣集议于下议院，请发金钱二百万磅添设水陆兵勇二万，布置要害，游弋[2]防堵，庶免不虞。英国《太唔士日报》[3]（太唔士，英国语时也，其意谓据时势以立言也，此日报系名人主笔，廷臣命意，多述军国政事者）斥法人遽尔启衅之非，谓据前日法国大臣所言，已知其有意兴师伐普矣。

初，欧洲各国见普法构兵如是之速，疑其别有所因，

[1]“霈”，癸酉本卷二作“需”。

[2]“弋”，癸酉本卷二作“奕”。

[3]《太唔士日报》，《泰晤士报》（*The Times*），昔译《太晤士报》，又称《伦敦时报》。英国的一份于全国发行的综合型日报，是一张对全球政治、经济、文化发挥巨大影响力的报纸。

未必尽由争[1]立王子一事也。迨英国《太唔士日报》于七月二十五日刊示密约数条，传观欧土。此密约乃普相寄往英京邮报总局刊印，并以法国使臣亲笔所书印入报中[2]，于是，各国见之哗然矣。密约之言曰："一千八百六十六年，普法所立密约如左：普王与法王筹议允洽，期以永行。今而后两国互相亲附，特立此约，俾和好之谊，益复固于胶漆，倘得成是美举，即为彼此共享升平之地。今议立约如下：某国大王立，某某国大王立，某此二臣畀以全权同立斯约。第一款，前者普国与墺地里及其友邦攻战获胜，法国庆其利益，称为义举；第二款，法国如以兵取鲁星勃地（地属荷兰，与比利时接壤），普王必力为翼助，更劝利大蓝（即荷兰别称）王献是地于法，地值多寡，秉公论定，由法循例给予；第三款，自墺地里外、南北日耳曼列邦联为一国，推普执牛耳，同一议院、总统，各邦法毋得拒；第四款，普法有军旅之事，彼此互为应援，法如兴师攻取比利时，必助其用兵，若与列国有争，普必尽征水陆之师助法；第五款，普法彼此合兵，各无异视，有攻法者，普助法拒之；有侵普者，法助普击之；两国互相联络，永以为好，克敌伐仇，俱无稍诿，守约坚信，毋使或渝。"密约既刊，两国互争，法国驻扎普京使臣边尼[3]德体曰："是普相教我所书，我不过随笔写录而已。旋即为其携去，索之不归，我以为戏言也，殊不介意。"普相曰："彼愿立是约，强我以必为，我不于当时彰言之者，

[1]"争"，癸酉本卷二作"止"。

[2]"此密约乃普相寄往英京邮报总局刊印，并以法国使臣亲笔所书印入报中"，癸酉本为小字，做注解。

[3]"尼"，癸酉本卷二作"呢"。

因恐欧洲由此启衅耳。今战事已始，无妨明示同人，一质证之，俾知是役之兴，实由于此。况法王前日时以甘言惑我，谓必以三十万众助我攻墺，取其民人六兆或八兆用以封植我，而必先割来因河、摩些耳河与之，方始践约。此言也，欧洲诸邦咸所闻知。敝国当时深烛其奸，故拒而不许，彼既不遂所求，未获其利，故此藉端构难以逞雄心，而纾宿忿耳。”

旋法使边尼德体移书法国总理外部大臣公爵加拉文曰（按是书乃八月九日所书）：“自浩轩疏伦王子举为西班牙国主，我法国甫闻消息，以为不然，乃彼国中人即已议论丛兴，呰謷[1]及我。虽其言未克持平，我仍未敢与之驳诘也，惟有仰俟朝廷意旨而已。兹者普相俾思麦妄以无用之密约据为彼用，从而播弄其间，以耸动乎列邦，归咎于我国。故我于此不得不自明胸臆，白其颠末[2]，伏求即以是事布告众人。普于一千八百六十六年用兵于墺，未战之先，与既战之后，即欲翼助我国规取比利时，用广我疆，俾其国无多辟土地之嫌，此举众所共知。我国不欲无端轻举，妄谋人国，故却之再三。欧洲列邦有知是事者可为互证。前任总理外部大臣洞烛其奸，是以所说卒不得行。昔在巴黎斯京师立约之时，俾思麦方藉胜墺之威为益地之举，割取间华挪、希士、扶泠佛三处，隶归普国版图，知我国人心必因此震动，故屡欲于普法交界小邦潜助我国，兴师进取，用图兼并。自此普相时至我驻扎行辕，密相筹

[1]呰謷，即诋毁。

[2]颠末，始末，事情自始至终的过程。宋张世南《游宦纪闻》卷六：“且得考核其事之颠末，故详纪之，以告来者。”

议，务欲行其所议而后已。适一日，我曾将其所言笔之于纸，原欲审其谋之可行与否，以便上达朝廷，缮写既毕，普相即携之去，谓将以呈普王观览也。于时，我以其事颠末奏闻我王，王览尚未竟，即曰：'事不可行，宜置勿论。'而普王亦未尝允行斯约也。自是四年以来，我绝不与普相复议此事矣。若我国首先欲立此约，则当有部臣属稿，何至烦我亲为秉笔？且必或在法京或在普京，集召重臣会议施行，普相亦何从而刊刻哉？今彼欲簧鼓[1]群情，迷眩众志，特行此策，以掩其私自立约之非，而诿其过于我国家，俾为集矢之鹄，故为明白晓谕以言之。俾欧洲诸国灼然知咎非由我也。"

普相俾思麦闻有是书，即传檄遍告诸国曰："法国欲与我国联谋结约，已非一次，不独《太唔士邮报》所刊录之密约为然也。昔普、嗹争战之始，法屡思与普并力合筹，以求遂其所大欲。顾日耳曼之握政柄主纪纲者，必以顺国中之民心为本，彼欲潜售其阴谋，暗盈其贪壑，不待吾言，已知其不可行矣。但法国务欲行之者，其故由乎廷臣未能稔悉外情耳。浸假[2]法国廷臣洞识日耳曼治体所系、政本所关，则断不敢逞臆妄行以便其自私自利之图，而欲藉助于日耳曼辅理其国事也。自一千八百六十二年之前，不佞未至总理衙门之日，法国朝廷屡请于普，欲赖引援之力以取比利时及礼吴河上之地，饱其溪壑。普、墺未行构兵之先，法国之贵戚重臣往来于普者不绝于道，其所

[1]簧鼓，用动听的语言迷惑人。

[2]浸假，假如。语出《庄子·大宗师》："浸假而化予之左臂以为鸡，予因以求时夜；浸假而化予之右臂以为弹，予因以求鸮炙；浸假而化予之尻以为轮，以神为马，予因以乘之，岂更驾哉！"

陈议小大事端，皆思推广所欲，以致富强。尝论及欲取鲁星孛，遂言于一千八百六十四年约中，所定基址如兰杜、沙儿士两地皆在其内。又尝论及瑞士国，则言法城及毕门地界皆在其内。一千八百六十六年五月，法又欲与普立合兵之约，其中第五款云：‘普有事于列国时，法王必发兵三十万前往翼助。’而法国欲自增广户版，益以生齿一百八十万人。嗣后，法国常行煽诱我国，欲使日耳曼、比利时失地伤财，此事断难举行，所不待言。然因其尚属空谈，故遂置之不论，姑听其自欺而已。诚恐一失法国所望，则将易耻成忿以与我日耳曼从事，欧洲全局或不得共享升平。我亦自知不若他国之畏葸[1]苟安，苟理有不公，势必出于争战，故宁度外置之耳。但此乃系于天心，非人意所能预料。以我度之，徒因争城割地之私而至于流血暴骨，虽胜犹败耳。为执政者，爱民为重要，宜脱之于锋刃而登之于衽席。是以我望法国政事渐次更张，或可免夫烽燧之虞、干戈之戚，庶几不至决裂于一旦也。十年以来，彼虽时来筹议，我不敢遽尔允行，惟以婉词巽语[2]故迂缓之而已，自与利大蓝国王[3]会议未成之后，此事遂为众所共知。无何，法又与我反覆论列，欲大兴甲兵，北取比利时，西并南日耳曼，求逞雄心[4]。此即边尼德体携呈密约之所由来也。若谓法国使臣自出己见，拟行权宜立约畀我俾为增改，而法王不及预知。此即如一千八百六十六年法国朝廷令我国割付美贤士，否则兵端必自此而开，谓此事

[1]畏葸，即畏惧害怕。

[2]巽语，委婉的言辞。

[3]“利大蓝国王”后，癸酉本卷二有小字注“即荷兰别名”。

[4]癸酉本卷二无“求逞雄心”。

为法王所不许，同一不足信者也。自一千八百六十六年至六十九年，法国使臣屡来商榷，欲发难端，所以未即行者，由我国踌躇满志耳。一千八百六十六年，比利时因轮车铁路之事，小有龃龉。法国有大臣尝语我云：‘其主志在兼并比利时，普国但可旁观，勿为外援。’更有一时论及东土事，我闻人言，法国意将构衅，但不在远方，即在疆域左右耳。于是，我始知法之深谋蓄虑，有意于攻普，以掠其人民、取其土地，非一日矣。今普法嫌隙已成，兵交伊始，若不将此事布告申明，俾列国咸得灼知其诈，则法又将强请于我国，联百万之众进击欧洲，肆行其鲸吞蚕食，用以损割比利时、攻据鲁星孛，而以为是则行边尼德体约内所言也。此约系边尼德体亲笔书于公使笺札中，当时列国公使同驻普京者，如英、俄、墺、以大利、土耳其、比利时北邦塞慎尼、依奇南邦巴华厘亚、戈添毕、巴甸希士皆所目击共识为边尼德体笔迹，然则尚有何辨哉？用告列国，共明此旨。”

八月三日，法国总理外部大臣公爵加拉文亦即移文各国，与之反复诘辨。其言谓：“与普相俾思麦立约图取比利时一事，法固未尝有之也，不知是说从何而来？我国家谊切睦邻，方且欲与之释兵讲好，初何尝有辟土疆、缮甲兵之心哉？乃重诬以是约，欲以嫁祸于我邦，取憎于他国，幻作虚词，诪张[1]百出。呜呼！其谁信之乎？普相虽多谋而狡然，言不规于正轨，事徒托诸浮文，口说空腾，务炫众听，识者知之益增笑剧耳。孰是孰非，必有能辨之者。”

---

[1]诪，诅咒。诪张，同“侜张”，欺骗。

于是，两国互执一词，未知谁是，或以为法诈，或以为普狡，皆不能明也。惟普相所执持者密约，笔迹确为法使边尼德体所书耳。比利时用是深怨法国，谓法犹虎狼也，殊不可亲。即英国臣民亦有议其非者，谓法人之心，抑何叵测，以法将合普图己也。盖英虽孤悬海外，而实与比利时、荷兰遥相联络，互为声援，倘普灭荷兰，法灭比利时，英势自孤，此举虢亡虞[1]之计也，故英亦隐衔之也。

《普法战纪·卷三》终

乌程钱徵昕伯校字

[1]举虢亡虞，泛指用借路的名义而灭亡这个国家。出自《左传·僖公二年》：“晋荀息请以屈产之乘，与垂棘之璧，假道于虞以伐虢。”

卷　四

南海张宗良芝轩　口译
吴郡王韬紫诠　辑撰
杨汤琛　校注

七月二十六日，法国士马云集边境，建筑营垒，由士打拉士卜屯至泰安威厘，势若长蛇，相距三十余里，法王大营则由南士[1]至蔑士。七月二十九日，法王晨离京师，军容壮盛。三十日，驾抵蔑士，王子从焉，甲士立仗环侯者十有二万，联属于道，数里不绝，无不齐声呼万岁。法王抚谕众军曰："咨尔众军，朕今亲统六师，恭讨有罪，以保卫我疆圉，张大我国体，兹所与决战者，乃欧洲第一雄军也。所幸者，彼军虽壮锐无前，而汝等忠义之志、勇敢之气足以胜之而有余。今各处皆建立炮台，足资守卫。此役也，相持必久，当有大战。我军之无敌，天下之所知也。曩者用兵于阿非利加[2]、克蓝美亚、东亚细亚[3]、以大利、墨是哥[4]，咸获胜捷，而亦何难胜普？我军久经精练，又复竭忠爱国，必大有可为。将见一过敌境，定可如昔先王，所至皆克，朕当勉益加勉，以无贻烈祖羞。举法国之民咸希望汝，举天下之目咸瞻仰汝。我军今日之胜，即后日自主富强所系，咨尔众军，汝宜效命于疆场，踊跃于行阵，必获祐于上天。"

将入蔑士城，法王又宣谕各军曰："今日之战非等寻常，大敌当前，尤宜奋勉，惟尔众士宣力疆场，为我国家普建声威，同心一志，迅奏朕功。呜呼！有众其勉之哉！"

先是数日，普与法立海上之约，法国航海货舶听其

[1]南士，即南锡（Nancy），法国东北部城市，在摩泽尔河同马恩-莱茵运河的交汇处，洛林地区的经济、文化中心。

[2] 阿非利加，非洲（Africa）。

[3]亚细亚，亚洲（Asia）。

[4] 墨是哥，墨西哥（Mexico）。

行驶如往日，概不伤损，此诚便于通商之惠政也。法不能从，按普不捕法国商船，而法国否者，因法国战舰水师林立海上，而在各处属地外埠亦复不少。若普固寥寥无几，其以此请于法者，正其工于自为计耳，故法不之许也[1]。驻扎新嘉坡、北日耳曼领事官传谕其国船主云：“嗣后，航海往返，各宜慎防毋忽。”七月三十一日，普法两国相约，所有两国境中互相往来贩售各船，限以三十日内尽行出境，逾限捕获，船货入官。

法国日报云：“本国之所以从事于普者，其故有二，非徒自为计已也。盖欲南挫普疆俾无逼处之虞，北援颠麦免受敌人之制，事属因公，非由私见。”法王传谕，军中无得挟笔墨纪载之士，俾其洞窥纤悉刊于日报、邮传遐迩。按凡欧洲之例，两国战争原许列邦中日报主笔人员随军记录，并无所禁。兹法王不欲其在军中者，盖所以慎严机密、杜泄军情也。

法国水师战舰拟出多华河口，绕道进攻普境，八月二日，已离质兰向南驶行。

普国王子既受帅印，专阃[2]视事，即谕其众曰：“军志有之，宁我攻人，无人薄我[3]，若我军迟回不进，俾敌人得入吾境内，此策之下也。”即日，率军渡河，既渡，立命毁来因河桥，曰：“毋使敌人得以乘机伺便也”。七

[1]“按普不捕法国商船，而法国否者……故法不之许也”，癸酉本卷二为小字，做注解。

[2]专阃，专主京城以外的权事。《史记·张释之冯唐列传》：“臣闻上古王者之遣将也，跪而推毂曰：‘阃以内者，寡人制之；阃以外者，将军制之。’”后称将帅在外统军为“专阃”。

[3] 宁我攻人，无人薄我，也为“宁我薄人，无人薄我”，语出《左传·宣公十二年》，指宁可我先下手去打敌人，不可让敌人先打我。

月十七日，普军侵法国兰甸邑，其地与劳申勃接壤，所有边境轮车铁路尽为普军所毁，法军逐之，旋退。普军进攻法国朗威，入其境，附近村落居民惶骇。普军占一乡之地，结垒筑营，拟与法军相持，其意欲深入法境，与之决战，故不使法之一卒渡河而东也。普国有铁甲战船四巨艘，由巴礼茅士启程向东驶行。法国递信邮舶遥尾其后，以觇所向。入且三日，普王躬统貔貅[1]抵迷贤士，于是，两国拟大举决胜负。法国始发一炮攻普，中纳炸弹已近普营，坠地不裂，为普军所得，因与众传观，诧为异事，并书史册，以诏后人。

八月二日，法军攻普之沙北勒，普于其地戍兵寡少，守御单薄，法人觇知虚实，乘间进军击之。法将富鲁实[2]率第二队继至，区军为三路，持大炮二十三尊，屯于冈阜，先据形胜。战时，法军以高临下，普不能支，遂败北。法兵阵亡十人，统兵官一员，伤者无数。普人丧者亦不少。法军遂克沙北勒城，纵火焚之，光焰烛天。城外普军约二三万，法军追之，普人发蔑迭儿鲁士[3]炮拒之，法军始止。是夕，法军屯踞城中，扑灭余烬，焚已过半。是日，法王以电报传书于后曰："鲁士（法国王子名）今以枪丸炮弹为受洗（西国礼，凡皈依者必以牧师为之施洗），临阵折冲，神志闲定，声色不挠。大将富鲁实已据沙北勒外左方高阜，普军攻拒相持，不久即退。我军屯于城外，忽有炮弹自对面飞来，坠于鲁士足旁，鲁士即取而

[1]貔貅，指军队，比喻勇猛的将士。

[2]富鲁实，即弗罗萨尔。参见卷二。

[3]蔑迭儿鲁士，米特拉约兹（Mitrailleuse）。参见卷二“墨得儿鲁士”条。

观之，我军见其从容镇定，无不为之同声赞叹。时将士丧亡者一官十卒而已。”法王曾以此事布告国中，使知其子立业建功、声施烂然，然后继位嗣统有可必也。[1]

八月四日，普王子[2]统兵攻法之威心勃[3]城，麾下所统者第五路军、十一路军及巴华厘亚第二路军。法军屯于城内守城，法将都异猛毅有勇略。是日晨，微雨，气候凉爽，日加辰[4]，法军分两路而出，第一路为步兵，第五路为骑兵。两军相接，枪炮之声震山谷，法军驰骤冲突，奋不畏死，经一时许，相持愈力，城中兵悉登陴[5]决战。普之巴华厘[6]亚兵首先奋进，战方酣，普之第五路军继至，踊跃助阵，呼声动天地。法拒普攻，势渐不支，纷纷退遁，甲胄器械、行李辎重委弃无算，城外营垒悉为普军所得，附城新建炮台为炮摧毁，普将麾兵齐进攻城，众军蚁缘而登城遂下，雉堞已尽坏，城中屋宇皆焚于火，民人号哭奔走者相属于道。时普王子适至，三军皆摘冠称贺，法军自城出，散走村落。普军追之，乘胜夺据鲁得孛一[7]邑，其邑濒河，有大艇三十艘泊于岸侧，即法军将用以渡来因河者，至是，尽为普军所得。法所调阿耳支理亚[8]兵

[1]“法王曾以此事布告国中，使知其子立业建功、声施烂然，然后继位嗣统有可必也”，癸酉本卷二为小字，做注解。

[2]普王子，腓特烈·威廉·尼克劳斯·卡尔（Friedrich Wilhelm Nikolaus Karl，1831—1888），后成为腓特烈三世。参见卷二“普国王子”条。

[3]威心勃，后文又译作威申勃，威森堡（Wissembourg），又译“维森堡”，现是法国下莱茵省的一个市镇，位于该省北部，近德法边境，属于阿格诺-威森堡区。

[4]日加辰，即“晨”。

[5]陴，城墙上的矮墙。

[6]“厘”癸酉本卷二作“里”。

[7]鲁得孛一，疑为“洛泰堡”（Lauterbourg）。

[8]阿耳支理亚，阿尔及利亚（Algérie）。参见卷二“阿耳支里亚”条。

中有太高种族，凶悍善扑，以临阵不退为勇，至是以五百人驰入普军大队中，法将都异时方吹角集师而退，猝见太高兵奋呼将进，骤马往追，一弹飞至击碎其颅，遂殒。太高兵五百没于普军阵中，悉为普军所擒，无一免者。人谓太高兵勇虽有余，而愚不足用，以五百之败兵，岂能敌普四万之劲旅？徒足以丧其躯而已！

是役也，两军血战约历二时许。当初战时，法以步兵八百为枪队，相距千五百弓外，遽先发枪弹，未至敌都，已下坠其所用。墨迭儿鲁士[1]炮发时亦距普军甚远，虽连环迭放，而普军无伤，普国炮队发虽迟而多中。普法军数众寡相当，惟法兵临阵错乱，妄糜药弹，以致利器归于无用，此其所以甚败也。

法于是战，亡名城一，歼大将一员，在阵被擒者五百人，死伤无数，失大炮数尊。普将驾伯受微伤，阵亡兵士亦不少，是为普国出兵攻法第一次大捷也。普王以电报传书于后曰："是日，两军血战，逾时，我军卒获大捷，法之威申勃[2]城、机士比城已为我军攻毁。当阵之甫合也，第五军、第十一军、巴华厘亚第二军奋驰出击，无不以一当百，敌兵败走。于是，我军急进，逐北追奔，飙驱电扫，阵擒法兵五百人，夺获大炮一，所筑营垒尽为我军所据，斩其大将都异。我国驾伯将军亦受微伤，我营军士及五十八队丧亡殊众。荷天之休[3]，获斯克捷，尚邀再佑，眷顾无疆。"

[1]墨迭儿鲁士，米特拉约兹（Mitrailleuse），同卷二"墨得儿鲁士"条。

[2]威申勃，威森堡（Wissembourg）。参见前"威心勃"条。

[3]天休，天赐富佑。

是夕，普军遂入其城。城中法民室圮[1]庐焚，皆无所归，惨哭之声遍于远近，乘夜仓黄鼠徙出城者纷如也，牵马驱牛、捆载粮物者狼藉塞途，男妇老幼踯躅道左，竟夕不绝，流离颠沛之状目不忍睹。法兵之未被擒者，亦自城中逸出，困惫哀惶，殆无人色，身尽缟素，为新丧统领也。其中有惫不能行、枕戈而眠者，法将阵亡，遗剑在地，有兵前而拾之，为之心伤下泪。有以车载病兵向法境疾驰，普军截而获之。中夜，有童贞之好善者自城出，施以医药，为之调治。

八月六日清晨，普将士颠蔑士率兵复下沙北勒城，守城者，法将富鲁实也。开城出战，普以大炮环攻，法亦反炮击之，旋以众寡不敌，遂致大败。天色将暝，法军出城遁走，两军死伤者如积。日耳曼第五路军阵亡一千八百人，生擒法军二千人，于是遂下其城。城中有法国所储糗[2]糒[3]、衣履以备两队兵士所需者，尽为普人所有。

先是，普将特命第七军驰赴蛙尖勃，其地在沙北勒西北隅，连营屯驻直至沙河，法军已于前一日退出沙北勒城外校场。午后，普将连巴便统督骑兵往沙北勒城外，先据校场高阜。法兵见之，即由士卑沙连施炮轰攻，连环不息。校场甚宽旷，可通至孚卜沙北勒城，形势峻整，四周小山大谷，高下攒峙可观，有若炮台，然攻之猝不可入，诚天设之险堑也。当普兵由此进攻时，法军无不笑其愚。是日亭午，普军第十四枝骤至沙北勒城外，即往南境

[1]圮，倒塌。

[2]糗，干粮，炒米粉或者炒面。

[3]糒，干饭。

乃系沙北勒、士卑沙连相间处，奋力与法军角战。法将富鲁实觇知普军猝来，即收兵据士卑沙连处之山岗，巴彦统第三军继之，向前助战。时普仅得第十四枝兵独当两军，众寡不敌，以故渐弗能支。普将甘麻欲绕出前路，取道士得零，退攻法军左翼，但麾下之兵仅五队而已，其力终薄弱不可用，故两为法将富鲁实所击退。相持至申正，两军皆殊死斗，炮火雷殷，铅丸雨骤，普将班尼球突阵助战，烈士都统旋亦督率普兵第十四旗、蛙沙兵第九旗出为犄角，以张声势。时普国第五路兵屯于云得毕小山处，普将亚云士利卞命其麾下士多耳芝儿将军统领屯于沙士毕处之兵前往为援，指麾甫定，而步卒已乘轮车由纽嘉旋至，无不踊跃临阵，勇气百倍。战至申杪，各路新兵麇集[1]，皆大呼突阵，力助高斌[2]将军，意在夺据彼处树林，藉为蔽翼也。时第四十旗步兵、第十四队骑兵为右翼以攻其东，普兵四队为左翼以攻其西，第五枝、第十六枝普兵为余勇往来游弋，以补阙而弥伍。于是，两军重复力战，决荡久之，所有一带林树处皆为普军所据，各路法军并力图复，卒不可得。第五队炮兵方为后劲，以炮攻法军，连环不断，别有普军两队登士卑沙连小山奋攻法军，法军欲从亚士零尖、士卑沙连两处发炮攻普军，而为普国第五队炮军击退。顷之，法将调集各路军士齐至，咸奋死与普军力角，普军人自为战，无不以一当十。时在战场者，法军五十二队，别以炮军据守险地，普军二十七队，虽有炮军而无险可守，众寡之数亦甚悬殊。转战逾时，遂为普军所

[1]麇集，许多人或物聚集在一起。

[2]高斌，即福伊格茨-雷茨，普鲁士第二军团第十军军长。

败，殆晚，法军遁走。是日，骑兵未及阵，因四围冈岭参差，骑不能行故也。法将富鲁实麾下众兵丧亡几尽，普军得其刍粮无算。普相俾斯麦于是日日加巳行抵美贤士得，闻普法交战消息。

八月五日，普军前队逐退法军。翼日[1]清晨，普将甘麻督队进攻法军，战于沙北勒之西，法军据守士卑沙连村左右山冈，普将高斌麾下之兵突前助战，为左右犄角。普法两军苦攻力战，拼命相角，法军锐进而普军持久，遂大败法军，逐法军出所据营垒，法军遂奔。普军以大炮袭法将富鲁实，之后环攻迭放皆中，法军是以创甚。普国都罗画士将军、鲁得都统受伤于是役颇剧。是日之战，两军死伤者甚众，普国第五队兵阵亡者二百三十人，伤者约一千八百人；第十二旗步兵丧伤者官弁三十二人，兵士八百人；第八旗、第三十九旗、第四十旗、第四十八旗、第七十四旗兵士死伤者如积。法军之创伤殒亡者其数与普军相埒[2]。普军于阵生擒法兵二千人。

是日，普法两军方酣战于士卑沙连村时，普将献乘间袭攻之计，乃遣第十三队兵径渡沙河，顺取孚卜城中所有储蓄尽掠一空。法将富鲁实闻有是耗，故不敢退兵孚卜，遂由西南隅取道往圣亚和。当普军之进攻孚卜也，乘战胜之威，马骡卒奔，捷趋赴之。孚卜地在普法交境，适当塞纳河上流尽处，城垣建筑已久，未为宏整，然远近商贾

[1]翼，通“翌”。翼日，明日。

[2]埒，同等之意。

往来如织，车马辐辏[1]、廛[2]市殷阗[3]，亦一盛集也。是日，普军既至，法兵即出迎拒，自辰[4]至酉[5]，两军并力鏖[6]战，皆殊死斗。迨至日西坠时，法军力竭势孤，全师皆没。是日，普军大队云集不下十万，而法军仅二万，特时有援兵四至，皆为普军阻截不得前。而法军之陷于垓心者，一时间不得破围驰突而出，为普军或歼或擒，如刲[7]羊豕而缚鸡鹜，法国败北之惨，未有如是之甚者。

孚卜之地，四周皆深林密箐[8]，浓荫蔽亏[9]。初战之时，法军布于平原，极为空旷，而普军隐伏树间，炮击不中，得有所恃，还炮攻法，尽著要害，法军无地可避，遂至甚败。先是，法将麦马韩劝法王尽伐林木，曰："毋使敌人藉为蔽匿，以障我军之目。"法王不许，曰："是亦生物也，毋太残忍乎？"于时伤损法军，偃卧遍地，共相嗟怨曰："胡为率我陷于死地乎？若得普将统我之师，当不至是。"酉刻，城破，普军入而据之，四遭墉堞[10]尽隳。是日，来援孚卜城者麦马韩也，援师既集，而普王子大军亦至，一战败之。统计阵擒法军四千，斩首数千级，夺取巨炮三十五尊，墨迭儿鲁士炮六尊，大旆二杆，法所

[1]辐辏，车轮。
[2]廛，古代指一户人家拥有的土地和房子，泛指城邑居民。
[3]阗，充满。
[4]辰，上午7点至9点。
[5]酉，下午5点至7点。
[6]鏖，激烈地战斗。《新唐书·王翃传》："引兵三千，与贼鏖战。"
[7]刲，割。
[8]箐，山间的大竹林。
[9]蔽亏，因遮蔽而半隐半显。唐孟郊《梦泽行》："楚山争蔽亏，日月无全辉。"
[10]墉堞，城墙。

调阿耳支里亚之苏富士兵丧亡殊众，普军死伤者亦不下四五千。普军既奏大捷，军中举炮称庆，欢呼达旦。

八月六日戌刻，法京闻兵败消息，街衢间民情汹汹，骚动异常。翌日礼拜，法后临朝宣谕，臣民咸集，其谕曰："今日者，邻境不和，遽起兵戎，原非我国家之福。兵交伊始，乃有败北。但当益坚心志，处是逆境，内外和衷，小大一体，张我法帜，振我国威。予居尔众之中，期无尸位，期无旷职，邦之杌陧[1]系余之咎，邦之荣怀非余之休。告我民庶，乐业安居，奉公守法，以共享此升平。或有变乱，是与敌通，速正典刑，罪在不宥[2]，尚慎旃哉！毋自贻戚[3]。"于是，法京中悉布重兵镇守，城外炮台特派亲信人员悉心防卫。

八月八日，法京诸大臣谕民存心忠赤，一志赞襄，卫国保家，力拒劲敌。其告民之词曰："咨尔众民，我诚告汝，宜尽忠极虑为汝分内事，汝等要当同声气、一心力，齐发誓词，共赴战斗。兹者，敌军势盛，其众如林，猝与之遇，遂为所败。然而，我军锐志独存，雄心未挫，尔众当辅翼之，勉励之，俾其勇敢自奋，猛厉无前，一鼓而胜敌。夫人心固于金石，众志足为干城，同拒敌军，何虞不克？且胜负亦何常之有？如昔者荷兰之役、西巴士多卜之战，皆先败而后胜，若因此小有挫衄[4]而遽疑国势之不强，邦本之不固，则其罪大矣！如或不为之保助扶持，厥罚维均，凡我众民勃然振兴，与敌从事，自西自东，自南

[1]杌陧，不安，困厄。《尚书·秦誓》："邦之杌陧，曰由一人。"

[2]宥，宽容，饶恕，罪在不宥，意为罪大恶极，不容宽恕。

[3]自贻戚，自招忧患。

[4]衄，鼻子流血，指损伤、挫败。

自北，咸当赞襄礼吴河东境之民，以遏敌人毋逾[1]尺寸，我法民胜败相联，胜惟一心，败亦惟一心，上天鉴之，降福无疆！”

先是八月六日午间，忽有传捷音至法京者，言麦马韩已恢复威申勃城，大破普军，生擒敌兵二万五千人，夺获巨炮六十尊，并俘普王子，缚献法王御营，普王子不屈，拔剑自刎。顷刻间遍传四处，闻者意气飞扬，衢市中悬灯举旗，演剧集贺，并拟助赀送军中医治战伤之士。继有疑之者曰：“如是大捷，何未见有官谕宣示衙署中，抑何寂寂也？此必非确耗可知。”于是，信者亦疑，或有趋至衙中质诸官吏者，皆曰无之，民间始知为谣矣。究其所自来，一时不得端倪，恇[2]扰殊甚，久之乃安。

初，威申勃之失也，法京民人皆未闻知，继得英国邮报，始悉颠末。京中人无不震动，各裂眦攘臂作索斗状，市中强凌弱、众暴寡、无赖之徒嚣然不靖于时。忽有大声呼于众中者曰：“吾今日已报仇矣，特犹未竟吾志耳！”其声有似日耳曼人，众闻咸怒，趋前欲毁其屋，其人急入，闭门拒众，众不得入，乃以白垩书于门曰：“普民死在旦夕，其敢轻视我大法国哉？誓取伯灵，以雪是耻。”书竟，众各散去。继知其人乃业钱肆者，俄公使时与之交易，门上悬一巨鹰像，金碧辉煌，殊耀人目，后至之众争，欲毁之，有阻之者始止。或书一纸于鹰旁曰：“敬俄军”，视此鹰后，乃知其非普人，乃法人也，其人或妄意法胜普败，故有此说，而法人未之细察也。时法京商民闻

[1]逾，从墙上爬过去。

[2]恇，惊惧害怕。

警惶惧，阖境肆扰，猝拘银肆之司事者四人，以其运银出口也。日耳曼人之商于法国者，特诣地方公局，求其仍在法境寄居，贸易如故，公局许之。

普王子自威申勃之捷，军威大振，因粮休卒，即命进师。士马所至，无有阻之者，沿境所过村乡，见法国伤残军士络绎不绝于道。普将又以偏师取道于卑甸直抵法国之罗得毕境。八月六日，法将麦马韩自孚卜退师，扼险守要，以拒普军。法王在蔑士闻警，勖勉将士曰："嗟我有众，尚其勖哉！维兹敌人深入我境，凡我三军，奋力一心以从戎事勿懈。"自谕之后，法军无不踊跃赴敌，愿与普军战。

八月十四日，法王偕世子由蔑士启行，先往窝但，十六日退保沙龙。离蔑士时，法王谕于众曰："朕今暂违汝众，遄[1]征他往。惟汝忠义勇敢，固守坚城，余实嘉赖之。此地为我国之屏藩，全疆之要隘，汝勿使敌人得入一步。尚其锐尔志，壮汝心。我来汝众踊跃欢迎，朕极所不忘，朕必当来抚勉尔众，用谢汝功。"

八月八日，法国由蔑士调师往守瓦遮士隘口。法人以军数不足，征募勇丁，传檄国中："凡自三十岁至四十岁，身壮力健者，皆当为国宣力出授干戈，或保御边境，或建筑炮台，各勤职守。"计国中冲锋陷阵之兵仅二十有三万，大将麦马韩所统者五万，屯扎于亚威士呢士；大将乾拉毕所统者五万，屯扎于南士，均在其内，惟守城之兵不预焉。法人立巴彦为统兵大帅，节制诸军。八月九日，法国朝廷再集议事，主筹划者，阿利华也。法民汹愤，趋

[1]遄，快速，迅速。

集朝门，辱詈执政，皆谓御敌之无方略，实由执政不得其人耳。非然者，敌人安能得志于我国至于此极？寇深患亟[1]，伊谁之咎？一时间，喧声鼎沸，朝臣特饬兵士出外弹压，众犹未退。继而军士亦作怒曰："此非用兵之所，用兵当在疆场耳。"上院院长巴鲁大辟议院，宣谕于众曰："朝廷传谕，群臣集此会议，因闻兵败消息故也，然我兵虽败，而各营将士无不戮力从公，尚可恃之以无恐。兹所急者，首在筹措饷糈耳。宜设法增抽人税，招募新军四十有五万，以备调用。国中自二十五岁至三十五岁未有家室者，命其出充行伍以为护国之军，壮丁及守兵尽行出赴疆场。有不遵法令者，朝廷当按军律从事。"下院阿利华亦告于众，议事时，漫无班列，众论纷呶，莫知所主。

发孚起而言曰："王不知兵，辱国丧师，贻笑敌人，应请回銮别简[2]统领，举国之人无一不当执戟持兵，出从戎事，国之大政，本院宜暂摄理。"是论一出，朝臣中或有以为是者，或有以为非者，互相争。西门趋至公座前，捶胸大号。于是，阿利华、西门、花厘、以丹士伶、加拉文公爵、芝龙爹核，群相殴，声彻殿陛，院长鸣钟停议。诸臣中有责之者曰："敌军压境，此何等事？乃为此喧哄朝堂，毁辱体统，传诸邻国不且成为笑柄乎？"顷之，花厘、芝龙爹核、机利地厘三人告众曰："朝廷者，法国之所公举，非一人所得私据也。拿破仑第三兵覆地蹙，不称其位，请循一千八百十五年例，拒先王拿破仑第一故事

[1]寇深患亟，指敌人之侵犯愈发深入，大患迫在眉睫。

[2]别简，当为"简别"，甄别、鉴别之意。《后汉书·杨赐传》："且欲切敕刺史二千石，简别流人，各护归本郡，以孤弱其党，然后诛其渠帅，可不劳而定。"

废之。”众臣中亦未有答者，执政诸旧臣皆辞职归田，众特举满叨奔为大帅兼摄相事，别简廷臣以主国政。于是，兵部大臣摄行首相事，为柏力高伯爵（即满叨奔将军，前曾督统战舰来犯[1]中国天津者）总理内部大臣，司扶路户部、棉商部，都窝华工部，爹核刑部，克监巴列礼部，布廉总理外部，多亚阿云王子水师部，尖挪威利军机局。首领大臣巴臣俾罗、阿利华既去位，及出，国人争以瓦砾遥掷之。

八月六日，普法于孚卜交兵后，再有瓦士[2]之战。瓦士四周皆崇山峻岭，径路崎岖，其地为法国边徼重镇，危险异常，谚有“一夫当关，万夫莫开”之语。是日，要隘之所已尽为法军所据守，普军殊难进攻。山之前后左右皆葡萄园也，树木丛茂，弥望皆青，所有各处山谷可以进兵者，法军用炮堵御。日耳曼兵屯于苏儿得厘，法军既踞高山，普军后至，即于低阜建营。法虽以高临下使普军难于取胜，然普所驻扎者亦甚得形势，此法军不知地利之足恃，而甘以让之敌人也。

是日，法之大将麦马韩统领全师，飞厘干、刺毕二将为左右二翼援兵。两军合战自卯[3]至申[4]，未尝少息，炮火殷天，呼声动地，普军无不人人思奋，并力争先，法军不能当，遂离瓦士境，拟欲退入城中。于是，普军绕谷追之，三周其山。法军但知向前狂奔，并不发一炮也，两翼援兵皆为普军所截，各不相顾。山腰皆法国壮丁所屯，视

[1]“犯”，癸酉本卷二作“至”。

[2] 瓦士，沃尔特（Wœrth）。

[3]卯，破晓时分，即上午5点至7点。

[4]申，下午3点至5点。

其穷追，亦不下击。所调北阿洲之苏富士、太高两族兵驻营于葡萄园殆遍，亦复坐视不援。谷口之法兵既败，余众亦不能军，于是相率遁走，或有疾趋山巅者，或有伏匿林内者，或有从园中穿度逃免者。是日，普法两军相持六时之久，而普卒获全胜，以第五路军为左翼，第十一路军为中坚，第六路军为右翼，无不锐气百倍，以一当十，巴华厘亚兵尤猛悍，故创法军甚焉。法军阵亡者一万二千人，伤六千人，生擒者无数，带兵员弁百人。法之苏富士兵最残酷，既被伤不能起，偃卧于群伤者中，见有普军之卧地者，遂蒲伏而前，抉目割耳，无所不至，旋为普军俘获二十有一人，立决其首。瓦士城中庐舍衙署被焚过半，普军入城时，城中民与之相拒，击杀普军，于是，普军怒纵火毁其屋。战事既毕，大雨骤至，血并水流，溪涧尽赤，葡萄园中僵尸累累，互相枕籍，每园必有百人，伤残者尤众，一日夜举之犹不能尽，皆舁[1]至医馆调治，司其事者神父童贞也。又在园中搜获法军数百人，普军亦有死亡者，但少于法军，不及二十之一。第十一路统军普将波士受伤甚剧，其子亦损一臂。

论者谓："瓦士踞山屯军，最得地利，使法人以名将镇之，普军虽众，断不能下，乃法人既不知守险，又不知拒敌，有利器而不知发，有劲旅而不知用，是以卒为普军所覆取也。"是日，普营随军文士有目击其战者，谓："法军有必胜之机，可以驱普军处境者四，可以乘势克复瓦士者二，可以击歼普军者一，而皆坐失事宜，良可惜也。"

是日，两军毕战，时在酉初，普王子即在瓦士战场以

---

[1]舁，共同抬东西。

电报达于普京柏灵，奉书其母曰："今日战于瓦士左右，我军大捷，麦马韩以全师之众同时丧败，追奔逐北，溃伤者强半，法军见退守必治。"旋普王亦寄一书与后云："父列士克奏捷音，曷胜欣幸，惟上天恩佑我邦家，寅感之私矢。是役也，俘获不可悉数，凡获炮三十尊，蔑迭儿鲁士炮六尊，帅旗二杆，我军称贺，众口欢呼，于战场中举炮百，一响以为我庆。"

兹法将麦马韩瓦士之战，传者异词，最详者莫如普国营官檄文所云。为得其实，八月五日，普国第三军大营侦知法军消息，麦马韩屯兵瓦士西境，纷然筹御守之策，征集新军陆续乘轮车而至，于是传令普军分据各隘，留第二路巴华厘亚兵、第五路普兵屯于廉士卑、连多父两处，第十一路普军领命往札荷士历，其前列之兵屯营直濒沙亚河。遣第一路巴华厘亚军往屯于山，及林毕士历骑队留驻于桑年勃。普之华特军往屯于廉麻士威剌，守营之兵近扎在霞娇耐林树处，第五军前对之兵已于八月五日寅夜遄征，进屯于瓦士东隅高阜，沙亚河南岸皆法营，环错若聚星，一至夕间，火灯辉煌，彻旦不息。法军前茅建营与沙亚河西，即在瓦士及根士铁相对处。普营调拨既齐，然后大举决胜负。六日昧爽，两军布阵挑战，普军之居前队者，奋迅疾驰队[1]抵瓦士城下。相持至日加辰，普军右翼巴华厘亚兵炮声忽震，法军踊跃争先，勇气百倍，群发大炮还击。巴兵第五路普军立移炮队，往据东隅冈阜，从上击下，以为巴兵声援，轰攻数刻许，普将飞骑谕止，盖志在专力捣法军中坚也。

[1]"队"，癸酉本卷二作"直"。

巳初[1]，第二路巴华厘亚军为法军大炮所攻，难于久持，其中，第四枝兵适当前列，故退由廉北取道佛士多儿、兰尖萨士毕两处，径驰入弥士威，刺法军阵中，与之角战，至亭午，战方酣，忽闻军中止战之令下，时普将所传之令，但命第五路普军暂停炮击耳，巴兵误会其意，撤队退回兰尖萨士毕。于是法人遂以全军萃于瓦士，并力合攻第五路普军，其势甚锐，普将不支。适第十一路军至，突前翼助，普军见有援兵，气遂大振，力亦愈奋，击退法军，时诸路法军尚未齐来助战，故击之稍却，第十九队、第二十队普军径逾瓦士，进攻依萨疏，旋及孚厘士威刺。法军布阵甚整屹，峙如山岳，普军驰骤冲突以撼之，卒不能动一步。第九枝、第十枝普军往来迭进，合攻法军，第五路普军与法军战于瓦士西隅，力持良苦。迨至未正，普营中号令一新，统率第一路巴华厘亚兵，丹将军领命，留军两枝于笠山与法军决战，即督余兵取道于笠山、林毕士历，往兰尖萨士毕、瓦士交界处与第二路巴军、第五路普军相接应。助攻法军时，巴兵正战于兰尖萨士毕，普兵正战于瓦士也，第十二路普军调往依萨疏旋，力攻父厘士威刺，法军戈添毕兵移往根士铁，偕第十一路普军径渡沙亚河，巴甸兵留屯于沙亚毕。战至未正，普法两军人人思奋，诸路毕集，一时势撼山陵，声倾雷电。于是，瓦士、依萨疏旋、父厘士威刺三处之兵皆大呼角斗，法军先据父厘士威刺[2]高阜，下击普军甚猛。时第一路巴华厘亚兵已抵哥士多父，踞其形胜地，足资控制，但不能扼敌人之吭

[1] 巳初，早上9点。

[2] “父厘士威刺”，癸酉本卷二作“父理威士刺”。

耳。第二路巴华厘亚军往代波麻兵以拒敌，波麻兵自晨达午代窝得兵以战法，众至此，药弹俱罄[1]，故以精锐之兵代之波麻兵。既退，窝得兵整队复往兰尖萨士毕，重与决战，时戈添毕兵已进根士铁。战至申正，特调戈添毕兵取道于依巴士，以遏敌军退路。父理士威刺葡萄园中，法军萃焉，特调第一路巴华厘亚兵，驰赴击退之。当未申之交，法国援兵络绎而至，力攻第五路、第十一路普军，久之，卒为普军所败走。

当两军之并命于瓦士也，彼此均不能得志。其后，第一路巴华厘亚兵胜于哥士多父，戈添毕兵胜于依巴士北境，于是，法军夺气，乃始奔北。战事将竟，法国骑兵以炮攻普军第五路、第十一路。当炮队至时，普军静待其来，俟既近，乃突出击走之。酉初，法军退出父理士威刺，绕山而走，遁往必治。普军骑队之留屯于桑年勃者，于未杪调之至根士铁。翼晨辰初，追袭法军。是夕战罢，普军皆不归营，即于战场枕戈待旦，骑队进驻于根士铁，巴甸军屯于梳亚毕，终夜巡警，以备不虞。

法将麦马韩既败，退走沙温。翼日叙述战略，以告法王曰：“八月六日，瓦士之战，我军奔北，臣忝职守，惶恐万状，然实势迫于不得已，敢为略陈一二。是日昧爽，退师威申勃，训励士卒，据险拒敌，以期背城，借一得当，以报朝廷。因区第一路军为三：以一驻士打拉士卜，往趋必治铁路，防敌军之来侵也；以一驻窝士外各小乡，防敌军之遏绝邮传也；以一屯于窝士之东西山冈，守要据隘，以固我军之声援也。又分臣所统之军为三：以一

[1]罄，器皿已空。

扼瓦士城之右，立苏芬村乡之左，其地林木丛杂，宜于设伏于中，拨二队驻纽利勿，一队驻士妥，遥为犄角，以一取道瓦士往屯嘉士多孚群谷之中，其地冈岭迤逦，为敌军所必由，更遣一队建营其左，联络声势，以一扼瓦士城之左、依沙苏存村乡之右。布置甫定，而第七路残军纷然来集，臣加以抚循，附统于第四路军。辰刻，敌军突至嘉士多孚，争踞高阜，以大炮攻击我军，臣即出第一路、第三路军拒之，普军所发皆迭墨儿鲁士新制枪炮，锋锐莫当。臣所统第一路军奋然直前，力攻敌军右翼，不使敌军得据形胜。相持久之，敌将退矣，援兵猝来，前后左右萃于我军。战斗逾时，敌不得利，更出铁骑攻我右翼。时臣之第二路、第三路军正在冒危险、致死命，与敌相角，而敌以炮手从高下击，势莫能御。申刻，敌冲入我军右翼，阵动师奔，遂致败绩。臣惧我军之歼于敌也，即以师退，退时肃行列、按队伍，尚不至于乱次，以济以君之灵退保沙温，敬待谴责，伏乞速示进止。”

按麦马韩于八月五日薄暮，以普军围攻甚逼，即统第一路军由威申勃退走，欲据士打拉士卜往必治轮车铁路为拒守计，即于六日清晨调拨兵士，建置营垒，以待普军。区第一枝兵为二，左屯于富力威拉[1]（即瓦士之别名，法人呼之为富力威拉），右屯于烈沙坟林树下。以二队扎于纽威刺，以一队扎于科嘉士都儿。拨第三枝第一队兵往踞小冈之巅，此冈乃由瓦士往娇多父要道，又分第二队为两营，左扎于富力威拉，右扎于依沙萨善乡。以第四队扎于根士铁，与第三枝兵右翼相连，互为犄角。第二队建营

[1]富力威拉，即沃尔特（Woerth），瓦士别名。

屯驻之所与马布伦村相对。拨遣甫竟，第七路残军陆续来归，乃令附于第四枝军之后，俾为殿于第三枝第二队、第四枝第一队营阵之间，拨第二枝之余勇介于其后，用以弥补阙伍，此队之外乃萨雕儿将军所统之轻骑，搬尼蛮将军所督率之铁甲兵也。第四枝右翼之后乃棣司肥将军所领骑兵也。

是日辰刻，普军取道于娇多父村而至，卒奔马骤，炮声震山谷，轰攻法之第一、第三枝兵，两军相接，彼此鏖战。法之第一枝兵奋勇争前，特张右翼，力拒普军，不使其进逼营垒。顷之，普军至者如蜂屯蚁聚。时法军方踞梳亚毕溪之右，普人以炮隔溪攻之，飞弹骤如雨集，顾普军势虽甚锐，而法兵志气不挠，无不踊跃赴斗。普之偏师竟为法兵所击退，相持至午，普人攻法军之右，将以蹈其瑕[1]也。普人特选精利枪队冲锋步卒，命中炮兵驰登根铁士高阜，力击第二枝、第三枝法兵，每发必准，法不能当。时第二队法兵方据依沙萨善乡，苦持力抗，绝不退避，其炮军虽精练，其骑队虽整齐，但终不及普军之善战。角斗数时，法之右翼先奔，阵伍零落不成列。追至申杪，麦马韩下令军中拔阵退师，命第二枝军为殿，以保卫各军，俾普军不敢穷追见逼。法军取道于尼得布伦，退驻沙温，于时第五军统兵将军李拔适至其地。

是役也，在阵伤亡将士一时不知凡几，或谓麦马韩于是日调师遣众，整练有法，统十万之众，指臂相连，呼吸相应，有若一人，而卒至于败者，以普军特出多众，萃攻遂至，众寡不敌也。战时麦马韩坠于深坑几死，幸有援之

[1]瑕，空隙，指可乘之隙。

者，乃得出。初，法自瓦士兵败后，久不得大将麦马韩消息，或疑其已授命[1]于疆场间，不知非死也。盖是日当战时，麦马韩骤马往来，指挥军士，最后马忽失足陷一堑中，深不能起，时麦马韩已瞑眩弗省，继有军士过其地者，闻堑下有呻吟声，异而窥之，乃麦马韩也，遂援之起。

七日，有日报主笔文士道经南士，见麦马韩乘病卒之车长驱而来，欲取糗糒于城守将军，盖彼军不食者已一昼夜余矣，枵[2]腹雷鸣，饥肠如辘轳，委顿之状殆不能堪。所有后队载粮之车尽为敌人所俘夺，故其惫如此。麦马韩步行入城，守军营营中军士无一识之者。于时，麦马韩自顶至踵，尘垢狼藉，左右护肩悉为炮弹所毁，战衣前后已有数弹孔，有一飞丸至，碎其护镜，手亦受微伤，众军睹其狼狈情形，莫有知为大帅者。顷之，城守将军知麦马韩至，遂出迓接甚恭，急命取食物至，供给军士。麦马韩亦饥甚，口嚼干糒而手书奏疏，既竟，即乘轮车他往，军士糈饷随其后。当出时，或有问于麦马韩曰："我营甲士尚无恙乎？"麦马韩摇首叹曰："无一甲一兵存矣。"

法国军制别有一等，着甲军士以备冲锋陷阵之用，即所谓精锐也[3]。八月八日寅正，天未昧爽，法王犹在蔑士大营，递急音与后云："今者朕营与麦马韩信音中阻，自昨至兹，未得其军中消息，据别将挨哥儿所云，谓麦马韩因众寡不敌，遂至败走，彼时，敛军而退，队伍先后

[1]授命，献出生命。《论语·宪问》："见利思义，见危授命。"朱熹集注："授命，言不爱其生，持以与人也。"

[2]枵，空虚。

[3]"法国军制别有一等，着甲军士以备冲锋陷阵之用，即所谓精锐也"，癸酉本卷二为小字，做注解。

无不整肃有法。沙河左右之战，初以为无关大局，迨后，敌军续至者愈众，然我国第二路军奋力持击，未甘退让一步也。斗至酉正，敌军大队继进，于是我军退屯高阜。是夜，颇称镇静，今朕自处中坚，扼守要害，以期居中调御，制敌获胜。”

卯刻，法王又寄第二书与后云：“昨日，孚卜之战助第三路军出攻者，仅有两枝兵耳。拉麦路、飞厘两将所统之军以及翰临军皆驻守营垒，按兵不动。是日亭午，两军相接，兵气甚壮，尽锐争先，初以为一鼓可下耳。然林树中所伏普军势若蚁聚，时踊跃出击，冲突我营。相持至暮，我军纵横要击，志无少懈，彼军已隐有退心。忽普人有新兵一队由沙河左右窝甸村而来，大呼驰骤以前，我将富鲁实之军为所击退，今日收集溃卒屯于蔑士，闻麦马韩战于富力威拉，临阵伤亡者约兵五枝，其故因飞厘将军未能与之合力夹击也。至其进退战守方略如何，迄今未知其详。传闻骑兵亦齐出战，普营所用者皆墨迭儿鲁上炮，命中及远，发无可御，我军死者如积。”（以上皆法王之书）。

法自威申勃、孚卜、瓦士三战三北之后，士卒委靡，疆圉震动。法将麦马韩知沙温必不能守，不如南士有险可据，足以待敌，于是又退屯南士。自此，法国边境诸要地望风瓦解，如孚卜、胜晏、和沙厘、窝甸科、娇门科力呢、尼得布伦、威申勃、罗得毕等乡。霞交嫩、沙温、沙厘、娇棉皆为普军所据，传檄以定，争先纳款。科士毕必、治士、打拉士卜诸城亦为普军所围，环攻以重困之。法将坚拉白时筑营于沙龙，知军心渐涣，乘间问统兵员弁曰：“军士有嗟怨者乎？”对曰：“有之。”皆宣言不愿从军，欲归京师。坚拉白盛怒作色曰："汝非法人乎？朝廷养士正于斯时，我侪报国亦在今日！"遂取选事兵士，数其罪而诛之，军中始肃然。

瓦士战后翼日，法将钱加拿谒见法王于蔑士，缅述是日之战，法师大奔，被擒者六千，伤亡者五千，败走之时，漫无纪律，军中辎重委弃一空，继为普国骑兵乘胜穷追，则并弃其器械甲胄而逃，普军战死阵伤者三千五百人，法军败北未有若是之耻也。越一日，普将移檄诸营，叙述威申勃、孚士、瓦士三处战后进师方略，云："前者以君威德，将士用命，捷音屡奏，三覆敌军，敌之西隅诸省已为我军所攻入，我将卑敦比耶统兵踞敌炮台，不忍多至杀伤，谕令投诚。敌军依附险阻，悍然拒命，今攻具已齐，进攻在即。摩思厘河[1]为普法两军往来通道，由蔑士达南士自北至南皆当冲要，为我军所必争，故我大将士颇密士统兵近在其地，沿河悉守以重兵，敌军半渡即可击也。郡王之兵距河稍远，王子大营又在其南，三营相为犄角，互作声援。顷闻敌军速集师，徒争踞形胜，恃其地利必来再战，以图复仇，其与我争战之地必在蔑士、南士、摩思厘河滨，昨已传檄告谕我军，慎为之备。我军首尾相连，呼吸可应，我之骑兵已潜蹑敌军之后，夤[2]夜疾趋，虽蹂躏于风雨之中，亦无所惮。敌军之行虽速，必无暇聚众矣。今敌军退守摩思厘濒河诸地，法王大营由蔑士屯至瓦顿，预为走避计。我郡王已统前队，由巴厘德毛辰

[1]摩思厘河，摩泽尔（Moselle）河，亦译莫塞勒河，莱茵河在德国境内第二大支流，仅次于阿勒河，也是仅次于莱茵河的德国第二大航运河流，被称作"德意志之母"。

[2]夤，深夜。

径趋瓦顿，我军未至，瓦但炮台敌已委之先去矣，枪炮辎重尽为我得。当敌军将退时，我大将士颠密士之兵先至，争登炮台，用敌炮以攻敌军，截其所往，敌军皆匿避土垒后，虽突出，然伤已过半，此敌军近日情形也，谨伏其事如檄。”

瓦士之战，法将麦马韩所统之兵不下二十万，既北，收集残军由沙温退守南士。普王子即率十五万众追之，轻骑深入，距法王蔑士大营仅六里许，乘胜进攻南士，八月十三日，遂下其城。普国骑军已集蔑士，不日大举决战。按普所用火器，专恃墨迭儿鲁士炮，迥与别炮不同，制度略如六门枪，四周有八轮，皆可旋转，每轮纳弹三十七枚，一瞖眤[1]许可施放八轮发弹，二百九十六枚炮，形不甚广巨，其用极为迅速。八轮皆以螺丝嵌入，不用之时，即可卸置，倘若临阵败北，即将炮身分散委弃，敌军得之亦无所用。按制造此炮工料亦不甚费，今中国铸炮局中若能仿而行之，用以剿贼，必可速收其效也[2]。顾普法用器同而胜负不同者，非制造有优劣，在乎善用与不善用耳！普国有一种新制火药，系军局中独得之秘，不轻示人。其药用棉花为质，造成如纸，乃以化学炼就，较之硝磺所制者，价廉而力猛，而又便捷异常，且燃放之后绝少渣滓，此普所以胜于法军也！

况乎行师之要，首在乎明山川之厄塞，审道路之险夷，必其曲折隐微洞悉于心目之间，而后设伏进兵，咸中

[1]瞖，勉强；眤，小目。瞖眤，一转眼间。

[2]“按制造此炮工料亦不甚费。今中国铸炮局中若能仿而行之，用以剿贼，必可速收其效也”，癸酉本卷二为小字，做注解。

要害。普国统兵之官，自副协偏裨[1]以迄总长弁目，夹袋中无不有《法国地理图》一册以为指南。图中所载何处有山冈，何处有川河，何处有城郭，何处有村乡，其大小远近、街市里闾纤悉咸备，朗若列眉。他如山溪之高深，兵防之险固，粮储之赢绌[2]，戍守之单厚，敌将之优劣，民俗之醇浇，若者难攻，若者易取，若者宜战，若者宜守，若者当先，若者当后，若者可以缓，若者可以急，无不一一详录。创画是图者，军师毛奇也，军中皆奉为依归，是以所向克捷，势如破竹。夫古者军行，乡导为先，盖不知地理，兵法所忌。今普国大小军员于敌国地理明晰如此，披图一览，了如指掌，宜乎胸有成见，敌无遁形，必胜之机若操左券矣。

按法国地图之作，盖创于毛奇。毛奇具有深识远虑，生平韬略所长尤在地理。一千八百六十八年四月，毛奇潜至法国，相度形势，窥察险隘，每至一处，则以笔绘图，曲尽纤微。初，宿于巴塞斐，跻其高阜，旷览四周，并登炮台，详稽远近。次日至沙鲁士，时法人已知其至之消息，即遣守备参苗儿由法之里鄢市，潜蹑其后，而以其若何举动密达法王。一日，天雨淋漓，毛奇亦冒雨遄征，不复暂驻，至瓦低温那乡，又至般乡，旋至地厘富孚，翼日，即由地厘富孚至摩思厘。凡毛奇所至之地，守备缕述其行踪以电报上告法王，并请嗣后必穷其所往否，法王命其遥从勿止。

[1]偏裨，偏将、副将。《汉书·卷七十九·冯奉世传》：“护军都尉韩昌为偏裨，到陇西，分屯三处。”

[2]绌，不足，不够。

毛奇因是绘有法国舆图，曲折细微无一不具。毛奇先至普法交境，于沙勃勒邑小住一日，筹度守御之方，布置周密，殆无遗算。同时，普郡王著一书，备言攻战之法，即所谓《制法刍言》者也。呜呼！普法战争之举，人皆以为兵衅由于法，无不指为戎首祸胎，抑知普人久已蓄伐法之念，其处心积虑已匪伊朝夕矣，观此一端可知矣。

逸史氏王韬曰："普之与法战也，越境而攻人之国，悬军深入，普客而法主，普劳而法逸，普攻而法守，其难易之间，迥不相侔[1]。宜乎法胜而普败，乃普用兵以来，所向克捷，势如破竹者，何哉？则普军明于地利故也。战事初兴，凡巴华厘亚兵一旗则给派地理图数万幅，图中绘画详明，彼疆此界纤悉备载，是以一至法地，凡遇崎岖曲折之处，无不了于心目，即属至小村落农人三五家零星杂居者，图中无不一一毕具。其图系以影像之法照出，精妙便捷，曲尽细微，系用麻纸染印，坚韧柔密，最可经久，且可无用别纸装潢，其费甚廉。舒之则成巨幅，折之则止一方。行军之初，颁发二百万本于营中将士，均贮之于怀中夹袋，取携良便，苟有敝渝[2]，则更易新者。军士以此稔悉地势，按图阅历，洞晓胸中，临战用之，设伏堵要，出奇无穷，乌有不胜者哉？[3]论者谓普法交兵之始，由明者观之，胜负之数已可逆料矣。法有必败之道三，曰骄兵

[1]侔，相等，相齐。

[2]敝渝，破坏改变。

[3]"逸史氏王韬曰："普之与法战也，……乌有不胜者哉？"癸酉本为小字，做注解。

也，愤兵也，佳兵[1]也。普有必胜之道三，曰理足也，气盛也，不得已而用之也。迩来欧洲诸国发奋自雄者指不胜屈，而普国尤其卓然表著者，何则？其君怀仁爱之心，其臣皆经济之才，其君臣上下励精图治，亦既有年，虽不胜嗹，伐墺制法，而国势之隆亦莫之与京[2]焉。”

《普法战纪·卷四》终

乌程钱徵昕伯校字

[1] 佳兵，好用兵，唐陈子昂《送著作佐郎崔融等从梁王东征》：“王师非乐战，之子慎佳兵。”

[2]京，大。《左传·庄公二十二年》：“八世之后，莫之与京。”

卷　五

南海张宗良芝轩　口译
吴郡王韬紫诠　辑撰
杨汤琛　校注

法自与普交兵后，仅据普之沙勃勒[1]城，小为得利，而旋为普军所驱。普入法境，一战于威申勃[2]，而法之都异将军阵亡；再战于瓦士，而法将麦马韩全军溃北；三战于孚卜，而三军死绥，俘获伤亡不可胜计。三城既失，全境皆震，霞交嫩、沙厘金门相继陷没，于是，下有离心，士无斗志，盖不必待蔑士、师丹之战，而势已不可为矣。

法国日报劝民激发义愤，宣力王家，举国兴师，以决一战，且勖以外以卫国，内以保家。朝议增益兵额，先调一千八百五十八年至一千八百六十三年退役军士未经受室[3]者，复出当兵以备战；次调通国人民无家室子女者，由二十五岁至三十五岁皆出为兵以备守；议加师饷至一千兆佛狼，特制钞票二千四百兆通行国中。谕遣第二队铁甲战舰再出都华河，拟驶至北日耳曼波罗的海滨进攻其城，以解蔑士之围。特船[4]所恃者，专在煤炭，法国所产，即供境中所用犹或不足，而当军兴之际，不能售诸邻境。盖按《万国公法》，凡值彼此构兵，毋得偏助，有售以军中所需各物者，即为违例。不独器械、药弹为厉禁也，英朝廷亦出示晓谕，商民不得载煤出口发售与战争之国[5]。是以法虽战舰林立，而未能用之以收其效，此由于始事之鲁莽，临事之仓卒，志大谋疏，不预储蓄，遂至束

[1]沙勃勒，又作“沙北勒”，即沙尔布吕肯（Saarbrücken）。参见卷二“沙北勒”条。

[2]威申勃，即威森堡（Wissembourg），又译“维森堡”。参见卷四“威心勃”条。

[3]受室，娶妻。《左传·桓公六年》：“今以君命奔齐之急，而受室以归，是以师昏也。”

[4]“船”，癸酉本卷三作“轮船”。

[5]“英朝廷亦出示晓谕，商民不得载煤出口发售与战争之国”，癸酉本卷三为小字，做注解。

手。不备不虞，不可以师，[1]信哉！

英当普法始交兵时，有商人之牟利者，私载枪炮、药弹售于法营，旋为普国所缉知，移书诘责，欲英自是严军器出口之禁。英国廷臣多方辨论，谓“此非公法本意，敝国势不能令商人因是停止贸易。若普国与英商购售，亦不在禁止之例，或彼或此，本无容心，此不得为敝国罪也。”法镇来因河大将礼布父以事不可为，欲挂冠辞职而去。西班牙京师闻法兵败之警，无不震惧，缮治甲兵，自为保御。

八月十一日，蔑士军营缉获普谍士姑耳[2]，乃法国人也，士姑耳本法国来因河人，故富家子也，普法军兴，遂充侦使。先是于七月十九日，普兵将欲入境，士姑耳往士打拉士卜城，谒见总督兵马大将军雕哥律，自白：“愿竭犬马力报效国家，鄙人素居于来因河滨，家赀殷富，平日间以结客为豪，四方之士趋之如骛，而于普国将士尤与之往来相稔。盖河滨正当孔道，普人之出入于其间者，仰余好客之名，无不愿交欢于余。但余心常嫉普人以其国势雄盛、士马壮强，骎骎然将有图法之心。故于普人之来，无不阴忌之而阳纳之，冀收为他日用，今则正其时矣。窃不自揣，愿效驰驱，入普营探其军情，未识将军之意有可行否？”雕哥律将军嘉其诚挚，欢然大悦，抚其背曰：“子真[3]豪士哉！欲悉普情，舍子将何所用哉？”即与设盟立

[1]不备不虞，不可以师，语出《左传·隐公五年》，谓不作好准备，不预料敌情、事先规划，就不出兵作战。

[2]士姑耳，威廉·约翰·卡尔·爱德华·施蒂贝尔（Wilhelm Johann Carl Eduard Stieber）。

[3]“真”，癸酉本卷三作“正”。

约，畀以佛狼银钱一千枚曰："以此供路途间需用，他日功成，必当厚以相报。"士姑耳得银，随即束装启程，遄往普营，沿途风景详书于册，经大帅麦马韩营，随即入见。既抵普人营中，悉以见闻告之普官。由是法军举动谋为悉为普人所知，即筹所以破之之法，而先为之备，以致法军在威申勃、孚卜、瓦士三战三北。

及其由普营回也，在七月二十六日，仍往谒雕哥律将军，以普营虚实述于其前，且大言曰："以我所料，普军不难指日破也。"雕哥律喜甚，优畀重赏[1]，命："以后若有所闻，再当告我。"此时其诡谋犹未露也。嗣于八月十一日，由蔑士外乘小车游行，觇视形势，回顾踌躇。法军见而疑之，观其状貌魁梧，品格端重，固俨然君子人也，年约四十许，以短视目戴金镜，军士窃随其后，觇其所向，旋以手拍其肩，士姑耳回顾责之曰："汝何以手拍美国人肩乎？"军士以其自言美国人，益异之，遂搜其身畔，于囊底得一官凭[2]，朱印粲然[3]，启观之，乃普将苏厘士奇所畀者，八月六日书于美娴文凭中云："兹准携此文凭人士姑耳往返于我营之间，各将士勿得阻挠。"又搜得金功牌一面，乃普王御赐者也，有一官凭则系巴甸邦俾亚将军麾下烈星奇都统所书，军士因知其人为敌营间谍，自喜得之甚易，遂解往营官按军律审办，旋定以死刑以警效尤。噫！士姑耳以一身间两国，卒之身僇[4]名辱，徒丧其躯，为人玷笑。彼之自以为巧者，正其拙也；自以为智

[1]"优畀重赏"，癸酉本卷三作"优赏重资"。

[2]癸酉本卷三句末有"焉"。

[3]粲然，鲜明的样子。

[4]僇，侮辱。

者，正其愚也。

时普法贸易商人互相往于来两国者[1]，仍居境中，尚无禁阻，法国欲尽逐之出境，恐其或有不靖[2]也，特谋定未即发。普王知其谋，即传谕法商云："汝等来商余土久矣，必乐我国法度之宽简，喜我民贸易之公正，今者事会艰难，不无有所顾虑。然我民与尔耦居[3]无猜，悦共相处，尚其操业如常，无事迁徙。汝等非违法妄动，我军必保卫汝身家一体无异视，慎之毋忽。"于是，法商无不颂普王之仁，仍旅普境如故。

普商之侨寓法京者一千四百家，至是尽为法人所驱，仓皇转徙，狼狈道途。普人闻知，咸为不平。前普王銮驭离沙勃勒时，檄谕法民云："为布告普军所攻下城邑境内居住法民事，兹者法王拿破仑大兴水陆诸军来攻日耳曼诸国，而我国至今尚思与法民相安无事，惟是逼于时势，不得不出于战斗，用是不穀[4]亲统六师，特过法境拒之。我军虽与法军战，然非与法民为难也。若法民不妄攻击我军，则我国亦必保其身家，全其性命。兹特明谕汝众，凡我各路兵丁将士无不恪遵约束[5]，谨守奉行，一切军中所需必依定价与汝购买，普法通用银钱亦当一准公平，用便军民交易，汝众其各知之。"

[1]"往于来两国者"，癸酉本卷三作"往来于两国者"，当是乙未本倒文。

[2]不靖，不安宁，不平静。

[3]耦居，两人同处。清昭梿《啸亭杂录·西域用兵始末》："又以额驸色布腾巴尔珠尔为科尔沁亲王，与阿逆言语相通，气类相近，令与之偕行，俾耦居无猜，实阴伺之。"

[4]不穀，又为不谷，与孤、寡意思相并列，比喻人没有德行，所以绝后。古代王侯以此自警、自谦。

[5]"恪遵约束"，癸酉本卷三作"恪约遵束"。

八月十一日，法各路援军及新选壮丁俱至蔑士大营，军势稍壮。十二日，法廷命德禄苏为大将，统制第十二路军，屯扎于沙龙；又命巴彦为大将，总制第二、第三、第四路军，镇守来因河。是时，普军游骑四出，各路雄兵同时并进，前队之侦伺营垒者已至摩思厘河。普将分兵为四，深入法境，一攻法之士打拉士卜，围之数重，危迫异常，法之守城将军余烈婴城固守，誓与城存亡，故猝未能下；一郡王所统，侵法之潘谈毛辰，欲以偏师据守其地；一王子所统，取法之南士，攻两日下之，为普军所据；一士颠密士将军所统，直攻蔑士，皆骁勇骑兵也。适与法军遇，彼此决战，皆殊死斗，经两时许，法军奔溃。此外更以一军为各路应援，遥驻士打拉士卜城外，扼守轮车铁路，使由厘安至法京巴黎之道阻遏不通。于是，法军知不可支，纷纷撤守退兵。普军乘胜追袭，马蹄蹴踏之声不绝于道。法军至摩思厘，余众遁入内地，散驻于瓦电城、力天毕城、廉士鲁城。法军竟夜狂奔，几于马不驻辔、人无停趾。普之大军至是直抵蔑士，八月十四日遂有蔑士之战。

初，两军屯于蔑士，互战相持，未有胜负。法将麦马韩拟驻沙龙，以待援兵，然迟之已久不至。十四日晨，巴彦出战，大举对垒，法兵六万，普兵七万，自午达申，各未获利，普法两军猛力相扑，有如两狮之奋斗。迨日将西坠时，普前队军士见法阵已动，渐有退志，盖军士欲退入瓦墩，再往沙龙，为守避计。普将哥耳士知其可乘也，乘势奋击法军于棚邑，法之统兵战将为德乾，死力搏拒，殊甚危急。法将富鲁实觇知之，尽率倾城之兵来援，普萨索尼邦将军革林麦率第二路飞骑迎敌。方相持间，普又遣甘密、冷芝耳二将，统帅攻法之左翼，纵横驰骤，猛锐莫当。法军众寡悬殊，遂不能支，普军尽驱之入炮台。法将拉麦罗围攻普军右翼，绕之三匝，势濒危矣，而普之援兵骤至，普将蛮雕飞统率余勇，猛毅罕俦，谓其下曰：“汝众当依吾鼓声而进，退则有诛！”鼓声初震，军士皆奋迅冲突而前，如狂飙急雨之莫御，法军大败，普将长驱逐北，追之至近始止。法军之在后者，枪已及背矣，法军尽退入城，阵伤者四千人。是役也，迭战三日，两军死亡者不下十万，法约五六万，普约三四万，尸积如山，血流若渠，诚为自古未有之血战也。

初，巴彦本拟于八月十五日出战，因是日为法王生日，欲大举获胜为法王贺。不意为普人所觇知，先一日击之，是以猝至覆败。巴彦气愤填膺，大为扼腕，乃自巡各营，抚循士卒，于壮健者勖之，创残者恤之，令于军中曰：“缮甲治兵，秣马蓐食[1]，明日再战。”普将知其谋，相议曰：“何可使其蓄养精锐以图我！”薄暮复突出劲骑攻之。法国四将拉麦、路飞、利德乾、富鲁实重整队伍，再与决战，富鲁实麾下兵力最寡弱，因歼于沙勃勒之战也。普将士颠密士统第一、第七两路军为左右翼而出，兵锋始交，战犹未力，法军藏身土窟中，枪炮所攻，藉为障蔽，先是，巴彦知普军不易胜，遂为持重计，命军士掘土成濠，外垒而内堑，恃以拒守，及战遂用是策。普军阻于坑堑，未得遽前攻击。逾时，法军渐懈，普军乃猛扑，越堑而进，法军群奔他堑避之。普人乘势逐法军，由此堑驱

[1]蓐食，早晨未起身，即在床席上进餐，谓早餐时间很早。《左传·文公七年》：“训卒利兵，秣马蓐食，潜师夜起。”《史记·淮阴侯列传》：“亭长妻患之，乃晨炊蓐食。”

至彼堑。时天已曛黑，法兵遁于炮台不复出，法将巴彦欲由蔑士至窝但，屡为普军所截，不得进，以普将士颠密士屯于蔑士、普郡王屯于潘阿毛辰、普王子屯于南士三处，皆有重兵堵扼故也。是日之战，兵愈盛而斗愈力，法将巴彦所统不下十三万，普将士颠密士所统亦不下十余万，两军计二十有五万。战时，普军面东北，法军面西，仅距数武地，相持进退数次，继而火器互发，烟焰蔽空，普军冒危冲突，猛厉无前，法军遂北。有普士随军记录云："是役也，生擒法军二千，大炮七尊，帅纛[1]二杆，法之大将富鲁实、伯爹耳体皆为飞弹所伤，阵亡法将二。"

普之迂兰军最骁勇敢战，所向披靡，是日，驰入法军队中，几获巴彦，左右从官二十人悉歼焉。因昏暮不能见，始止。收队之时，两军各自言胜，以法言，拒退普军，得复所据之地；以普言，大挫法军，法军虽多，仍驱之回蔑士；实则胜负相抵，杀伤相当，法军虽夺气，然尚可用也。

十六日，普大将阿云泉督率马步各军，区为三路，由蔑士启行，兼程而进，专向瓦顿[2]取道于西隅，其路为敌人退师之所，故潜蹑其后翼，袭而覆之也。十四、十六两日，迭次鏖战，普军虽多于法，然不能驱之即退，以法军人人并力奋击也。但法军所踞，虽得地利而不知守其所为，亦未尽人事，此所以卒至于败也。战时，结队立阵，参差不整，军士亦非萃于一处，或布于东，或屯于西，错

[1]纛，古代军队或者仪仗队的大旗。

[2]瓦顿，凡尔登（Verdun），法国东北部默兹省城市，在默兹河西高地上。罗马帝国时始建为硐堡，战略要地，历史上普法两国军队曾多次在此激战。第一次世界大战和第二次世界大战中均为兵家必争之地。

落若晨星不相顾，应使其并力合攻蔑士之围，未必不可解也，又安能攻瓦顿、取沙龙，而骤至于京师[1]？当战于弗莱池威腊乡村间，枪队施放火器，锋势正锐，而一时间药弹忽尽，严催力促，良久始至，及启柜观之，敝革履盈其中而已，盖有嫉巴彦之成功者，故以此沮之也。设斯时得以接济，则普国郡王之兵必可退走，而普军势孤矣。议者谓普军越境远攻，无虞不给，法军近在国中，反多掣肘，诚所未解。

是日战时，法王驻军朗威儿村，王子从官随侍左右，普军未知法王之在是村也，否则必以长炮巨铳专向轰击。然飞弹蔽空，已有陨于法王前后者，大帅知之，飞书至营，请法王驻跸他所，法王乘马遽去。顾四周皆有普军耳目，偶一不慎，即为所截。俄有导者至，引法王从葡萄园密林中行，依树循涧，透迤甚远。有一处距普军仅四五里许，以法王皆从小径盘绕故，普王未及知也。行约二时，方遵大道，先抵革利父辣，后至瓦顿，驻跸一日，以城小守单，恐不足当大敌，遂去之。由瓦顿乘三等轮车至沙龙，命人翼卫王子，避兵他所。时，法王子犹服宝星之衣统领众军，行经一山，溪涧交潆，景甚幽寂，王子悦之，小坐沙上以杖画沙作人物形，其从容暇豫如此。

十四日之战，普军阵亡者一万七千余，法亦受创。十六日之战，两军布阵于摩刺多，普军十五万，法军十二万，普大将士颠密士为前锋，郡王继其后，法大将巴彦为统领，次将拉麦路[2]为右翼。日加辰，兵刃始接，普

[1]京师，法国首都巴黎。

[2]拉麦路，即拉德米罗，麦茨军团第四军军长。

大将士颠密士率第三路骑兵横截法军，普国第十六路、第五路孛兰登北兵及第三路步兵从之继进，互为声援。于是，法军中断，法将富鲁实率第二路军，欲向瓦顿进发，至是为普军所扼，不得前。两军争踞险要，并命相角。法将拉麦路统右翼之军，奋勇驰入普阵，击败普之揽散兵士，搴[1]其帅旗。法战将礼其伦骤马直前，迭发数枪，击毙普将威第儿、多迷二人。而鲁挞、鲁志二将亦被创甚剧，普挨儿勃王子之骑兵弁目亦中飞炮死。两军互持至三时之久，杀伤相当，各无胜负。普郡王统第八、第九、第十路军来援，其至也，势若潮涌，萃攻法之第二路军。巴彦见法军不支，遂偕德乾、拉麦路、坚拉白并御林佽飞军分五路齐进，助击普军。于是，数十里间皆作战场。由蔑士至瓦顿之路为单安润乡、歪安尾儿乡，皆为普郡王之兵所屯，法军欲前不得，不得已退守蔑士。战至日暮，始各罢兵，法军阵亡二千人，被伤者一万五千人，搴其大帜一杆，夺获大炮七尊。法兵虽不得瓦顿，而普军在蔑士左右所结营垒，至是尽为法人所得。故法将巴彦移檄诸军，谓“是战尽驱敌人出蔑士，以捷闻于朝”。

战之明日，普王偕军师毛奇、首相俾思麦及左右从官往观战场，所过之处，军士皆鹄立于道，大声呼曰：“今日我军告捷矣，断不使法之一卒得脱由蔑士而遁于瓦顿也。”众行既近，见蔑士之外，于亚士村、利娇尼士村、般尼村、哥林比村相间之处，弥望空阔，皆前日两军血战地也。当战时，法军屯于蔑士东[2]，所结营垒三，有

---

[1]搴，拔取。

[2]“蔑士东”，癸酉本卷三作“蔑士之东”。

若鼎峙形，地步极旷展。（法语纪龙密塔题促者九）创残之卒不以普法为区别，皆舁至医馆治理，两日举之犹不能尽。有登高阜而望者，见摩思厘河右尘埃蔽天，知法军向西退矣。法将巴彦本欲遁走窝但，移往沙龙，今为普军所截，仍留蔑士。八月十七日，日加申，普将士颠密士统领第三路军骤至，巴彦即出应敌，排列队伍作长阵，皆近依土垒以为障蔽，俟敌施炮则匿身堑中，敌前则还炮击之，发炮虽缓而多中。久之，普军奋力越堑而进，法军遂遁附近数村落，坑堑纵横，筑垒蔽之，猝不易攻。普军死伤殊众，列前茅者，尸相枕藉。是日之战，法拒而普攻（英国语攻敌为了芬肆夫，拒敌为的芬肆夫），法军隐伏土垒，燃枪时仅出其首，故被伤多在面目间，偃卧道左者，亦复累累，曾见一堑中创残法兵计一百八十一人。相持至暮，法军始入蔑士炮台，退时皆狂奔乱次，漫无行列，未伤之兵，亦从之俱走。巴彦所统德乾、富鲁实、拉麦列三将麾下之兵被擒殆尽，或言其持戟不战，束手受缚，是以甚败。

是役也，普郡王大捷于蔑士，普王子大捷于鲁尼微，皆雷轰电骇，石裂山崩，力战而后获胜者也。自此一战，巴彦之兵不复敢西向矣。普于是建筑铁路，转输军实，以资接济，路成可以直抵蔑士之南，兼可径趋东北，使沙勃勒、蔑士、囊西（即南士也）[1]三处相为联络，即不得蔑士，亦可来往无阻。所造铁路仿亚墨利加[2]人建于平原之法，殊甚简捷，不日可就。建筑工匠日有数千人，或有拘法人为之者，以法人多在蔑士城外缮修炮台、增置土垒

[1]囊西，南锡（Nancy）。参见卷四“南士”条。

[2]亚墨利加，今通译作北美洲（America）。

故，招之殊难也。普人又用电气秘机传递军事，其报捷速如神，第悬空铁线时，为法之农人所断。铁路既成，皆以轮车转饷供应军需，糗糒、刍粮、器械、弹药无不充给，于铁路两旁削树为电线之柱，每当战陈之后，军士无不邮寄家书，慰安戚属，顷刻往还，尽为欢悦，故士卒无思家之念，斗志百倍，乐于致死。

蔑士之战，法王退驻沙龙，法王子未知所适，莫得详其踪迹。或云八月十四日未刻，法王由蔑士启行，退入瓦顿城。是日，法军渡摩思厘河，是夕亥刻，法王驻驾泰安利威，传檄法京云："法军渡摩思厘河时，甫至半渡，为普军所击。法军与之奋力相持，历两时许，战退普军。"十七日薄暮，法王驻跸沙龙，普国追袭之师已为法军所击退，屯驻于沙龙，以为犄角。法王子不在大营，或云已至法京，入宫后尽取金玉重器携至英国，居于法国驻英使臣公廨。法国首相阿厘华[1]挈其妻孥遁奔以大利，甫出国门，即有斥詈之者。以大利闻法军屡败，民间时有震动，朝议拨银钱四十兆为军饷，练卒备兵，保卫边境。

普王以两国之战未有止时，遂下遴选新军之令，传檄各乡团练勇丁，以备国家之用，一时雷厉风行，争相踊跃。于十二日间，计出战疆场、入守边圉者已得百十二万四千人，有将行婚礼者，即不受室；有将糊口他所者，即止不行；有贸易在外者，即返国中；盖自团兵令下，无人不思慨慷从军矣。公尔[2]忘私，国而忘家，普民

[1]阿厘华，埃米勒·奥利维耶（Émile Ollivier，1825—1913，法国政治家、演说家，曾任拿破仑三世的司法部长，力求使法兰西第二帝国由专制帝国过渡到开明帝国，他还是1870年向普鲁士宣战的法国总理。

[2]尔，应为“而”。

有焉，推其急公好义之怀，无不人同此心，心同此理。

法以重兵镇守北阿洲之阿耳支里亚，恐其或有乘机作乱者也。阿境部长请于法王，愿以骑兵二万、太高族兵三万，助法攻普。法京附近地方官民不和，略有内乱，法京闻败，民心惶遽。新任首相布告于朝曰："普国悬军深入，利在速战，此时我军不用攻截，但当退守沙龙，坚壁清野以老其师，彼久在敌境，求战不得，锐气必堕，因其敝也而攻之，蔑不济[1]矣。"

八月十七日，法将麦马韩收集残军，退守沙龙，群议必待普军进攻沙龙，然后出城决战，否则徒轻与敌，甚无谓也。普国攻取法之罗连郡、挨耳西士郡[2]两地，皆拟设官居守，普王乃立将军布妍为罗连总督，统第三、第四路军镇守；立副帅比思麦布灵为挨耳西士总督，统理诸军。法人因普军日逼，议守京师，于三日间催运大炮一千尊布置于诸炮台，以资守御；立德禄苏为法京兵马大将军，总理京师内外炮台，传谕守城兵士尽力防堵，所有糈粮、衣履供给守兵者，毋使有缺。时麦马韩屯沙龙，巴彦屯蔑士，两军声势不得联络。

普国出师攻法之辉士北城，围之三匝，法军开关迎敌，无不踊跃敢战，以一当十，普军败退，其围遂解。普军阵亡者一千三百余人。十七日，法军又有加厘威律之捷，法军结营于加厘威律，普师来攻，法军奋力与战，普不能当，遂退，然法军损亡甚众。

---

[1]蔑，无，没有。蔑不济，没有不成功的。《左传·僖公十年》："臣出晋君，君纳重耳，蔑不济矣。"

[2]挨耳西士郡，即阿尔萨斯（Alsace）地区，俾斯麦将阿尔萨斯和洛林北部并入1871年成立的德意志帝国。

八月十七日，普、法复有里苏维之战，英国文士在普营中所目击也。是日，天未昧爽，忽闻军中有吹角声，军士持械齐出，时昏黑不能辨色，乘车至穀士村，其地距潘阿毛辰三十六里，途中见俘获法军累累系属于道。普军见之，或有慰之者，或有讪之者，但所操者皆普语，法军不知也。其后，辎重之车络绎而至，皆法军储载食物为普军所得者。斯时，车阻不得进，乃下车而行，约十八九里许，抵拿温村，正值骑兵渡桥，于是，疾趋至阿士，始闻炮声由右山来，既过拿温村，遂上高坡，忽睹战场，一望尸骸枕藉，此即十六日威安维耳战所也。于时，死者已半瘗[1]，伤者举之犹未尽，有五人枕卧草际，手足尚蠕蠕燃动也。继登一冈阜，普军大声呼其同伍曰："盍前来观？"既造冈巅战场，即在其下一览空阔，普法两营了了毕见。普军分左右两翼，所立处毙马积尸前后左右皆是，盖即十六日普法鏖兵之地，其地有路可达瓦顿，亦通法京。凭高望之，其路粲然径直，有若银线，四周村落大小连缀，类贯珠然。村中钟楼高矗者无数，旁多树木，密荫蔽亏。其后屹然雄峙者，哥士城也，所战处，名革里富律[2]乡，故亦为革里富律之战。战场方十有二里，至时，日已加未，其战已酣，普王、王子、首相俾斯麦、军师毛奇、郡王阿耳拔、左右从官皆于山巅观战。时法军争据瓦顿之路，相持甚力，然法军战扑虽猛，而数少于普军几倍，故终不得胜。法军从高处击普军，随巨炮奋呼而下，转斗久之，已出革里富律之外，其相对村落已先为普军所

[1]瘗，掩埋，埋葬。

[2]革里富律，疑为格拉韦洛特（Gravelotte）。

守，占据形胜。普又调集余勇，续来助战，革里富律乡外地方狭隘，两军相接，艰于舒展。其地两旁高山耸峙，中有一溪水若瀑布从高注下，广约五六十丈，深约十丈，颇为峻险。初时，普驻军低阜，法屯兵高冈，以上临下，普势不支，军士之中炮死伤者如积。法军炮手据蔑士路上游，隐于丛林深树间，枪炮之声连环不绝，以施放墨迭儿鲁士故，甚猛且速。普军炮手屯于革里富律乡之南面，北向高处击之。是日，法军有进无退，阵法甚整，普军奋击再三不得动。然普军惟知向前，虽两旁积尸累累，不少顾避，两军并命相持，互有杀伤。俄而，普营援军大至，右翼之兵皆从密林中行，经两时许，尚陆续不断。普将高斌伏于丛树中，俟法军行近出击，彼攻此拒，将至酉刻，法人始知林中有潜伏者，乃燃炮专向轰击，于是，普军不进。旋见步兵一旗队伍整肃，蜿蜒而来，遥望之势若长蛇。顷之，沿山南而去，盖高斌统兵截法军后路，以山径坦夷故，取道于此。战时，普军左翼烟尘蔽空，目眯不见，少顷，风驱烟散，见法军尚峙其前，于是，普军奋呼而出，驰突其阵法，法军不少退其地，近威安维耳，普军所争者也。普乃攻以短炮，炸弹横飞，火星流迸。于时，普将士颠密士之兵角其左，普郡王之兵犄其右，左右相应环围蔑士。普、法两军相持进退，胜负未分，战至亥刻，法军遁走，始止。

普王观战之山旁有巨家别墅，园囿宏敞，外障高墉，普王乘铁梯上观。军中时飞递信音，当两军搏战时，独立不语，若有所思，其容一似深有忧者，盖悯军士之劳苦、残伤[1]之惨酷，心中大有所不忍也。普相精神全注于战，

[1]“残伤”，癸酉本卷三作“死伤”。

见法军将有退志，遂驰马下山，督励诸将，行时多有称贺者，于是，遽返报于普王，军师毛奇在旁曰：“我军胜矣！”奉觞上寿，普王欣然为尽釂[1]，首相饥甚，索军中干糇[2]以果腹。时天已曛黑，普王觅睡所不可得，普相入数屋，则中卧阵伤军士殆满，最后得一空室，中仅两榻，普王据其一，密裁孛公爵亦据其一，美国舍利单将军卧于床下，是夕，厨人所供御膳仅鸡卵一物而已。或有笑普相之不得宿处者谓：“若是之矫矫名卿，煌煌相臣，割据颠麦国，吞并哈云邦，雄才伟略见钦于列邦，而乃不能置此七尺之躯为鼾睡地乎？”普国君相躬行节俭，与士卒同甘苦如此，其笑之者，实重之也。是日之战，普军阵亡者一万八千人，法军亦不下此数，或云约丧二万五千人。普郡王之兵死伤殊众，其存者困惫殆甚，不能成列，战至戌刻，革里富律山巅高屋悉为炮所焚毁，光烛霄汉。

是役也，法将巴彦尚思由蔑士径趋沙龙，不意为普军所截，竟不得过，盖革里富律一乡，地当冲要，势所必扼者。当亥刻将收队时，法又出兵攻普，右翼炮声猛烈，犹有余威，旋见普军不可动，遽退。普人笑法军始奋终怯，有如强弩之末不能穿鲁缟。盖自此一战，蔑士左右高山尽为普军所踞，布置营垒，横截法军，使蔑士与法京信息不复相通，而与沙龙声气亦几隔绝，每递军事必阅九时之久始至。说者谓普王子、郡王之用兵也，仿佛孙吴[3]；如麦马韩、巴彦者，皆法久战之名将也，行军时相犄角，

[1]釂，饮尽杯中酒。

[2]糇，干粮。

[3]孙吴，孙权，孙权在东南部建立政权，国号为“吴”。

麾下所统悉精选之劲旅，军中所用咸命中之利器，是岂小弱哉？乃一战而合者，忽离再战，而离者不可复合，追奔逐北，几于救死之不暇，何则？盖法军分布四境，而普军聚攻一处也，分则势涣而形弱，聚则势盛而气锐，惟先专力并命于一城一邑，以挫其锋，而后来之战胜攻取已如操券，此所谓“覆其偏而众自摧，蹈其瑕而坚自摧”，用兵之道然也。

自威申勃、孚卜、瓦士三战之后，法军丧胆。麦、巴二将仓皇道路，疲于奔命。蔑士之战但扼要害、据险阻，彼自不得越雷池一步；麦马韩、巴彦辈几于场中傀儡，一经举手，可东可西。呜呼！非用兵如神者，其能如此哉？非然。蔑士者，法国之重地也，镇以虎将，守以雄师，炮台林立，皆踞形胜。每一炮台巨炮九十，骁勇数千，高峰深涧，何啻金城汤池，此所谓天设之险堑也，法王御营屯驻于此，正以有所恃而不恐耳。普王子知其然，不攻其所难而先攻其所易，不攻其内而先攻其外，羽翼既翦，形势自孤，法王虽不退师，其能久驻乎？况以君臣相贰，将帅不和，败气先形，咎征[1]已兆，其能与普争乎？

普王子特出奇兵阻遏蔑士在三战既捷之后。以前，此法军云集蔑士，其势犹盛也，其中断法军，使之各不相顾者，一以遏蔑士之出，则十万之兵无所施其用；一以阻沙龙之来，则援军无自而集。自此，近不得通瓦顿，远不得达京师，军情壅滞，朝议疑沮，而法国全势已在掌握中矣。夫法境虽广而要隘之所可资控扼者亦不过数处而已，

[1]咎征，指灾祸应验。严复《〈原富〉按语》：“阅今而考古，格物而致知，必求真实而后已者……夫非妖祥咎征之谓也。”

由蔑士入即为瓦顿矣，由瓦顿入即为沙龙矣，倘沙龙再不可守，普军即当直抵法京耳！城下之盟[1]大可寒心，法王虽崛强，其将何择为侧足地乎？或谓“观于蔑士之战，知向日所筑炮台尽为无用”，不知地利不如人和，以守之者不得其人，而遽谓设备筹防之多，事将易，所谓“王公设险以守其国”者，何耶？此亦不揣其本末者矣。

八月十九日，普人分军进攻瓦顿，法王驻跸廉士。军书旁午[2]，积劳成心疾，云：“普王子屡闻捷音，遂统第三路军进攻沙龙，其城为法将麦马韩所守，而德禄苏将军亦驻营城外为犄角，军力颇厚，故普人急欲下之也。”是日，普王子亲统御林佽飞军，益以第七路军与法国诸军会战，普之骑兵骤马驰突而前，势锐莫当，法军皆却。麦马韩率兵退入沙龙城中，坚守不出。法将飞厘扼守城外炮台，以御普军，相持不可猝下，旋为普军设计环攻破之，生擒法军七千人。于是，城中无援，其势渐孤。麦马韩下令军中筹备守具，悉力防御，并于棉河左右严行堵扼，谕之曰：“慎固尔守，效死勿去！”

八月十九日，普王驻跸于李辰威儿，以电报传书于后云：“昨日之战，大获胜捷，是日清晨，特拨第九路军、第十二旗兵更及护勇先向蔑士、瓦但相间北方之路而行，直进至圣摩思厘当葛，时第三、第十路军随之继至，第二、第七、第八路军则留屯于李辰威儿，以其地近于蔑士也，于是，上数军（即第三、第九、第十路军，及第十二

[1]城下之盟，在敌人的武力威胁下，被迫签订的屈辱性盟约。《左传·桓公十二年》：“大败之，为城下之盟而还。”

[2]军书，即军队中来往公文；旁午，即交错、繁忙。军书旁午，形容军事繁忙。

旗兵与护勇）奉命转往右隅之革尼威儿村、圣布礼核村，林树深密，处下数军（即第二、第七、第八路军士也）伏于革里富律乡，缓攻法军，以俟上数军进击蔑士。上游亚蛮威儿圣查问隘口，两军既接，各殊死斗。迨是日申杪[1]，我军数路并集，奋力驰击，法军始不能当。初第九路军于巳正[2]列阵击法军于林中，攻拒相持，并力奋角，时普军仅能由渐而进，顷之，圣布礼核村为护勇所取，革尼威儿村为第九路军所取，其为之犄角者，第十二路军及第三路军炮队也。次第，发兵[3]冲突助战，革里富律村为第七、第八路军所取，两旁林树中皆为法人据守，我军力战争取之，丧伤殊众。至晚再攻法军，欲驱之深入也，法军伏于林中，以炮轰攻我兵，连环不已，势猛而发捷。第二路军冒死突前，以枪之尖刃纵横击刺，始得夺其隘口。战至戌杪，各路炮声始而绝响。是役也，诚不减沙都华之战矣。于时，我出而抚循三军将士，见而来迎，无不欢声雷动，我军临阵猛厉奋发，殆无其比。法军始进迎敌，虽气锐志壮，然辄为我军所击退。法军今为我大军所困，环之三匝，猝不能出，至于后日若何结局，则非人所能料也。若问我军伤亡之数，不妨据直告之，兹闻殒于疆场者不少名人，但一时未得稔其确耗，我将窝得士亦已受伤，殊不甚重。是夕，几无宿所拟，偕二三将士露处擐甲，枕戈而卧。迨后，觅得空室又携有卧具，始得高枕安眠，盖行师仓猝之间如是其难也，我未易衵[4]服已三日矣！因由

[1]杪，指年月或四季的末尾，如岁杪、月杪、秋杪。

[2]巳正，指上午9点正至上午11点正。

[3]“发兵”，癸酉本卷三作“进兵”。

[4]衵，贴身的内衣。

潘阿毛辰驰驿至此，未及携行李也。闻此捷音，自天所锡，寸心感谢，曷维其已[1]！”

今按普国自战胜于威申勃以来，虽屡奏大捷，而统兵弁目在阵伤亡者不可胜数。普国军制承平时，以三千六人为一旗，统兵弁目六十九人。威申勃之战，第七十七旗亨挪瓦（北日耳曼地）兵目伤二十五人，第三十九旗礼吴伦得（北日耳曼地）兵目伤二十六人，第八十二旗熙盛（南日耳曼地）兵目伤十有九人，第九十五旗爹林芝恩兵目伤十有六人，第三十八旗熙盛兵目伤十有四人，第五十三旗威士非立兵目伤十有四人，第八十八旗拿撒威兵目伤九人，第八十旗熙盛兵目伤八人。瓦士之战，阵伤者更众，以法兵踞山结阵，从高临下，相持两时有余。普军被击者，肉薄仰攻，故创甚焉。第五十八旗波心那（日耳曼列邦地）兵目死伤者三十二人，第五十九旗波心那兵目死伤二十三人，第七旗波心那兵目伤三十五人，第四十七旗沙利仁（亦日耳曼地与波心那同一省）兵目伤二十九人，第四十六旗沙利仁兵目伤三十三人，第五十七旗沙利仁兵目伤三十人，第六旗威士非立兵目伤二十八人，第三十七旗威士非立兵目伤十五人。蔑士之战，第七十七旗亨挪瓦兵目死伤三十人。普、法两军攻拒于蔑士者三日，驱数十万众鏖战决胜，两军死伤数至十万附近。蔑士左右如马拉多乡、威安维耳乡尸骸塞空，辎重山积，纵横十里[2]不绝，血流至马拉多乡，若决沟渠，汹涌有声。时普

[1]曷，何，怎么；维，语气助同，没有实义；已，止息，停止。曷维其已，何时才能停止。《国风·邶风·绿衣》：“绿兮衣兮，绿衣黄里。心之忧矣，曷维其已！”

[2]“十里”，癸酉本卷三作“数十里”。

军死伤者多于法军，因普军众、法军数稍寡也。战于士比沙伦，普之骁骑阵亡更众。其地四面皆山，法屯其上而普攻其下，法军四万据险俯击，普初以一万军往敌不胜，骤增至二万七千，第四十八旗礼吴伦[1]得兵中第五队往战，往时二百五十人，得返者一百二十九人而已；第八旗布安丁孛兵中第一队往战，迄暮，撤阵死伤一百七人；他旗他队有往战者，及其回也，仅存少半耳。统计阵亡八百十一人，伤者一千四百八十六人，二万七千中死伤者约十有二人居其一。蔑士第三日之战，第四十八旗礼吴伦得兵为普国选锋之军，专以枪队攻敌，弁目丧亡者三十二员，兵士八百九十一人，其存者仅兵弁九员，兵士二百七十人而已。凡有伤残之兵，收队后即舁至医馆调治。普军所设随军医馆在蛮显，有四大所，其中布置周密，百物充牣[2]，凡有所需，叱嗟立办。助理医士者，神父童贞之外，村落中好善女子咸往焉，殚竭心力，不惮劳秽。其屋皆极广敞轩朗，每房俱有窗牖以疏通天气，本系巨室所居，乐舍之以住病人，弁目兵士分室而处，而以尤爽垲[3]者居贵官。每一童贞调理病者两人，舍屋之富者亦时来访问疾苦。普王子之妃常至其中，躬亲汤药之役，抚恤倍至，军士无不感叹泣下。

曾有邻国游士入而观焉，归述其所见云："有战于威申勃受伤之弁目，其人精健绝伦，炮断左臂，虽痛楚而神志湛然，颜色殊和。副将二人，其一伤左手足，其一伤于

[1]"吴伦"，癸酉本卷三作"吴兰"。

[2]牣，充足。《说文》："牣，满也。"

[3]垲，地势高而干燥。

胸，皆剧症不可治，然皆无呻吟委顿状，谈笑自若，举动如常。伤手足者自言所中系法国新制墨迭儿鲁士炮弹，启笥[1]出弹与观，乃于骨中取出者，其骨已碎，弹作扁形。且言太高族兵极为悍酷不仁，法国不宜调取此凶残，以与礼仪之邦相角，有一法兵炮伤右胸及左项，弹从背出，医士虽为之敷治创痕，然终于不能救也。有一南日耳曼兵甫舁至者，雄健魁梧，状极岸异，弹已深入肉际，医士即欲为之取出，问：'需麻药否？' 兵曰：'痛亦可耐，何必乞灵于彼耶？' 其弹藏于背间，割肉始出，是兵处之泰然，一若不觉，医士取弹与之观曰：'自后请常忆此苦。'"

当普法军兴之初，英京日报局主命文士数人随营笔记，叙述见闻。其人后为法军所获，历数时，旋释之。法王诏弛前令，许其在军纪事，不复禁。初有英国日报主笔之士往见法国首相阿厘华，请其给予文凭许得随军记录。阿厘华谓之曰："汝来甚善，我正欲与尔言其故。我国兵部大臣里布甫[2]毋许邮局人员得有一人橐笔[3]于军营，详书事实，即本国人士亦无许往。今者英国邮报所论普法启衅之事，其命意所在，实有未明，我阅之，不胜为之殷忧，此盖未稔乎原由真实之处而遽尔置议也。我主时欲与英国共敦友睦，因英法两国贸易利益甚广，不谓今日遽为英国所评讪，谓'我国有伤于欧洲和好'，夫我国岂欲首发难于日耳曼哉？但彼叠加凌侮，势不得不出于战耳。"

---

[1]笥，盛饭或盛衣物的方形竹器。

[2]"甫"，癸酉本卷三作"父"。

[3]橐笔，古代书史小吏，手持囊橐，簪笔于头，侍立于帝王大臣左右，以备随时记事，称作持橐簪笔，简称"橐笔"，后指文士的笔墨耕耘。元马祖常《奏对兴圣殿后》诗："侍臣橐笔皆鹓凤，御士櫜弓尽虎罴。"

主笔之士曰："既有不许之命，不知可加以辨诘之词用伸其说乎？"

阿华厘曰："可哉！"

主笔之士曰："日报一端，实足以维系人心，转移憎爱。如两国构兵，随营纪事之举，一许而不许，则所许之国必能得我国之人心矣，请即征之近事可知也。一千八百六十六年，普、墺之战，英国人心本多向墺，迨后，随军主笔之士为墺所辱，而北日耳曼军待之极优渥，于是乎英国人心遂反向之。今者，日耳曼军不惟许之，且重币厚礼以聘之往，此我所目击也。法今拒之，诚未见其可。若虞其扬机事、泄密情，则设法以制之，亦甚易耳。"

阿厘华见其立说明、通论辩，侃侃有理，甚为嘉纳。即告之曰："此乃里布甫将军之意，原非我心，容当再与商榷，以俟裁夺。"

主笔之士乃别法相而行，或谓法之统兵将帅嫉日报主笔之士若仇寇[1]，以其直言不讳，似涉诽谤也。主笔者言："法将于战时，但知恋大营而不知攻普军，惟惧进丧其身命，不知退保其货财，隳众志、沮士气、长敌情，实此之由。所刊日报采录军情间抒议论，皆由黑暗导之至光明，彼昏不知，反指为刺讥。行军之要，侦探为先，彼笑普郡王之粗疏而自蹈于鲁莽而不知。瓦士之战，对山皆丛林密树，明知普军之隐伏于中，而反谬言攻以火器，普军必走，试思普军为大树所蔽，击之岂能中哉？其愚亦已甚矣！彼不能猛如狮、捷如罴、矫如虎，而反贪如狼、狠如羊、拙如驴，欲军之不败，其能得乎？请以一事征之，

[1]"仇寇"，癸酉本卷三作"寇仇"。

一日，法军巡阅高山，见普国轮船驶入法境内河，法军谓：'是必运载军糈者，截而获之，接济可断。'急以白将帅，反叱之使退，于是，阖营丧气，迨后乃知舟中悉兵士，即潜伏密林以攻法军者，使早驱之，则胜负之数未可知也。"主笔之士持论如此。

八月二十二日，普军布于法境东南，法王御营不得来因河上消息已两日矣。所有道中递信电线尽为普军所断，普军侦探之人已在胜题沙山巅，窥望法军营垒，尽得其详，返告于普王子。于是，普王子立统雄师十有五万，进屯于胜题沙。军中有献策于王子者，议欲由阿山谷进兵，直抵法京，其道虽极险，然实捷径也，法京必不及备，当骇我军之自天而下矣，乘其不备而攻之，可一鼓而下也。旋有阻之者，其策遂不行。

以大利国新与法国立约，合兵助战，普国公使驻扎于以大利京罗马城者，已离其都。退旅、奇罢剌各国驻扎法京公使见普法两国苦战相持，息兵尚未有日，譬诸两虎相斗，必毙其一，因议相机劝和，各归于好。以大利国总理外国事务大臣云："欲止普法战争，必与英、俄、墺三大国筹商，方可为日后排解之地。"旋有西国日报云："英、俄两国现已缔约，必当排难解纷，毋许普国割据法国也。"越一日，法国总理外国事务大臣移书于两不偏助之国云："苟容普国一兵尚在敝邦疆域之内者，则劝和之说未敢闻命。盖犹自负能兵必能转败为功，驱敌出境也。"俄于是更正前日所颁日报云："普法皆属友邦，法为普所割据，岂敝国之所乐闻哉？惟普执持，不可必欲出，此则敝国亦无权阻之也。"英亦同此意耳。于是，各国劝和之说遂沮。法国朝廷移书比利时、鲁星孛（荷兰国属地）两国云：“贵邦既云各不偏助，何为普军之受伤旋国者屡许其假道乎？何以渝盟？敢请其故。”两国皆不报。

普军以大炮环攻辉士北，是城内外炮台罗列，巩固异常。初攻时，弹尽坠于空地，了不奏功，后以巨炮炸弹四周轰击，昼夜不绝声。八月二十五日，天气晴朗，军士用命[1]，自卯达午，攻之愈力，雉[2]堞悉摧，隳如齑粉。城中屋庐咸为炸弹所焚，烟焰四塞，遥望之，其黑如墨，上亘霄汉，中又间以白烟。城中河水绝少，不能施扑救，久之，城破，普军遂入而踞之。或云辉士北城中糈粮将匮，药弹已尽，而又苦于无水，故不能守也。是日，普之骑兵群集于布连，普国诸路大军皆向沙龙进发。法将麦马韩拟离廉士，往援巴彦，与之合兵拒普，亦于是日自廉士启行。

八月二十六日，普军取道绵士，径趋沙龙，甫至，攻拔一邑以屯军。法将传谕各营尽法拒守，阻遏普军，使不得进，调取守卫边疆之兵一百旗，拨为冲锋陷阵之用，更征年老之兵以备守御，以十五万屯于里安，以八万屯于京师，所有京师中贫民无恒业者尽行逐之出城，恐京师或被敌国贫民无食从中生乱也。传檄各村乡，凡曾隶兵籍未经受室，自三十五岁以下者尽出为兵；统兵弁目自六十岁以下，偏裨[3]、副协、各将军七十岁以下亦皆尽出，宣力国家，著为令甲[4]。守卫京师大小各官集议于朝，谓普军若

[1]用命，效命，奋不顾身地工作或战斗。唐柳宗元《零陵郡复乳穴记》：“诚乎物而信乎道，人乐用命，熙熙然以效其力。”

[2]雉，古代城墙长三丈高一丈叫一雉。

[3]偏裨，指偏将、裨将、将佐的通称。《汉书·冯奉世传》：“典属国任立、护军都尉韩昌为偏裨，到陇西，分屯三处。”

[4]令甲，是指第一道诏令，后用为法令的通称。

果内逼京师，即将京师左右仙棉两郡余粮栖亩[1]者尽行焚毁，免以资敌云。

是日，普军前队已离沙龙，进抵尼巴弥，其地距沙龙更深入三百里，普王子督率诸路大军，鼓行而西，齐向法京。八月二十九日，日加辰，普法战于士打拉士卜城外。法军据险以拒普人，普军于开耳河滨奋力攻入，遂踞其营垒，焚其炮台，火至亭午始熄，未杪，余焰又炽。当初战时，法军屡欲奋突出外、横冲普阵，冀乱其行列；连环燃炮轰击普军时，开耳一隅已为普国俾定步军所据守，出即被截。互持三日，法军终不得出。城中守兵单薄，渐有降意，特恐为普所轻，故欲背城借一[2]，然后定行止耳。至于城中食物，久已踊贵[3]，半月前，牛脯一方（重约十二两）需佛狼五枚（约中国银一钱八分），民甚苦之，然登陴[4]助守，无叛志也。

普法两军于蔑士大战三日之后，法军大创，普人乃分军为三：普郡王以重兵扼守蔑士，以困巴彦；普王统领全军，进围法京；普王子率十五万众，攻法将麦马韩于沙龙，盖乘其惫而迫之也。麦马韩即弃沙龙，由北绕道，欲旋蔑士，往援巴彦，计六日之程可抵其境。普王子知之，分兵数道并进，踞守要害，突出横截，使不得前。前队之军屯于沙龙、尼巴弥两地，间以阻麦马韩之回，麦马韩

[1]栖亩，将余粮存积田亩之中。晋左思《魏都赋》：“余粮栖亩而弗收，颂声载路而洋溢。”

[2]背城借一，与敌人作最后的决战。《左传·成公二年》：“子又不许，请收合余烬，背城借一。”

[3]踊贵，谓物价上涨。《后汉书·曹褒传》：“时春夏大旱，粮谷踊贵。”

[4]登陴，升登城上女墙。引申为守城。

乃折向禾思亚士，法王随之以行。时，普国新选各军陆续至营听调，以第四路军隶普王子麾下，命萨慎尼邦王子统之，以两路军益蔑士营，隶普郡王麾下，听其约束。八月二十七日，普军行至布申，与法军遇，遂战，法军败绩，普军勇士一万四千人夺踞廉士高阜。是役也，法军晓夜兼程，而行至此方惫，故不能战。

八月二十八日，普军之屯守胜题沙者，忽拔营齐退，旋又驻于廉士。其驻扎在阿、蛮两处者，皆向北遄征，欲分屯于厘爹耳、禾思亚士，以缀法军。普王亦离士颠密士营，欲与王子合兵，盖以法将麦马韩军势尚壮，其人又素号能兵，而法王御营亦与联络。虽法王此时大权旁落，仅拥虚名，然犹足以系民望。设使普王悬军深入，进围法京，独使王子与麦马韩旗鼓相当，即令必胜，亦当稍缓时日。或恐我军势单力薄，敌焰复炽，外连蔑士，内援京师，则全局坏矣，非计之得也。故必待与麦马韩决胜负后，然后专力于京师，此用兵先后之序也。

法京大臣闻蔑士之役，三战三北，知事不可为，急筹堵御[1]，布告人民和衷[2]翌卫。新贷国债八百七兆五十万，以战守之具颁给勇丁，以资防扼。法国兵部库局议由京师移入内地，或谓不如来昂地广物阜，正居法国之中，最为形胜，北可以接京师，南可以达地中海，固不患敌之至也。法国战船其已出口者，亦皆停泊，不复前进。

八月二十九日，法国大营驻扎禾思亚士，法军之退自他

[1]堵御，阻挡抵御。

[2]和衷，和睦同心。

处者，皆络绎集屯于其地。普王子统兵北行，欲亲与麦马韩遇，猝攻其不备。所有廉士之旁、尼巴弥之右，普军遍布险要以待法军，其数不下十余万。是日，普王子大败麦马韩右翼飞厘将军所统之兵于门蔑地，左右擒兵四千人。

八月三十日，法军由禾思亚士退往厘爹耳，法军方退，而普军即抵其处。禾思亚士地故近河，普以战舰三十余艘往攻之，并及亚的尼左右村乡，攻棣利士村[1]，破之，法军之驻守其地者，尽为所俘。法国遣十三路军共五万人，由法京赴援大营，普军分道进逼京师，一由蛮，一由藐士，与法军遇于毛辰，遂有毛辰之战。普法两军相持至暮，犹未止。普军之为前茅者，第四路军及巴华厘亚兵也，剽悍任战，荡决无前。法军以巨炮向之轰击，卒不少退，法军不得已由毛辰转向师丹。普人大败法兵，俘馘[2]数千，夺获大炮十二尊，辎重无数。是日，日耳曼兵半屯于藐士河滨，萨慎尼邦王子麾下之兵半已渡藐士河，经毛辰境外向嘉利商师丹而进，普王子再败麦马韩于保问，擒兵一万，获炮二十五尊。

八月三十一日，法将麦马韩由毛辰渡藐士河，普军再败之于雕时及巴思厘，于是退保师丹。

《普法战纪·卷五》终

番禺邹五云祥生校字

[1]“棣利士村”，癸酉本卷三作“地利士村”。

[2]馘，古代战争中割取敌人的左耳以计数献功。俘馘，指被俘虏者。《左传·成公三年》：“臣不才，不胜其任，以为俘馘。”

卷　六

南海张宗良芝轩　口译
吴郡王韬紫诠　辑撰
叶杨曦　校注

法国师丹之城[1]，负山而控河，敌登其山，即可俯瞰城中，绝济守河，立能坐困，本非可守之地也。援军之所不由法军入其中，正无殊兽之投阱[2]、鱼之游釜[3]。普王子[4]见麦马韩既入师丹，以手加额曰："余事济矣，此我国之福也。"召集将士来听，指挥第一路军巴华厘亚兵由拉鸽至灵谋利、第十一路军普兵由都士至沙爹利以围其西，两军建营在藐士河滨，当沙利对面，盖当沙利村正居藐士河之右。而以第二路军巴华厘亚兵、第五路军普兵为其后劲，以壮声势。瓦添勃兵由温地厘士、田波天葛两处启行，前往藐士河，以守其东。普王子亲统大军，以当其南。传谕诸兵，三面围攻，令其献城纳款[5]，若彼弃城遁走，必迫之入比利时。普相俾思麦令于军中曰："若法兵入比国境界而不释军械者，我军仍可向前穷追。"以法兵先坏局外两不偏助之义，此英国所不允者也。是日，巴华厘亚兵在灵谋利猝[6]遇法军，遂与接战。日加申，用大炮环攻，法军大败，退走，逐之，几及比利时境，至日西坠后始止，藐士左亦有小战。时麦马韩已将抵师丹境矣，乃于其外环筑土垒以拒普军，互有杀伤。日加午，退至威利温地厘，屡欲渡藐士河而南，卒不果。是日清晨，普王子

[1]"法国师丹之城"，癸酉本卷三作"按，法国师丹之城"。

[2]殊兽之投阱，意为巨兽进入陷阱之中，比喻身处险境，危在旦夕。

[3]鱼之游釜，亦作"鱼游釜中"，意为鱼在锅中游，比喻身处险境，危在旦夕。《后汉书》卷五十六《张晧传》："遂复相聚偷生，若鱼游釜中，喘息须臾闲耳"。

[4]普王子，今通译作腓特烈三世（Friedrich Wilhelm Nikolaus Karl，1831—1888）。参见卷二"普国王子"条。

[5]纳款，归顺，降服。

[6]猝，突然，忽然。

至卑阿门，旋至灵谋利山谷，巡阅营伍，继往司当午乡高阜观战，指示进止。战竟，经沙墨利，宿焉。第二路军巴华厘亚兵、瓦添勃兵奉命即行，遄征甚速，当师由沙墨利时，普王子适在其地。

九月一日，天未昧爽，诸军皆集，布于藐士河左，听令渡河，因师丹在藐士河之右也。时最先渡河者为萨慎尼邦王子之兵，其前队已于八月三十一日午刻进逼师丹，以牵制麦马韩。于是，环围师丹之兵先后云集，不下三十万。议者谓："麦马韩虽称名将，实庸才耳，其退保师丹也，不当仅守孤城，要先守河以重兵，扼藐士河右，毋许敌人一卒得渡河，则师丹犹可无虞也。"不知此固不得为麦马韩咎也。麦马韩知大事已去，志在以身殉国，每战奋力先登。师丹城外之战，正当驰马指麾，忽有飞炮自空至，适中其身，创甚坠马。诸将掖之至师丹城中，瞑厥不能视事，乃委云芬代统其众，故布置之疏，似不当专委诸麦马韩也。呜呼！国之兴亡，虽曰人谋，盖由天焉。

普国诸军既集，遂议决战。普王子、军师以萨慎尼兵兼程进军，劳惫倍至，拟缓一日，以养其锐。独普王持以为不可，曰："锐不可隳，寇不可玩，一日之纵，数世之忧。敌军自蔑士之败，奔亡不暇，胆丧气沮，正有可乘，我军之锐气，正大可用。不于此时飙驰电扫、罙[1]入长驱、振我军威、摧其枯朽，而乃使其假息延喘、暂缓须臾，俾得以乱我虚实，而为之备，其计不亦左乎？"王子、军师咸敛手属贺曰："我王庙[2]算如神，非

[1]罙，即深。

[2]庙，即妙。

所及也。”

先是，普王于八月三十一日酉刻，由沙墨利乡至温地厘士大营，与大将布郎敏佗筹论移时，已有成竹，至是其意遂定。是时，法军大营分布于师丹、貇士、阿敦士三处，普王[1]下令同日进攻，所有部署普军，略述如下：普军大营之右，萨慎尼邦王子为前茅，所统第四路军为其左翼，余勇为其右翼，第四路骑军为其后劲，其有未济貇士河者则取道于都士村而来，以为应援；大营之左，以第一路军巴华厘亚兵为中权，第二路军普兵为左翼，第十一路军普兵为右翼，已于八月三十一日亥刻建营于当沙利村。境上约距一百弓地，村左有桥，守以第五路军为犄角，瓦添勃兵屯于冬礼谋斯尼。第六路余勇屯于阿特宜，其地相距数里许。法军大营五对峙其前，法大将麦马韩居中，飞利、坚拉白、都乌[2]屯其左右，皆残军也，惟新选第十一路军利布伦兵最精可用。法营以师丹炮台为中界，左屯至思温村，右屯至迷斯阿村，前后左右，棋布星罗，不下十五万众。普王子于是日寅杪驰至当沙利山谷，趋登高阜，四处可见，以策军士进止。

师丹城垣近在貇士河滨，最为雄壮，河之两旁，冈岭盘互，其上林木丛茂，弥望葱茏。河右平原开展，为法军校场，河之左皆旷地也，当沙利正介其中，地形坦广，渐高若坡。貇士河道弯曲，其左陡出若箕，有三村若鼎峙，中为哀哲士村，左为威立村，右为革里士村。于哀

[1]普王，今通译作威廉一世（William I，1797—1888）。参见卷一“威廉第一”条。

[2]都乌，费里克斯·杜埃。参见卷二“都异”条。

哲士、师丹相间处，则有富鲁临村摄于其间，藐士河右有珠温村。由当沙利往师丹，虽隔一河，而巨桥横跨，可通往来，普人守之以兵，俟将战时断之以绝济，俾法军不得过。师丹西南有巴思厘村，普国巴华厘亚兵所屯之营，正与相对。

是日凌晨，山谷中大雾迷漫，几于咫尺不可辨识，辰正日始出，乃大开朗。萨慎尼邦王子之兵于卯刻即燃大炮击法军，须臾，炮声从右而至，则法军左翼已为普军所攻。时普军屯于富鲁临村，法军专以枪炮向之轰攻，庐屋尽焚，火光烛天，普军乃移屯村外。卯刻，普王由大营启行，亲临战场，首相俾思麦、军师毛奇、栾将军从登一高山观战。是山距师丹城约九里有余，山左有谷，普王子驻营于其中，骑兵屯于谷下，其地非法军枪炮所能及。山左外围日耳曼后队余勇屯焉，以备阻截法军遁走，遏之使不得出。骑兵之前则为藐士河，河上向有轮车大桥，至是已被普军毁断，山右亦皆为普军分驻处。师丹城、富鲁临村交境间平原空旷，有一小山突起，山顶亦甚坦阔，小山右即师丹城也。由普王所驻山颠皆可瞻望及之，一仰眺间，全城形势，尽在目中，师丹城外炮台，城内屋宇，历历可数，中有一讲堂，颇为高耸。师丹以北，邱[1]陵蜿蜒，林树参差，林下法军所聚，约远城东九里许。略有似土阜形者，法国屯兵所也。其外稠绿成阴，巨木千章，干宵蔽日。土阜之前为普国亚路拔王子之营，所统皆萨慎尼兵也，营后悉伏余勇，以遏法军之去路，防其窜也。王子之营与普王观战之山相间处即师丹之东南藐士河也，河之

[1] 邱，即丘。

两岸皆为巴华厘亚兵所踞守，其右与谷下骑兵正相接。师丹之外，平原开广，巴华厘亚炮兵屯焉。战时，普军右翼攻法军左翼，第十一路普军由平原进攻，第五路普军直捣法军后队，其意欲普军左右两翼相连，以全力专制法军之右翼，四面萃而攻之，不使其由阿敦士村而遁。第四路骑兵及瓦添勃兵踞守平原，以遏法军窜突外出。枪炮相接，攻拒相持，约两时许，第十一路普军进逼法军愈近，其斗益猛。萨慎尼兵驰骤而至，前来助战，勇若熊罴，锐莫能御。法军右翼势不支，渐有退志，法之后队亦为普军所围，绕之三匝。第十路普军由高阜下平原，牵制法军。自哀哲士村至师丹城，陇亩纵横，尽已蹦作战场。普以大炮攻法，法亦以大炮还击之，其炮皆以马輂运而至。法国骑兵及所调北阿洲之察撒兵，皆捷于战斗，奋不顾身。特互持至午正，法拒普军不甚，力渐弱，气渐衰，步兵已先退。第五路普军在法兵之后乘势追逐，使不得渐进阿敦士。

自午至未，普军斗志愈奋，声势益张，已有必胜之机。法之炮兵零落，不成行列，遂奔。于是，法军之右翼败走，其在围者被困不得出。普乃集攻法军中权，兼击师丹炮台。午杪，普兵已抵师丹城下，以枪队为前茅，随发随进，遥望之，但见千百道火龙中，万头继之攒动而已，其兵行之速，盖有不可测议者。普之余勇与法军搏战甚苦，巴华厘亚兵突出助斗，锐不可遏，旋焚巴思厘村，悉成灰烬。普军之焚巴思厘村也，以是日战时村中妇女群持白梃[1]突出，间以火器、军械驰入普军陈中，普军骤出，

[1]白梃，亦作白挺，指大木棍。

不意被杀者二十余人。有一老媪痛其夫及子之尽没于普军也，奋不顾身，挟刃出斗，誓欲报仇，旋普军以枪击之，仆二弹洞其胸焉。由是观之，法国虽妇人女子，亦知勇于赴义，如此真不愧小戎驷驖[1]之风矣，即名是村为夫人城娘子军可也[2]。继又取巴兰村，其村在师丹城西南，当两军之始合也，巴华厘亚兵扼其中，普兵居左，萨慎尼兵居右。初围师丹城，状如半规之月，其缺处即向比利时国境也。迨午，普军左右相接，环城一匝，其状已如满月。久之，渐围渐逼，如环之内束，故月形亦渐见其小，于是直附师丹城下。其攻法军也，自卯至辰，则用炮队，火弹横飞，烟尘蔽空，两军相逼，积尸纵横。自午以后，皆用枪队，短兵相接，若连环，若贯珠。两军并命于百步之外，法军始与巴华厘亚兵、萨慎尼兵相拒，奋力轰击，致死抵御。师丹城后所屯法军又以枪队助攻，使不得前。巴萨之兵前后受敌，死伤枕籍。

午刻，普国炮军至，以巨炮六尊堵守藐士河断桥处，专向法军炮队环攻。法军为之气沮，陈势渐动。顷之，法国步兵以无炮队翼助，即由富鲁临村而退。普国左、右两翼既连为一，法军皆陷于重围中。战至亭午，普奋法懈，法军皆由富鲁临、师丹相间处之小山遁走对山，普军

[1]小戎，周代兵车的一种。《诗经·秦风·小戎》：“小戎俴收，”郑玄笺：“此群臣之兵车，故曰小戎。”孔颖达疏：“先启行之车谓之大戎，从后者谓之小戎。”驷驖，《诗经·秦风》的篇名，共三章，首章两句为：“驷驖孔阜，六辔在手。”诗序曰：“驷驖，美襄公也，”或亦指美秦君田猎之诗。小戎驷驖，从军英姿。

[2]“普军之焚巴思厘村也……即名是村为夫人城娘子军可也”，癸酉本卷三以双行小字附注于“悉成灰烬”后。

以炮攻之，队伍益乱，鼠窜狼奔，遁山皆法之败卒矣。有拉甲连山，形势颇高，在师丹城之右，法军由城右逶迤而来，据登其巅。法军甫登，而普之第三路军继至，将抵山麓。盖其地踞险凭高，易于用炮攻敌，势所必争也。法军即于林中燃炮俯攻，连环迭放止之，使不得进。普军皆蛇行蒲伏[1]而前，以避炮锋。倾之，已集于山下，伺炮作则伏，炮止则行。未几，已造其巅，由地跃起，一山皆普军，法军见其登急甚，即以六人敌一人。普军势不支，下山以待援兵，援兵至再登，而终不若法军之众。于是勉与之相抗，法进则退，法退则追，三却三前，而普已据山之偏矣。法又以步军进攻普军，结陈以待。俟其近至百步，始击以枪，发无不中，金蛇缭绕之中，声若霆奔，弹如雨集。法军步骑俱遁，普军于是据有全山。顷之，法骑兵至，复战。时普国援兵络绎登山，普众法寡，遂为击退。普军乘其退也，更进逼之。是山为师丹城外形胜地，法国屯军于此，已扼要害，敌军虽强，断不能飞越此山，乃竟为普兵所攻据，是则不善守之过也。地利不如人和，于兹益信。

师丹城左有校场，颇极空阔，其相对处为华烈村，有直径可达，法之炮队屯焉。普军以大炮攻之，尽焚其村，烈焰腾空，天为之赤。法之炮军遁走，第十一路、第十二路普军直趋师丹城下，法军退入炮台，所有山上法军尽为普军所擒。普军余勇与第五路普军连属如环，绕逼[2]法军，围之益困。城外四乡悉为炸弹所燃，火光烛天，法军

[1]蒲伏，即匍匐。

[2]“绕逼”，癸酉本卷三作“逼绕”。

之奔走颠碚[1]于路者纷相属，未杪已退。法军皆入师丹城中，婴城固守。申初，普之巴华厘亚兵奋力先进，夺据师丹城外炮台，巴兵伤殒者殊众。申正，法军又复出战，互争巴斯鲁一带小山，旋为普军所得，尽逐法军。于是，师丹城外所有高冈低阜，无不密排巨炮，以备向城环攻。普王子以捷闻大营，且遣官至城下，谕以纳款，限四刻后开炮攻城。普王观战之山在当沙利村右，普王子分遣已定，即偕高白公爵登山见王，时未见城中有白旗出，因命燃炮急攻。有一炸弹坠于法营，焚其帐幕，黑烟蔽天。

酉刻，二普兵偕一法官至，手所执者降幡也，其致词于普王曰："敝邑畏君之威，师徒挠败[2]，今愿举城降附，惟命是听。"普王问其职，则偏裨也。普王乃与军师毛奇筹议，既定，则告法使曰："师丹地当险隘，固严邑也。城中有众八万，非小弱也，献城纳款，则又重任也。今汝实来，未有职司于城守，其能堪此大事乎？汝其速旋，告汝城中上将军，躬造敝营，亲论款事。若少迟回焉，则敝国攻具已齐，三军愤志，一鼓将作，势难久俟。汝其善达我旨，谓汝上将军，即举全城之众来归，勿待三思。"

先是，法王见师丹之围，知大势已去，喟然叹曰："余其又蹈前王之覆辙矣，今日余惟有赴敌而死一著耳。"乃亲自督陈，躬当矢石，驻马于哀哲士村者逾两时许，炮弹所坠，前后左右皆是，而独不及法王。时法军尽退，法王遂回驻城中。普军以大炮攻城，火及庐舍，烟焰

[1]颠碚，即颠踬。

[2]挠败，溃败。

眯目，民众怆惶，不知所出。法王乃下令议降曰：“毋以一身殃全城，毋以一人毒兆姓。”遣使普营，以俟消息。及使返，具述普王旨，法王乃亲修书函，命大将赖鲁赍[1]往，书呈普营。普王展现之，为之恻然动容，其书曰：“寡人不佞，不能死于三军之前，愿伏剑于大王左右，敢布腹心，惟大国其图之。”普王以书示群臣，因与王子首相、军师栾将军（栾将军时兼为普国兵部尚书）议作书答法王。时在山巅，军中无几，乃命二侍者执纸，然后书之。其书曰：“呜呼！上天降祸，使寡人与王相见，不以玉帛，而以兵戎。今日之会，寡人实所痛惜，大王所言，敢不如命？惟遣使前来，同商立约可耳，复书不尽区区。”

法王得书，传示将帅。初法王之议纳款也，断自宸衷[2]，但与左右亲信诸臣言，及示以普王回书，军中始知，皆相视骇愕。大将云芬慨然太息，泣数行下曰：“吾宁就义而死耳，岂甘作降将军哉？”兵士中亦有奋然作怒，拔剑斫[3]石者，皆曰：“愿以死奉我王。”云芬因请出使普营，以观其变，许之。普军师毛奇知其意，盛饰军容，延之入见，相见数语后，袖出师丹舆图与之观，并为指示方略。彼军若何扼守，此军若何进攻，形势胜负，了如指掌。听然[4]谓云芬曰：“师丹城危若累卵，将军尚未知乎？将军不负国家，誓以死守，忠则有之，达则未也。古者明哲保身以图后效，夫岂为一己哉？亦为国耳。以将

[1]赍，表示把东西送给别人。

[2]断自宸衷，帝王独自决断。

[3]斫，用刀斧砍。

[4]听然，笑着的样子。

军之才，而乃出此下策，窃为将军不取。将军其暂回城中，请再图维，诘朝听命。”云芬返告法王，愿署己名于降书，然后降议乃定。是夕，法王宿于师丹城，普王知款事粗有端绪，乃以政令之事属[1]首相，军令之事属军师，遂旋大营。三军执炬排列两旁，十余里相连属，照耀如昼，齐声呼万岁，普王大营时建于因提利思。亥刻，普王子回营，兵士持炬称贺如前，且歌爱国之诗，不绝于道。

九月二日凌晨，法王至当沙利普营，见首相俾思麦。首相尚寐未起，闻法王亲来，即蹶然与颠倒衣裳而出，免冠以见法王曰：“见王如见我主焉。”偕入一民屋，屋中皆织工，无隙地，登楼亦尽机具，窗牖间尘网盈焉。乃出，法王坐门外石上，旋携座至，始坐。普相侍坐于左，从官列坐草际。普相始以为两国自此议和，息兵讲好。法王曰：“不然，议降者[2]师丹一城耳。我今大权旁落，无所藉手，外不能调巴彦之师，使之来归；内不能谕法京之众，使之不战。若欲两国议和，则有法后在彼，可与京师大臣同商立约耳，我不敢预闻。我之所以亲来者，诚欲见普王一决之也。”普相曰：“既如是，请先立献城约，然后见王未晚也。约苟不定，王不得见。”两人议不合，遂退。法王回师丹城中，召集将士共议，军中忿气激扬，咸愿一战。将军云芬申劝再三，并为指陈形势，言：“师丹一城决不可守，盖师丹城外四周山阜，皆为普所据，环列大炮六百尊，以高临下，以仰攻俯，必莫之能御。师丹城

[1]属，即嘱。

[2]“议降者”后，癸酉本卷三多“仅”。

垣虽固，而附城并无炮台，虽有守城之炮，而窳敝[1]不堪用。地形处于卑下，还击为难，未能得力，三面已为普军所围，几于环城三匝。即欲舍死冲突，而出以乘舆之尊，岂能保其万全？敌情如彼，我势如此，亦可了然于其故矣。”久之，三军之意始回，因与之约：“嗣后必咸释汝，不复再战。”将赴普营，云芬告诫众军，其词曰：“嗟尔有众，其听之哉！昨日之战，我师惫矣，自晨达暮，并命相持。汗血漂于旄旆[2]，骨肉飞于炮火，力竭计穷，重围未解。望蔑士之途遥于万里，出扪迷之地（扪迷即门蔑地）如限九渊。迨乎日昃，我军皆创，独有二千之劲旅犹堪当敌军而一战，然终被截于巴兰，无能飞越。众寡相悬，非力不足。嗟乎！我军今在师丹，无殊绝地，攻无尺寸之具，食无盈旬之粮，即此百雉之崇墉，安能御半天之飞炮？嗟乎！我军既不能去，又不能守，婴此孤城，坐以待毙。余也位为统帅，职掌兵戎，愧愤交攻，呼謈[3]何极？誓欲擐甲执兵，南向赴死于敌，庶足以下伸士气，上答朝廷。乃惟我王聪明仁智，达变从权，不忍为一人以丧全城，故不惜屈一己以存众命。昨者衔奉诏旨，亲赴敌营，纳款献城，具有成说。呜呼！一为降虏，遂作俘囚，岂余辈之所甘？无如不出于降，必出于战，限以巳刻，敌必攻城。今以敌强如彼，我弱如此，敌众如彼，我寡如此，观于强弱、众寡之数，则胜负可知矣。战则必败，败则必辱，别无再计，以出万全。嗟尔有众，其听我言，与

[1]窳敝，腐败，凋敝。

[2]旄旆，泛指旗帜。

[3]呼謈，号呼，号哭。

其今日徒死于疆场，孰若异日建功于家国？此身还在，期洒前仇，一息尚存，藉图后效。呜呼！豪杰以处晦而自保，英雄以暂屈为知机。行矣勉之，尚其自爱。”三军闻之，莫不流涕被面，唏嘘不已。

午正，普军师与法将云芬莅盟立约，彼此署名。所立之约，其款有四：一、师丹城中军士尽当俘至日耳曼，由普拘系；二、所有大小统兵员弁，概听自便，但既释后不得再履行陈，再攻普国；三、所有马匹辎重、枪炮器械、药弹军装概归于普；四、法王当留驻于日耳曼。既定约，飞报普王，时普王已由沙亭利来，适于当沙利境，与军师毛奇遇。普王遥见之，下车以俟，加以殊礼。毛奇至，趋伏道左，称不敢当，普王命之升车同载，其隆重如此。旋普王与法王相会于藐士河滨，盖以宾礼见，不以俘礼见也。濒藐士河左有大厦一所，富者所新建也，距师丹城不远，仅一水隔耳。其地绿树扶疏，芳草蓊郁，隙地开旷，一望平芜，四周村落，远近可数。法王先入其中憩息焉，从官咸在，列侍左右。午正，普王至，法王迎于阶级间，相见仪节，一如往时。普王意度谦恭，绝无骄态。普王先言曰：“岂不穀之能，遂尔行军制胜哉？惟上天之佑，得至于此。”法王曰：“寡人不明，遽以兵戎开罪大国。然寡人非欲战也，不得已也，徒以俯顺舆情，致兴此役。”普王曰：“不穀亦料非大王之意，盖彼小民衅于勇而啬于祸，罔顾国家之利害。然非贵国在廷诸臣从而借端簸弄之，当不奋激如是。”法王默然未置答。顷之，普王又言曰：“贵国军士临陈勇猛，亦他国之所不及。”法王曰：“然如大王之兵，则可为无前之劲旅矣。迩来敝邦军政废弛久矣，闻大王言，弥滋愧耳。”普王曰：“迩年来一切悉改旧章，并行新法，行军履陈，随地变通。”法王曰：“贵国炮军尤为无敌，命中及远，洞坚摧锐，几令敌者莫之能御。制胜之要，全系于此。寡人虽败北之余，不禁为之起羡。操此以往，天下恐无能出其右矣。”普王颔之者再，徐曰：“敝国于别邦所行之新法，亦雅愿揣摩，初不敢自以为是，而辄自恃也。”法王曰：“战最力者，其郡王乎？我侪皆为其所败北。”普王曰：“此战乃我子统军，若郡王则不在此间。”法王曰：“然则郡王今在何所？”普王曰：“彼率兵方围蔑士。”法王闻之，色甚惶骇，虽坐，为之促数不安，盖初不料其神速之至是也，须臾色定再言。普王因问曰：“此时欲议何约？”法王曰：“无约可议，此时身作俘囚，岂复有权主张国事乎？”普王曰：“然则此时和战大端，宜向何人言之？”法王曰：“今者法京犹在，上有王后，下有廷臣，彼握其权，当能定议，若我何能行是哉？”普王曰：“我思以加须儿一邑，备大王驻跸之所，未识可否？”法王曰：“固所愿也。”谈言既竞，法王遂出，普王子入，见其以巾拭泪。法王谓王子曰：“大王待我良厚，情好之隆，所未有也。”言次呜咽，不能成声。

普王所议“以日耳曼国加须儿备法王居处”者，其地距法京千有二百里。法国降兵不下十万，由渐递解，日境兵官五十员，悉行散遣。是日下午，普王用电线飞报国中，致书于后云：“天佑我邦，三军获捷，法将麦马韩因战而伤，不能临陈视师，新立大帅以距[1]我军。惟我将士莫不竞劝一举而翦之，遂覆其师。于是议款受降，开城自

[1]距，即拒。

献，法王束身而来归，诸军释甲以听命。用兵以来，未有奏功如是之巨且速者也。法国政事，法京在廷诸臣实摄理之，法王所居，当为布置。我军虽捷，转斗[1]伤殒者亦实繁有徒。呜呼！闻此嘉音，益矢敬恪[2]，布告国中，咸知朕意。”

九月三日晨，法王由当沙利启程，取道于比利时国，以法王不欲令己国军士见也。是晨大雨滂沱，随行翼卫者有瓦添勃（南日耳曼地）兵、哈撒兵，为法王前驱，法王侍从百有三十人，后车十一乘，马八十余匹，行李之车逶迤继发。法王戎服登车，有一宝星当其膺，面有墨色，形态殊憔悴，或见其以手障目，暗自挥泪。临行，法民多往观之，然无怜惜之者。行时，阒寂无声，但闻马蹄蹴踏，车轮轫辘[3]，与雨声相间而已。瓦添勃兵先车而行，跋涉泥淖中，徐唱凯歌。午正，抵拉伯辣门，易车再行，因之少驻。有法国侯爵蒙多龙来谒法王，首述仰慕威德，继及蒙尘之厄，为之流涕。适驻札比京，比律悉之，法公亦奔其地，同见法王。法王告之曰：“我今往加须儿矣。”言时作笑容，无悲戚态，人咸怪之。法王所经之地，人无不争欲见之，以车行迅速，故得睹颜色者殊少。旋抵尖利儿，易车，有郡王派雅来至车前，法王之从昆弟行也，与法王语音，微细不可辨。将别法王曰：“相见之期，要不远耳。”酉刻抵波龙，宿焉，时法王随从贵官有摩是瓦王子、师丹总督理利、将军加士戴恼瓦勃，途中普兵行左，

[1]转斗，转战。

[2]敬恪，恭敬谨慎。

[3]轫辘，车轮或辘轳等转动的声音。

法官行右。既至波龙，遂入客舍，是夕大张盛筵，侍法王宴者三十人。

九月四日申刻抵列治，初拟由列治至宴夏雅，继以其地为通都大邑，恐来观法王者众，故改由他途。后闻其地之人集于车旁迓候者殆不盈二百，盖以电报甚速，知者尚少故也。法王每至一地易车时，环观之人前后围绕，无不窃窃私议。或有言其体貌瑰伟者，或有讥其无忧戚容者，或有谓其面槁而目陷者，其免冠作礼者，仅一人而已。申杪抵花威瓦邑，宿焉。行三日，乃至加须儿省，入威林梭城。其城旧有王宫，崇饰华美，雄壮无比，向为普王销夏避暑之所。至是，垩治一新，颇为朗敞。城中庐舍参差，市廛开广，园林绮丽，树木葱茏。四周村落，远近联属，崇山峻岭，耸翠峙青。山中瀑布横飞，泉声喷薄，近城有孚得河潆洄贯注。各村咸资灌溉，衢道平坦，两旁皆植楸橡，每至长夏浓阴蔽日，几于忘暑，诚胜地也。法王既至，普国官民皆免冠出迎，法王亦遂下车，免冠答礼。宫外有乐工一部，每日朝暮奏乐。法王以供给烦费，酌减侍从，遣五十人回国，优赐两月俸糈于加须儿官署，咨领凭引而回。法王御厩马八十五匹，皆良骥也，以刍粟不赀，概鬻去之，仅留二十二匹，以备乘而已，鬻价殊廉，售马者大获赢余。自是，法王居加须儿为寓君。

按，师丹之战，法兵十二万，普兵二十四万，是普倍于法也，其胜宜也，固不足为普异也。顾论者谓："法守而普攻，法为主普为客[1]，是法易而普难，法逸而普劳，法有险阻可恃，城堡可凭，而普无所藉也。以地利与兵数

[1] "客"，癸酉本卷三作"宾"。

互较，似可以相等云。惟法不善守，而普则善攻，此法所以卒败也。”今以普法两国兵数观之，战事方兴，法国之兵六十四万有奇，均有火器，余勇四十一万有奇，计战兵一百有五万。普国之兵五十万，余勇七十二万，计战兵一百二十二万，普兵多于法十有七万。初时拟两国举兵对垒，各不借资他国，则众寡之数，犹可相当。迨后法国无助，而普则有南北日耳曼众邦之援。北日耳曼兵三十一万，余勇五十五万，计战兵八十六万，其中精锐骑兵九万有奇；南日耳曼兵二十万，余勇之数未详统。核普日所集之兵，先登冲锋者一百万，应援后劲者一百四十四万，其众于法，几于一倍有半。若普之水师，则远不逮法，法国战舰林立，冲波涉浪而不畏，其卒皆百练之劲旅，故陆战而胜不足奇，恐水攻则未能必胜也。至于普法所用火器，均以新法制造，奇巧之至，药弹皆从后装入，可以连环施放，神速罕伦。火器之长，势均力敌，胜负之数，不系于此。若其善用与否，则在乎人耳。虽有利器，必恃良将，否则利器亦成虚设，观于普法之战而知火器之不可徒恃矣。普之胜法，在能合南北日耳曼为一国。初，法以南日耳曼密迩封疆，素申邻好，必不助普，而不意竟与为仇也，此法所不料也。盖由法于平日间高亢性成，恃强侮弱，屡肆侵凌，南北日耳曼之怀怨蓄愤，匪伊朝夕，则其助普者情也夫。固曰：“今而后得反之也。”而法犹未悟也，此法所以蹶也。普与南北日耳曼始合而终离，今由离而再合，离则弱，合则强，不独明者、智者知其然也。果能一志并力，联为一国，虽纵横于欧洲可也，岂第胜法已哉？故说者谓：“胜法之利小，不如普、日相合之利大，抑知普国之利非欧洲诸国之利也。

普、俄并雄，英、法竞爽，可以纲纪，欧洲今弱一个焉，其将成鼎峙之势乎？欧洲诸小国其危哉！土与俄邻，墺与普接，一旦有事，英必不能救，坐成两大，势实可忧。呜呼！欧洲变局将在今日，英其善自为谋哉！

法自师丹之战，国蹙王降，丧败之辱，未有甚于此者，其祸亦未有烈且速于此者。日耳曼国绅民初得电报知降事，无不鼓掌称奇，日则升旗，宵则悬灯，衢市间欢声雷动，遥庆普王，齐呼“万岁”。英国、美国闻其事，亦皆骇愕，普民之旅于其地者张宴属贺，讴歌之声彻于宵旦。普王即于师丹城外特行大酺礼，盛犒军士，赐宴于群臣，堂上称觞，堂下奏乐，无不举杯相属，互为劝酬，以期尽欢极乐。酒半，普王离席言曰：“今日之胜，皆由群帅出奇，三军用命。首相俾思麦才不世出，国士无双，励精图治，用能振兴我国家。军师毛奇知人善任，智略非常，用能折冲于行伍。将军栾锋锐无前，如始淬[1]之剑，百折不摧。用能壮我军威，故使寡人得以至此，尚其略分，言情欢然痛饮。呜呼！其曷敢忘汝等功哉？”

按，法国于一千年中因兵战败绩，王为俘虏者，至今已七人。今降普之王为前王拿破仑第一之侄，名钗鲁斯路易[2]，生于一千八百有八年四月二十日，失位时春秋六十有三。其父鲁斯拿破仑[3]曾入继荷兰国王，法王其第三子也，其母乃呵甸士王后，固贵胄也。幼从阿巴特仑腓

[1]淬，把烧红的铸件浸入水、油等液体中立刻取出，用以提高铸件的强度和硬度。

[2]钗鲁斯路易，今通译作拿破仑三世（Charles Louis Napoléon Bonaparte，1808—1873）。参见卷一“拿破仑第三”条。

[3]鲁斯拿破仑（Louis Napoléon Bonaparte，1778—1846），拿破仑一世之弟，1806至1810年曾为荷兰国王。

立李巴为师，肄习文艺，少长游学四方，曾读书于阿利年白、瑞士敦棣各学校，学兵法于都孚将军，得其真传，谙通韬略，后隶兵籍。一千八百三十一年，法国加般拿利邑民作乱，法王亦在叛中，旋遣官宣抚，叛党解散，其事始定。一千八百三十六年十月三十日，士打拉士卜民揭竿谋叛，法王实为倡首。是年冬十有一月，官兵讨平之，擒叛首，置诸狱，既定罪，流之亚墨利加之鲁灵，明年九月仍返欧洲。一千八百四十年八月六日，法王旅于波龙，纠众起为乱，旋为官军所获，集訊于刑部。至是年十月九日，爰书乃定，永禁狱中。一千八百四十六年五月二十四日，有名儒铎德哿纽怜之，脱其桎梏，潜令之逸，乃由咸邑（法濒海属地）出遁于外，修德改行，乡里称焉。一千八百四十八年八月，民间公举之为绅士，预议事列。九月二十一、十二月十日，以民众推戴，举为法国议事大臣，居大统领位，以四年为一任，期满他选。时公举者，凡五百五十六万二千八百三十四人。与众盟誓，而后就职。一千八百五十一年，届期将撤任，民间吁留者纷至，请再任。十二月二十一、二十二日公举留任者，其数至七百四十三万九千二百十有六人，以十年为期请。一千八百五十二年十一月二十一、二十二日劝称尊号者，凡七百八十六万四千一百八十九人。通国臣民交章[1]劝进，其间依违不从者仅二十三万一千一百四十五人而已。遂于十二月一日即真嗣位，号恩伯腊，称制于国中，位号拿破仑第三。一千八百五十三年正月二十九日纳后，行策立礼。后为西班牙侯爵满丁谷第二女，名有尖尼马利低满

[1]交章，官员交互向皇帝上书奏事。

丁谷[1]，生于一千八百二十六年五月五日。后少在英国读书，后母马利门，祖籍英之苏格兰，天主教人，后亦学于法京书塾。曾于一千八百五十年遍游欧洲列国，揽其山川风物。后通文史，明礼教、闺范，卓然为宫，一表率焉。一千八百五十六年三月十六日诞生王长子，命名有尖路易拿破仑[2]，即今从军之王子也。

王在位时所立新例，颁行通国，略有数条。一、立国位世传之例。定于一千八百五十二年十二月七日，凡君薨，其位由王子承袭，以长幼为序，无子立侄，或依次选于族中。则循例当立拿破仑第一之子孙，如均无嗣，则诏上、下议院，公行推举。公举之例，以执筹之多寡定其人之贤否，苟为众望所归者，无论何人，俱可得立。此于立子立长之外，更创立贤之例也。一、立国政自主（此指国君独为主也）之例。始于一千八百五十一年十二月二十一日，嗣后续有增加。佐理之臣凡区五等：一、议政局，出纳王命，宣布国中；二、六部大臣，惟王得以选授；三、军机大臣，得以创议律例，然当与部臣和同参酌，视其意旨之所定；四、议院绅士，由国人公举；五、名臣贤士有权位者，若犯国例，治之与民同，惟不得苛刻。所定自主之例，则以王者独揽乾纲，总持朝议，全具权能，称为圣身（不得伤害之谓），黜陟恩威，惟命是行，势无可比，贵有常尊。此外如兵额之增减，战事之兴辍，通商立约，主和讲好，一切俱归其掌握，他人毋得参一议焉。凡国中

[1]有尖尼马利低满丁谷，今通译作欧仁妮（Eugénie de Montijo，1826—1920），拿破仑三世之妻，美貌与茜茜公主齐名。

[2]有尖路易拿破仑，今通译作拿破仑四世（Napoléon Eugène Louis Jean Joseph Bonaparte，1856—1879），拿破仑三世之子，战死于南非。

各衙署所定律例，必由朝廷准行，然后颁发。其策名仕版，立身朝宁者，必在王前亲发誓言，守以终身。遇有大政，集众筹议，上院爵绅可以攻诘廷臣，而廷臣不得专主其说。所立军机大臣约四五十员，苟有违法徇私者，由王立予罢斥。军机所议之律，下之爵绅论其可否，然后军机宣之于上、下议院。律法所在，必当谨为维持，毋使或犯。每值议政时，所立军机大臣多寡无定额，惟王意旨所属，岁给俸糈二万五千佛狼。下院绅士则由民间推举，每举以若干年为期，期满无得久于其位。此皆法王在位时所行新定之例也。至于供给国王御库者，仍循欧洲向例，每岁度支之数，皆有限额。内帑所支，计佛狼二十五兆，此外拨官地一区为皇庄赋税维正之供，岁得佛狼十二兆。其名园广囿、丛林牧场之属于王者，物产蕃庶，年中俱有生意。一千八百五十二年正月二十二日，又割阿零士地数十顷，以充公统，核御库所入，岁得佛狼四十兆。然法王时有额外需[1]，因之御库不足，则贷国债。自即位以来，积至佛狼一百兆。

若夫前后武功之盛，则有赫然震于遐迩者。一千八百五十三年与英、土及撒丁[2]合兵攻俄首尾，用师三年，攻城夺地，毁垒焚船，几于过半。俄不能支，遂议和，一千八百五十六年列国公使立约于巴黎斯，由是法之兵

[1]“岁得佛狼四十兆。然法王时有额外需”，乙未本卷六19b原作“岁得佛狼四十兆。二、然法王时有额外需”，揆诸文意，据癸酉本卷四5a改之。

[2] 撒丁，即Regno di Sardegna（1720—1861），今通译作撒丁王国，19世纪中期意大利境内唯一独立的王国，位于意大利西北部，日后在其基础上实现意大利统一。

威雄于海外。一千八百五十七年用兵安南[1]，割其细江三省为属地，设兵置戍，建堡通商，以便东道之转输。旋又以小衅出师，侵叙利亚省，屡戡北阿洲之乱，遣臣里息往返埃及，开凿新河[2]，绵延四百余里，使地中海与红海合而为一。东西往来邮舶，至此无所阻，凡阅九年始成。一千八百五十九年助撒丁叛墺，撒丁者，以大利之属国也，与法故姻娅[3]。时墺兵已破其国，故法特援之卒败墺兵，割地议和而还。一千八百六十六年攻朝鲜未下，又用兵于墨是哥，图据其土地，于其国都戍以重兵。民众不服，屡相攻击，卒撤戍兵归。一千八百七十年以争立西班牙王子，与普构兵，普人先兴师伐之，悬军深入其境。法王兵败于师丹，遂降，普迁之至加须儿城，幽居不乐，发愤著书。自践位以至失国，凡二十有三年，于是拿破仑朝终。

逸史氏王韬曰："拿破仑第三亦一雄才大略之主也，徒以好兵乐战，弗戢自焚，遂至失地丧师，去位弱国，惜哉！然我常推原其故，失国之由不仅于是。子舆氏有言曰：'国必有自伐，而后人伐之。'苟非内乱已萌，则外侮必不作也。余于庚午春初自英返中土，道出巴黎斯，与

---

[1]安南，今通译作越南（Vietnam）。

[2]新河，今通译作苏伊士运河（The Suez Canal）。

[3]姻娅，亲家和连襟，泛指姻亲。婿父称"姻"，两婿互称曰"娅"。

铎德儒莲[1]相见，于学院见兵士持戟巡伺于道者，状殊严肃，若备大敌，心甚异之。又闻逆旅主人告予曰：‘兵士见衢市有聚众偶语者，则鸣枪之，问何以故，则虑其谋为变也。以去岁民间请法王贬去尊号，俾民得以自主。法王怒不许，因广募兵士，为之弹压，羽林佽飞之选，遂倍于常时，故民间莫敢妄动。是时法国方盛强，无敌国外患，而余特惴惴焉，知其国之不足恃，不意不一年间一败至是。’子舆氏之言信哉！至于内叛之兴，亦由法王之负约，有以召之。初，前王拿破仑第一之被废也，国人革传位之例，仿美国法，简立贤者为君，永著令甲，以期不变。法王之得国，原由于群情仰附，既在位，威福自擅，政令由己，又欲传祚于子，是以大拂民情，竟至于乱。呜呼！观其君臣之间，互相猜忌，各自为党，内外几若水火，即无普国之攻，亦必有变。当法与普战也，民有涣心，士无斗志，故普得以至是，不然当不至于斯极也。然则法之弱，法人自取之也，于普何尤？”

法国大臣闻法王之降于普也，集而议于朝曰：“兵败矣，王降矣，国危矣，可奈何？第国不可一日无君，民不可一日无主。盍选于众，以为统领，暂行摄位，俾治国

[1]儒莲，即Stanislas Aignan Julie（1797—1873），犹太裔法国人，19世纪欧洲最优秀汉学家之一，法兰西学院院士。据《法国图说序》，1867年王韬初履欧陆，即“致书法国学士儒莲，谓宜撰成国志”，只因“儒莲未有以应”，才令王韬未能如愿。而据《漫游随录》卷二，王韬在巴黎时曾与儒莲有过交流：“是日风清日暖，往访博士儒莲，法所称博士，犹中华之翰林掌院学士也，为素波拿书院监督。院中庋华书三万册，目录凡三卷。儒莲好学媚古，一志穷经，足迹虽未至禹域，而译书已裒然盈尺。见余喜甚，握手接吻，待若上宾。儒莲通中国文字，能作笔谈；今有导者代为传言，故无烦管城子为介绍也。儒莲原籍犹太，年垂六。”《弢园文录外编》卷十一录王韬所撰《法国儒莲传》，对其介绍颇为全面。

事。”于是，谋于兆众，仍循公举之例，请大将德禄苏摄位，统军治理政刑，京中绅民愿举者约四十余万。今则暂行摄理事平，则集众再议，以定去留。至于九部大臣，尽行更易，外部总理各国事则儒理发孚主之，内部则监必得主之，兵部则将军李福罗主之，海部则富礼商主之，刑部则格礼模主之，户部则比加德主之，礼部则儒理西门主之，农部则麦壬主之，工部则陶利行主之。九部区授已定，发孚乃电报布告各邦曰：“天祸，敝国兵败王虏，然国不可无君，民不可无主。今已循美国立贤之法，简择新君，统摄国位，敢告。”时各国有许者，有未许者。于是传谕国中军民，咸知旧君已降，新朝已建，各一乃心力，以保国家。于是，护国统领所颁诰谕，四处悬贴，其言谓：“依一千七百九十二年之例，嗣后永为民主国，且必为国报仇，协力同心，退敌出境。即日来昂城[1]、波都城、克连怒步城，并及南、北两境各大城，皆自为民主之国。”各处居民，无不大声疾呼曰“威父刺理北力”，盖法国语也，意即谓长为民主之国。列国闻之，或有以为是者，或有以为非者，所议纷然，莫衷于一。惟英京所刊日报皆刺讥其所举过当，此亦足以见公议之不可泯也。

九月五日，护国廷臣儆普王出法国境。当法京纷乱之时，法后方居条刺厘殿，左右侍从咸自散走，坐困宫中不得出。俄有大臣来告曰：“事急矣，请后出奔全命。”后意犹豫未决，涕泣如雨，始欲自裁，继念不如走避他国，

[1]来昂城，今通译作里昂（Lyon），现为法国东南部阿尔卑斯（Alpes）大区首府和罗讷（Rhône）省省会。

再为后图。乃偕两大臣由宫后僻道行，顾后宫门亦皆上键，一大臣呼守者振管辟扉，麾民使退，后以黑纱蔽面而出，不令人见，旁有童子言曰“后出矣”，时人声鼎沸，众皆不闻，后乃潜乘轮车，取道往比利时。法国王子已先遁于英，盖众谋废置，其志正锐，王子之不得不去者，势也。当师丹之未降也，九月一日，法京集众议事。大臣芝伦载核在上议院言曰：“今者大将军巴彦困守蔑士，阻于重围，不能再出。经略麦马韩以二十万众欲援巴彦而不果，为敌军所袭，退驻师丹，数日之间，屡战屡北。彼气方张，我军久挫，揆其形势，必不可保，寇深矣，可若何所？幸者下议院众绅竭力赞襄，不辞劳瘁，京师民人，志齐心固，尚堪共济时艰，背城借一。其访于有众，我国中尚有略不世出，学迈时流，兼文武之资，具折冲之任，为国家御患雪耻，挽回此逆境者乎？至于京师为首要之区，当必力筹保护，内外炮台镇以重兵，通衢大路守以巡卒。宁使葬身灰烬，誓不以京师尺寸之地与人，惟我同志，尚其勉之。”下议院意见亦同，曰：“必固守，效死勿去。”于是，京师绅民皆以战守相持为不易之论，民间亦互相勖，皆曰：“必报仇，宁事异国。”越日，知师丹之降，京中大扰。九月三日夜半，下议院诸绅群集，首相宣谕于众，词气慷慨，众为悚动。翼晨，传谕众民，其略曰：“今者王师败绩，国势艰屯。然壮志尚存，雄心犹奋，众情虽屡挫而可用，锐气即百折而不回。京师内外咸驻重兵，来因河滨广招劲旅，助援之军、新募之众，不数日间，云集响应。必当比权量力，度势审时，以再与敌军从事。凡尔众民，尚其激励于胸怀，勿沮伤乎志气。以忠义为甲胄，以静固为城垣，蠢兹敌人，尽驱出境，勿留遗丑，建功立业，正在斯时。”

法国举德禄苏摄位后，自称“嗣后永为民主之国”。师丹角战之日，巴彦之兵出至普营挑战，结陈于哥些耳乡。亥刻，两军相交，各奋力死斗，互持至丑正，始各罢兵。翼日昧爽，重整士卒，再决胜负，法攻普拒，猛气百倍。久之，法兵锋锐少挫，而普军无不以一当十，午正击退。法军陈伤者，枕藉山谷间，而普兵无少损。盖当战时，普军皆伏地避炮，故弹不能及。二日，巴彦遁守蔑士，为普郡王所困，不得出。是时，已知法王退驻师丹，麦马韩从行，扈驾[1]声势，不复联络。巴彦乃复训励军士，勉以大义，欲冒死突围而走，布陈索战，两军始合，皆殊死相抗。法军奋力争先，有进而无退，势甚猛锐。普郡王亲自督陈众兵，有一退缩者，立斩以徇。于是普军人自为战，呼声动天地，相持至日西坠，撤队各返。是役也，普军死伤者六百人，法军损失者亦不少。于是，蔑士之围益密，普军先筑长围以困蔑士，皆以电线环布其四周。一遇兵警，俄顷之间，可集八千人，两刻许可集至二万二千人，其神速如此。附近蔑士村乡，皆以兵士昼夜逻巡，告诫法民，无得妄毁电线，如传递之时偶有不灵，则惟乡民是问。旋于以便利乡有法之农民嫉而断弃之，为普军所知，罚其乡偿缴佛狼二十万，以示儆戒。是日晚刻，有法人于街衢间得所张揭帖，言“法军已获大捷，普郡王偕其将士群死于缅低河”。大抵法官之欲安民心者，妄造是言也。

[1] 扈驾，即护驾。

按，师丹之降，共俘法军八万七千人，统兵员弁四千人，偏裨、协副、将军五十人，大炮五百五十尊，墨迭儿鲁士炮七十尊，马一万匹，辎重不可胜纪。是役也，普法兵士阵亡者数万。有随营文士翼日往观战场，返述其惨目伤心之状，几于不忍见闻。其间折肢裂体，剖腹披肠，断镞贯颅，飞丸入骨，纵横枕藉，殆不可辨。遗衣在地，血痕脑迹，凝聚其上，肝胆驟于泥涂，骨肉膏乎草木。古今来争战之苦，未有如此者也。师丹界于比利时境，事后暴骨如莽，虽经好事者为之埋瘗，然亦只草率了事，以致秽气逼人，腥闻于远。比利时人恐其转辗侵染，致生疫疠，特遣干员数人前往，设法屏除。比官亲莅其境，将所筑葬坑尽行凿开，先灌以萆麻[1]油，次灌以石油，然后加以薪蒸，举火焚之，凡历数时许，所有臭骴[2]腐肌，悉付一烬。其尚存枯骨，又灌以辟秽药水，迨后复以土泥填筑葬坑，乃始回国报命。

日报文士更述琐事二则，亦有欷歔足志者。始西国设有同怀会，盖联异姓为手足者也。其会尚意谊略势分，是以上自王公贵人，下逮草野布衣，无不可入。且其会相通甚广，不限于一国，盖声气所及，不分畛域，无间遐迩也。是役中有同盟二人，而皆受伤者，其一为普之统兵官，其一为法之弁目。当时师丹之役，过于秦楚巨鹿之

[1]萆麻，即蓖麻。

[2]骴，肉未烂尽的尸骨。

战[1]。枪炮之声震山谷、奔雷电、裂肝脑而委泥沙者，不知凡几。二人皆中伤卧地，神魂如游墟墓。少焉，法官渐苏，痛楚思援，张目四顾，见同卧战场而相离不远者为相识之普官。微呼之不应，举手而示以求拯之意，弗顾如初，盖普官时犹晕绝也。法官视之，深为叹息而已。已而，普官亦苏，作呻吟声。法官再与语，且道及会中事，普官遂悟为会中人，然相遇于疆场之间，聚会于生死之际，彼之不能拯此，犹此之不能拯彼也。而二人忘胡越，置生死，叙述向谊，谓“会中人、战中士，如吾两人今日之聚者，实为鲜有”。娓娓深谈，转忘创痛。顷之，而医士至，盖西国战事甫竟，即有医士踵至战场，检载受伤者，归而调治。然是日所来医士非随营官医，乃善士集资所延者也。医至二人，嘱其同车并载，无使相离。医士以两人本敌国也，而相爱若此，异之，审其故，两人具以直告。医士亟称奇遇，两人闻言，亦异而转诘之，医士曰：“我之于二君，亦犹二君之于我也，”二人始悟医士亦会中人。吁！彼两人者始而性命相搏，终而胶漆相投，不亦异欤？使两不受伤，固无由会晤，或一伤一不伤，亦无从觌面。则此同伤相恤，殆出前缘，而又有一治伤之医士，亦属同盟。虽曰“偶尔遭逢”，而冥冥中不可谓非有定数也。有一日耳曼军士为一飞炮中右肩，其伤甚剧，医士验

[1]秦楚巨鹿之战，指秦末起义中项羽率领数万楚军（后期各诸侯义军亦参战）与秦将章邯、王离所率四十万秦军主力在巨鹿（今河北平西南）进行的一场重大决战性战役，也是中国历史上著名的以少胜多的战役之一。项羽破釜沉舟，在各诸侯军畏缩不进时率先猛攻秦军，带动诸侯义军一起最终全歼王离军，并于八个月后迫使另二十万章邯秦军投降，从此项羽确立了在各路义军中的领导地位。经此一战，秦朝主力尽丧，名存实亡。

之，谓阅片时即死。军士于数刻中忍痛抽笔，就地作书，以别所知，竟掷笔气绝。书与一小像同函，启视之，一娟好女子也，人乃寄归于其家。噫！其人当绝脰[1]捐躯之际，渐犹不能忘情于燕婉，若此谓非深于情者哉？是则可志也已。

《普法战纪·卷六》终

番禺邹五云祥生校字

[1] 脰，颈。

卷 七

南海张宗良芝轩　口译
吴郡王韬紫诠　辑撰
叶杨曦　校注

普法交兵，普军屡战辄捷，军中俘获，不可胜纪[1]。所有陈擒法国兵士解回普营后，即按名给以烟酒，其余粮粮、衣履，无不丰足具备，其优于待敌也如此。其在师丹共俘法兵九万，于九月五日由师丹递解普国，以二万人为一队。普军各路均设电线，飞递消息，甚易且速。其转运军糈，专用火轮车路，故军中所需，无不充足。于师丹所获法国之枪炮器械，立即分授军中，以为进攻之具。法之利器，所用以攻普者，至此普转藉之以攻法，古之所谓“借矛陷盾[2]”者，殆不过是也。

普军中兵饷浩繁，每日需用佛狼一千五十万，约银饼[3]二百余万圆，诚非常之巨资也。按，法国佛狼二十五枚即抵英国金钱一磅，每磅可值吕宋银四圆有八[4]。普军之攻法也，其进止迟速，业已通盘筹算。胜则速备进取，败亦预谋归路，盖能进能退，乃兵家之要著[5]。况普国悬军深入，越境攻人[6]，不先料进，必先料退。故普于进退之间，极为致意。虽日攻城掠地，有进而无退，而无不步步为可退之计，此普之所以称能兵也。或谓：“普军进攻法京，若不能制胜，则退兵之时，恐所围法国各城之兵皆不能守，法可转败为胜。”斯言也，虽曰“知兵”，然非

[1]“普法交兵，普军屡战辄捷，军中俘获，不可胜纪”癸酉本卷四作“普军”。

[2]借矛陷盾，出自《韩非子·难一》：“楚人有鬻盾与矛者，誉之曰：‘吾盾之坚，物莫能陷也。’又誉其矛曰：‘吾矛之利，于物无不陷也。’或曰：‘以子之矛，陷子之盾，何如？’其人弗能应也。”

[3]“饼”，癸酉本卷四作“数”。

[4]“按，法国佛狼二十五枚即抵英国金钱一磅，每磅可值吕宋银四圆有八”，癸酉本卷四作“按，佛狼二十五枚抵金钱一磅，每磅可值吕宋银四圆有八”，以双行小字附注于“诚非常之巨资也”后。

[5]“著”，癸酉本卷四作“着”。

[6]人，或当作“入”。

所语于普之行师也。当普军围师丹城时，兵众二十四万，法军十万而已。受降之后，普军二十万专向法京，更以骑兵二万五千为前锋。时法国京师已集兵三十万为守城计，向时所选诸执攻，皆退位解职。先是，法国廷臣料普军之必至法京也，谕民间储积糈粮[1]，以备日用。有附郭民人五万，由城外徙居城内。有自他郡运载食物至者，计面粉三十五万担，米十五万石，牛十五万头，羊五十万头，卤肉七百万斤，糖、盐、茶叶、加非[2]可支三月，酒可支半年。民间预筹储蓄，皆入市购取。因是，廛肆嚣阗[3]，日不暇给，公家特派兵役为之守卫。铺户、廷臣出示谕令，农夫携取苹果入京，自必厚为给价，故法京之食尚可支持。法后往至哈士定，法公主哥鲁西耳往士威斯兰。法王子[4]行至南苗亚，遘疾暂止。法幼公主摩西耳小驻雕鼻，为普军所得。

九月七日，法王子力疾遄征，抵哈士达，旋由阿电士往都华河，渡河至英。八日，法后始抵英都，与法王子相见。是时，普军之侦探者已至飞士迷，普军在符罗候士左右，群渡礼唔河[5]，分兵为三，直捣法京。九月五日，普王子[6]、普郡王、萨慎尼邦王子、首相[7]统率大军，陆续

[1]糈粮，粮食。

[2]加非，今通译作咖啡（coffee）。

[3]嚣阗，充满喧嚣之声。

[4] 法王子，即Napoléon Eugène Louis Jean Joseph Bonaparte（1856—1879），今通译作拿破仑四世。参见卷六“有尖路易拿破仑”条。

[5]礼唔河，今通译作莱茵河（The Rhine River）。参见卷一“来尼”条。

[6]普王子，今通译作腓特烈三世（Friedrich Wilhelm Nikolaus Karl，1831—1888）。参见卷二“普国王子”条。

[7]首相，即俾思麦。

启行，同时并进。九月八日，普将督催诸军迅速齐发，是夕，大营进札鲁吴呢排尼左右。自蔑士至法京，所有险隘之地，皆留普军为屯守其扼要之城，皆分兵围攻以遏其内援。普军之在外者，不下十有四万。八日，普军往攻扪迷地，为法军所击退，特其邑城垣，半已残毁。法人之守士打拉士卜也，志固力齐，日久不能下。普军攻围益急，仅离城外炮台五百步，环列大炮百尊，向城轰击，昼夜不绝声。炮台基石摧甓如粉，而官名婴城守御，曾不少懈。九月九日，镇守是城大将愿循西国例献城纳款，普人不许，仍用大炮环攻，然城坚猝不可拔也。九日，鲁吴守城官献城纳款，普兵入城据守。旁有小炮台，内储火药甚饶，猝尔燃烧，焚毙日耳曼兵士九十五人，法兵三百人。后普将细加推勘，乃悉致火之由，非缘统兵员弁之不谨，实司炮者失慎所致。九月十日，普军进攻土鲁城[1]，法兵出战，击退之，陈伤多人。普军别队之攻腮辰者，将下之谕，以举城出降，献炮台于普，法之镇守地方官弗从。是日，普军大队分五路进师，其时前队仅距法京百里，夜宿门马厘路。十一日，普军进至克厘土鼻，夜宿哥伦摩士。十二日，进抵迷伦，普国进军甚速，法京震动。法阿连士王子起勤王之师往援京师，以助守御。

西班牙都中闻法京告警之信，益兵防卫。法国驻札俄京、英京、墺京公使盖已撤委，别简新员。法国总理外国事务大臣致书法之驻札各国公使云："普王[2]向者有言

[1]土鲁城，今通译作特鲁瓦（Troyes），位于法国香槟-阿登大区塞纳河畔，奥布省首府。

[2]普王，今通译作威廉一世（William I，1797—1888）。参见卷一"威廉第一"条。

‘普所与战者拿破仑朝耳，非仇法国也。’今王已去位，法则尚存，而普乃进兵益猛，此何意也？然法固不欲开罪于普，亦愿和耳。惟割地乞怜，法所不为也，法国之地，断不能以尺寸与人，普若不可，则听其所为而已。京师重地，今已极力防御，普军若至斯，与之决战耳。”以是知普非仇王，直仇法也，开衅之端在普而不在法也，明矣。时美国、西班牙、瑞士、比利时皆许法国为民主之国，与之遣使往来，皆欲为之居间劝和。美国亦乐为效力，英亦函致普王，请其暂行息兵。普国民人闻之，具言于普王曰：“战之始两国主之，则和之端亦惟两国主之。各国既未助主战，亦毋助主和。”更刊于日报曰：“法国今已殊称号，改旧章，自立朝廷，各国例不得预其事。”

九月十四日，南北日耳曼诸邦以普王声施赫然，愿推之为盟主，以期嗣后一体相联，同奉一朝廷，共聚一议院。先商之于普相，而后举行。先二日，普相屯兵于廉士，有西国日报主笔之士特往大营，通名进谒，谈论普法用兵事。普相曰：“提三十万众深入敌境，人人知其不易矣，抑知此犹未为难也。我普国之师，其始进也向西，其继发也向北，追乎追奔逐北，转向趋东北。师丹之战，俘敌军十余万。然后列旗建鼓，径指西南，其曲折驰赴，岂易事哉？我普国之进兵也，具有方略，日行九十里，不以为疲。其行三十里者，皆从容不迫，好整以暇，他国行军未有能如此者也。”士曰：“以公明见度之，法民果能守卫京师否耶？”普相曰：“我何用攻之一策哉？”士曰：“既不出于攻，将以何策下法京？”普相曰：“善战者待其衰，善攻者承其敝。糗精绝，士气竭，口腹饥，民志离，外濠筑则重关开，长围成则坚城拔矣。”士曰：“法京之地非弹丸也，若欲环而困之，非一百二十万之众不为功。”普相曰：“围法不同，各视其用，布置疏密，因地而施围。三开一待，其逸环布，固绕绝其出，此皆兵法也。我今以尖角法围之，则用兵少而收功易。每以二队相距为犄角，相间之处以骑兵为往来应援，昼夜巡防，无使少懈，则虽颗粟粒米无自入城矣。何用力攻，劳吾军士委性命于虫沙，飞血肉于炮火哉？惟彼法京，岂无勇士？我攻彼拒，彼蹶我疲，非计之得也。是故善战不如善困，扼隘胜于搏野。接济路穷，心志日涣，外援不至，内变将作，溃败之机，可以立见。于是，我乘间以攻之，易于摧枯拉朽。安用以头撞壁，自取烦恼也乎？”士曰：“是谋其必济乎？”普相曰：“君试观之，普取法京，必从此策。”士曰：“然则普国以逸待劳，欲使法京自困，恐旷日持久，彼得以为备，闻法国将在来亚河南方招集新军矣。”普相曰：“此乃持兵之民，实非军也。前之战于胜棉里濠也，普仅兴一旅之师耳，而陈擒其将士千五百人，以不教之民而驱之战，虽多奚为？虽然法民能操演三月即成劲旅，惟我必不假以时日，使之从容习练。若彼徒促之使战，是无异置之死地也。空蹈白刃，为可悯耳。”士曰：“是则然矣，顾战事之竟，必出于和，敢闻和之之道若和何？”普相掀髯而笑曰：“至今时而言议和，与谁立约乎？将与其廷上诸公乎？（“廷上诸公”谓好谈论、喜游惰之辈）[1]抑与其使臣乎？当法王之纳款于师丹也，我见而与之言，即问之曰：‘两国将自此息兵讲好

[1]“‘廷上诸公’谓好谈论、喜游惰之辈”，癸酉本卷四作“原文‘廷上诸公’即谓好谈论，喜游惰之辈，意即不能与之立约者也”。

乎？’法王遽答我云：‘唯唯否否，不然朕今为降虏，岂能主和定约也哉？其权自在法京耳。法后犹总朝政，廷臣共执国权，朕何能为哉？’由此观之，法后居内综理事机，则法之朝廷仍当系之法王也。”士曰：“今者法后出亡，王子外逊，可谓之弃位失国乎？”普相曰：“以我言之，则不然也。今法后之见逼于廷上诸公，犹下议院之见逼罢议也。然若辈所为殊未合理，彼岂能自立以主国哉？今所征调之水师战舰，将从谁之命为进退乎？被围蔑士之军将从谁之命为战斗乎？或者巴彦之心犹不忘故君，尚戴法王，若然，则我许其往法京。夫以巴彦及麾下诸军前往法京，为之主持其间，其胜于廷上诸公及所称新立之朝多矣。至于法京中如何行政施仁，发号出令，纪纲体要，规度事宜，则在彼自为之耳，我不必指示其旁，而为之赞一辞也。呜呼！斗筲[1]之流，罔知远虑，乘危窃据，妄干大宝，彼欲自知其国中民心之向背，恐甚难矣。然此皆彼国中事，无预于我，我侪惟知得遂我所请已耳。且我普国非有广人民、辟土地之心也，如将昔年旅法之日人、凡通解法国之言语者尽隶普国民籍，列于编氓，亦徒多事耳。但此百年之间，法国借事生衅，非止一次，屈指计之，至此战已二十有五。前者南、北日耳曼各自为邦，遂相离逖[2]。今则转离逖而为和同，患难兼顾，缓急相维，合德同心，并力一志。故得以挫厥锋锐，遏其骄凌。至此而尚望与法国求成讲好，适堕其术中耳。纵使持平立约，一切俯从，委曲牵就，惟命是听，土地不必割，饷项不必

[1]斗筲，指斗与筲。斗容十升，筲，竹器，容一斗二升，皆量小的容器。
[2]逖，远。

偿，而彼肯蠲[1]忿恨，敦辑和乎？殆不然也。汝国昔年华铁路[2]之战，彼何尝一刻忘之哉？其不行报复者，幸耳。沙都华之战无预于法国事，彼犹弗忘，况师丹之战，其能无介于胸中乎？夫有战势必有和，而善为和者必能有以制之，使不为后日患。我之必取士打拉士卜、蔑士两郡之地者，原以固我疆圉，拒彼攻击计也。我之欲得土地，所志原不在城邑也，惟求厚树屏藩，用免兵革而已。当用兵之初，若法王先选精骑，趋攻南日耳曼，悬军深入其境。我国此时兵犹未及束甲，马犹未及秣刍，不必两兵相交，而胜负之权彼已操之在握。乃彼终不计及乎此，是则我所未解也。矧[3]法之征调速于我，国中常储兵十有五万，令至即行，捷同呼吸，若我国则猝不办此也。至于进兵之机，今虽失策，后必取偿我国。若不[4]早为之，所以厚树其藩篱，严饬其防卫，用杜彼狡焉思逞之怀，则彼虽不得逞于此，必将求逞于彼。使其兵出南邦，则我失其援矣。尚忆南邦戈天毕先王尝谓我曰：'尔我肝胆相许，可无异虑，设使一旦敌人骤攻我国，其时我方在尔营宴乐，一闻此耗，则将何以处之？恐我民以情蹙势穷，吁我与敌求和，乞盟城下矣。'此戈天毕先王语也。若我邦不自强以拒法国，其祸何以异？是故我必取士打拉士卜者，所以整顿边防也；必割蔑士者，所以捍蔽[5]邻壤也。如我不得志于

[1]蠲，免去。

[2]华铁路，今通译作滑铁卢（Waterloo），1815年6月18日，法军与反法联军在比利时小镇滑铁卢进行决战，史称滑铁卢战役。此战之后，拿破仑帝国覆灭，拿破仑一世被放逐至圣赫勒拿岛。

[3]矧，况且。

[4]若不，不若。

[5]蔽，即敝。

此，更战十年，亦将未已。”士闻言愕然久之，因问曰：“闻法国总理外部事务大臣发孚有书致公，曾见之否？”曰：“见之，此从英国总理外国事务衙门所传递者也。我虽不欲受书，以发孚为法廷大臣，但至由英国，不能不为之留意。法国尚书甚欲知我，肯受其书，彼言必当保全法国土地，方与我结盟立约，然何以不更言必偿饷于彼国乎？此则我所甚异也。若议和大局由法王主持，则俄、澳、意诸友邦必乐为之，助理于其间。闻今法已自为民主之国，则适以动诸友邦之疑，而无从措手耳。”倾襟既罄，士遂别普相而行。

普军围法京，渐逼法廷，执政者拟迁都多亚城[1]。出谕宣示众民，刑部大臣先行驰往，抚励众士，宜竭尽忠赤，以翼助国家。阿连士王子奉命离法京镇守阿连郡城，以备普兵之来攻也。是日，法国老臣爹亚由法京启行，游说列国，设法以退普军。盖法京臣民咸望各不偏助之国请于普王，暂行息兵，列国公使迁居多亚城之举暂为缓期。以爹亚昔有不战之议，智识深远，故公行推举出使列邦。爹亚先至英京伦敦，谒见总理外国事务大臣，但求劝导普王退兵出境。而所以求其退兵之故，将若何以为酬犒者，卒未能明言，故英之廷臣无由藉手为之调停。美国朝廷亦有言曰：“若普相俾思麦不乐别国代为劝和，则敝邦亦不敢预闻。”俾思麦知爹亚效策士游说[2]之习，将以利害感动列国，乃致书于欧洲列国使臣，盖先发以制人也。

[1]多亚城，今通译作图尔（Tours），现为法国中西部中央（Centre）大区安德尔-卢瓦尔（Indre et Loire）省省会。

[2]策士游说，指春秋战国之时纵横家游说于各诸侯间，研判时局，陈说利弊，出谋划策，以逞其能。

九月十三日，普相屯营敛唔士，作第一书云："诸公为敝国故出，为排难解纷，甚盛意也，甚美举也。顾所以议和者，为暂时耶？为久计耶？敝国惟欲为日后永敦辑睦地，故设法图维，务归至善，欲使后日法国再不与日耳曼诸邦开衅启争。南日耳曼与法境犬牙交错，土壤毗连，并无范围，以为捍蔽。是以法国苟有战争，必由此而入，敝国将何以御之？非取边界之炮台，归于敝国，则不能夺其所恃，以消彼侵凌之志耳。岂敝国好开疆辟土哉？实谋自保而已，惟祈鉴之。"翼日，普相行抵芜邑。九月十六日，作第二书云："今法国无君，自称民主，所有国政尽已革更。日耳曼列邦雅不欲预闻于其间，谁为主朝纲，谁为执军政，亦姑听之而已，惟敝国所知者，拿破仑一朝耳。士打拉士卜、蔑士两郡若为法国所有，则其藩篱巩固，百倍日邦。敝国欲割此两郡者原为拒敌计，非为攻敌计，若日耳曼诸邦，则断不敢先启衅端耳。设使空言和议，诚何所裨？敝国虽欲独敦辑睦，亦势有不能。因彼一旦兵强饷足，即欲狡焉思逞报仇之举，捷于转瞬，则我国家将何以为捍御耶？夫欧洲升平之福，敝国方且与人共享之，而遑敢独壤之？此役之兴，原出于不得已而拒之耳。今糜饷糈，费兵力，劳乘舆，苦将士，无非欲割此两郡，以底于平和也。此列国之所知也，敢即图之，曷胜企望。"

九月十二日，法国战舶由波罗的海驶回。九月十三日，普军进攻沙呢坚、边布鲁、云士三邑，均已屯札重兵，筑营建垒，为久驻计。所有嘉卑耳、克厘耳两处火轮、车路、铁桥，法国皆自行毁除，惧普兵乘之以径渡也。巴黎斯都城纷然筹备攻守之具，四城冲要之地布置已齐。城外林木丛杂处悉行纵火焚之，俾普军不得有所隐蔽也。普营侦谍之人遍布法京，城外有行抵都尖沙仙村堡者，旋即为法民逐去之。摩文、宏士两地，皆探卒经行出入处也，于是普军渐进，屯营于哥罗窝、加士顿、亚刺士谭三邑。

九月十六日，普国大营进屯芜邑，特遣别将，统兵一万八千，围攻土鲁城，环之三匝。是日凌晨，普军首队分三路并进，一抵栽威路，一抵理般刺儿佛，一抵美伦。其行师之速若飘风急雨之飒，至近京各大郡无不闻警恐惶，急谋保卫。普军所经之地小有接仗，以是时方拟转向法京，统队径前，不遑他顾，其前茅已直逼法京东隅。城中闻普军将至，急调兵出外，扼要据守，以拒敌人。于时，法国议和之使虽行，而普军之进益速，法京与英京往来邮报悉已阻遏不通。列国使臣窃料普王之意，必待攻破法京，然后立约议和，并欲重立拿破仑第三为国王。

九月十七日，日耳曼兵扬言欲攻那文地。法国初以重兵扼威沙耳、路界两河，以讥察舟舶往来，至是撤兵不复守。法国雕哥律将军统兵八万镇守克兰纳、棉顿两郡。自多亚至法京所有驿递电报已行停止，自栈棣离至阿连驾空之电气铁线，亦为普军所断。普军由弭士进兵，已过仙河，用马车载大炮五十尊，同经苏士克列爹。其间有毛豪士、亚尼两小邑，已为普人攻据，用以屯兵。时普郡王方困巴彦于蔑士，扼其吭而制其死命。其地甚险，猝未可下，至是始用巨炮轰攻。巴彦闭城不出，盖自九月二日鏖战之后，至今未一交兵也。

法京初得蔑士消息，云其地军士雄强，糈粮充足，法京诸臣皆倚之为外援。九月十日，普营举炮百一响，以贺师丹之捷也，欲法京围城之众闻之解体。普军既筑长围，又于四周深掘坑堑，以阻法军。越二日，巴彦释所擒之普国俘囚，驱之出城。普郡王集其麾下议曰："蔑士天设之险势，难以力攻。今我与彼众寡相当，彼以凭城自固，偷逸须臾。若我攻之过急，则困兽犹斗，触网逸阱，所不及料。不若缓以时日，以承其弊，使彼粮绝援穷，然后图之，未为晚也。师久则疲，士饥则困，此时虽欲战不能矣。不战不出，不降何待，奚必求下于一鼓，多伤我士卒哉？"众曰："善。" 自是攻城不以巨炮，俟其出，则用劲旅扼遏之而已。蔑士有电线由地底潜达士打拉士卜城，巴彦乃用之以通消息于城将余烈。然士打拉士卜亦有围兵，弗能援也。蔑士守兵屡以空瓶贮书札，以桦木固塞瓶口投之靡思河，使顺流浮出，冀外人拾得，藉以达信音。有以师丹纳款、法王蒙尘告巴彦者，巴彦慨然太息曰："事不可为矣，然大丈夫宁报国而死耳，岂能作降虏哉？吾今为蔑士之主，断不可以再误。"于是军心稍固。

自八月至九月，法国军器局制造枪炮，日不暇给，多往购于英。普营闻之，特檄其国驻英公使移书于英国总理衙门，云："贵国既居局外，守两不偏助之义，何以贵国商人竟有私售枪炮于法者？岂贵国未及察欤？敢请其故。"英国总理外部事务大臣覆书于普云："我国一切举动，俱依《万国公法》行事。昔者战于克礼棉之役，贵国所行若何？敬当奉以周旋，弗敢失坠。"

九月十八日，法国老臣爹亚由英京启行往墺京维也纳，复由墺京径达俄罗斯，旋抵俄京。留于馆舍者数日，所与款纳延接者，俄国大臣而已，俄主未之召见也。是日，普国大军围法京东城其北，连营数十里，自法京至阿连皆普军也。由干富兰达于哈华，皆有火轮铁路，至是尽为普军所毁。惟自法京至布列单呢[1]，其路尚通，普人图下土鲁城，命军士悉力攻围。十有八日，以马车运载大炮至者，纷然不绝于道（其炮之巨，约二十四抛得[2]，“抛得”，英国语也）。普人若得是城，则轮车之路可直达法京矣。由土鲁城往芜邑之车路，普人已自建筑。芜邑离法京仅五十有四里耳，法护国廷臣传谕通国，刻期十月二日公举人员群集国会议事。

是时，美国、瑞士、比利时三国公使仍驻法京，法国总理外部事务大臣致书列国云：“敝邦所以公举人员集议于国会者，原欲畀廷臣以议和立约之权，俾敝国之事得以申理也。此役之兴，夫岂法民之所欲？此循一千七百九十六年公举大旨，惟民自主底于和平耳。”旋普相即有覆函，已许法国总理外部事务大臣至芜邑普王大营，谒见议和。所有普法来往移文，皆英国从中代为传递，由两国驻英公使达于本国。时法廷建议和之策者，以发孚为首，因发孚乃总理外部事务大臣也，其余廷臣皆隐有所不欲。意见既未佥[3]同，而筹论亦无端绪，故所议若何，未有成说。护国廷臣谕令水师战舰扼守北海，毋许他船妄自出入，且命堵塞各口要路。凡险隘之区，断道绝行，所以杜普军进路。特立鲁芝佛总司厥事，为之首领。普人闻之，立意取道西南隅，围攻法京。驻札大营于华西

[1]布列单呢，今通译作布列塔尼亚（Bretagne），法国西部一个地区。

[2]抛得，今通译作磅（pond），英文中的计量单位。

[3]佥，皆。

路[1]，以截法军之冲突。普王子进兵至宽丹布路，于是法京四周遍布普军，内外间隔，消息不通。普国又以围兵不足于用，特下征调之令，凡国中壮丁悉募为兵，先行团练，然后檄至，旋于波兰郡增益劲旅，凡计步兵七队往守边疆，以严防卫。普国大将士颠密士，才略纵横，操守雄毅，长于用兵，甚得军心，向统第一路军，今普王立为波沁总督，以资镇守。又调福坚士田至波罗的海，为统理水师提督，所以防海道也。

法廷执政檄谕通国之人，习武练兵，入卫京师。在森步连邑、卑稣邑左右，多旷地，一望平坦，便于建营，普军一万五千屯于此，意图乘势径趋仙郡。法人侦知，立调兵二万五千人逐之，普军以众寡不敌，遂退，丧亡者颇多，然法京之围渐密。十七、十八两日，普法两军战于城外，仅以偏师角胜。十九日，法将云奈统大队出城，与普师决胜负，分三翼而前，兵锋甫交，势甚猛锐。普出奇兵横截之，法大受创，陈斩千余，俘获三千余人，追奔逐北，尸相枕藉[2]。是日，法军败绩，遂退入城。于是，普军环围四周，普王子驻师华西路。自华西路至云仙聂皆普营也，沿途绵亘不断，无不互相联络。二十日，以大利兵入罗马城。初，法人之撤罗马戍兵也，教王朴以骤失大援，心怀震慑。城中虽有额兵，然不足以资守御。于是以大利王跃然起曰："是正天界以可图之机也，时哉不可失！"遂以克复故都为名，遣兵四出，一日之间，游骑遂

[1]华西路，凡尔赛（Versailles），1671年始建，法国首都巴黎的卫星城，伊夫林省会，在巴黎西南22公里，巴黎地区的商业中心、军事要塞、游览胜地，长期为法国国王主要住地。

[2]“藉”，癸酉本卷四作“籍”。

及其城下，守兵请于教王，愿背城以决一战。教王止之，撤守开关以待，但传檄国中云："如以大利一卒入城，即将城中会堂键闭，停止礼拜。"盖以恐之也。以大利王竟置罔闻，然卒未行其说云。以兵既入，教王疏附之兵欲与以兵相拒，教王传谕不许，因之罢队归营，未尝以一枪矢相加也。以大利王亲统羽林佽飞入罗马城中驻札，以罗马为以大利新京，君士但丁[1]为旧京。

二十一日，法臣发孚承欧洲诸国命，由法京往普营，谒见普相于芜邑。先立暂为息兵之约，然后集众至国会，与普议和。普相于接纳之顷，礼貌不甚优隆，但言："议和之举，殊惬众望，如是可以保全法京，免至毁伤于兵火。特是法廷政出多门，议和之据，以何为质？"发孚以三事呈于普相，谓："法今与普约者，法三章耳：其一，愿将普法交界处如士打拉士卜、蔑士两郡前时所筑炮台尽行毁除；其二，愿将国中所有战舶拨半以归普国；其三，所有普国军需，自开仗之日始，至议和之日止，所费若干，悉愿赔偿。今法已为自主之国，立约议和出自民意，必可以要诸恒久。"普相既览，未之许也，顷之，乃告发孚曰："敝国所求者不在酬饷，而在得地。普法交界有两省地，一曰'亚鲁西士[2]'，一曰'罗连'，向时固属之于敝国者也。因法之先王恃其兵力之强，蚕食敝国，一战而胜，遂为所据。今者敝国雅不欲用兵，而横被侵凌，故

[1]君士但丁，今通译作君士坦丁堡（Constantinople），古称拜占庭（Byzantium），今称伊斯坦布尔（Istanbul）。公元330年君士坦丁一世将罗马帝国首都定于该城，直至5世纪末罗马帝国衰落。

[2]亚鲁西士，今通译作阿尔萨斯大区（Region Alsace），位于法国东北部，隔莱茵河与德国相望，被莱茵河分为南、北二部。

不得已起而应之。蒙天之眷，得至于此。然敝国所以自为计者，亦不过反故土、蒙旧业耳，非真有贪地之阴谋、辟疆之奢愿也。倘贵国许之，俾共敦辑睦，永戢干戈，岂不幸甚？夫疆埸之事，一胜一败，何常之有？昔以胜而得之，今以败而失之，有得必有失，情理之常也，于贵国何害焉？如不然者，敝国不能以师退，议和之举，非所闻命。”发孚曰：“然则欲立息兵暂约，又当何如？”普相曰：“今者我兵围土鲁、瓦顿、士打拉士卜三城，旦夕将下，请即献城纳款，毋得抗命。而更以法京城外瓦拉灵炮台为质，议和既成，然后撤兵。”发孚曰：“如是，不如以法京拱手而让之贵国也。”当发孚初诣普营也，意欲说普相，以情动之，谓：“普相既肯，则普王易与耳。”遂与普相反覆辨论[1]，坚不能移。普相所索奢，发孚所许约，因是两不相入，所议卒未成。发孚慷慨发愤，泣数行下，遂与普相别，言旋法京。法京诸臣闻普相之言，均哗然曰：“是欲降我邦为次国矣，通国人民必皆以为不可。诚出于此，则普愈强、法愈弱，将来受其制伏，伊于胡底。宁使丧身灰烬，岂甘救危于目前，而贻祸于日后也？”盖此两省据乎上游，形势雄壮，进可以攻，退可以守，法若割与普，是自失其屏蔽矣。所以宁出于背城借一，而不愿蹈割地求和之覆辙也。

发孚议和始末，有自述日记为最详，此乃发孚于遄返法京之时，寄往列国者。其日记云：“九月二十一日申刻，我由法京行抵芜邑，在营见普国前锋，谓我曰：‘子来欲谒我王、我相乎？’余曰：‘然。’曰：‘然则且驻

[1]辨论，即辩论。

尔行踪，勿再前也。吾王乘舆已出芜邑，诣花厘亚，相君亦随行矣，盖将于其地图宴息也。’于是予始知前时已与普王相遇，特以取道偶歧，遂失之于交臂也。乃回车往诣，沿途所见村舍，几于十室九空，盖惧普军之搜括，故遁而远徙也。于是林树少疏，屋庐半圮，斜照衔山，人声阒寂，不禁为之凄然陨涕者久之。少顷遄行，会普相于中途，乃停车择一小室，共入暂憩。其地逼狭，不能作促膝谈，乃别至一空屋中。其屋相距不过数十武，稍加洒扫，延予入坐。观其窗牖间，尘网蛛封，似久无人居者，浮埃积几，浊氛扑鼻，殊不可耐。坐既定，遂与商榷国事，反覆辨论，迄无成说。既返旅邸，遂将彼此所谈，抽笔记之，亦惟录其要语，据事直书而已。

“当我见普相时，先述其进谒之意，倾慕之怀。继言：‘法国朝廷意旨已定，业将议和端委告诸列国。惟我之来，特欲知普相之意为何耳？两国交兵以来，从未遣一介行李，传彼此之命，参讲论之词，仓猝兴师，祸至于此。败者固已一蹶不振，恐胜者亦未尝无害也。原夫此衅之开端肇自一人，今法已易为民主之国，政令一新，不宜复承兹弊。除旧憾，缔新盟，弥嫌隙，修和好，是则法之所甚愿也。但欲使其纳土地，割疆宇，蹙国百里，益敌厚邦，不能长享太平之福，则法虽奔北之余，不敢闻命。’普相曰：‘鄙意有可以议和者，无不乐于立约联盟，永敦辑睦。法廷执政诸臣力欲归咎于启衅之一人，冀欲藉以为讲好地，我非不知之。特此廷臣权势危若朝露，身命薄于浮云，其言何足恃哉？试观数日间，见法京不为我所攻取，则内乱亦作矣，恐彼廷臣一切悬于其手耳。’我即止之曰：‘法京中岂有乱民哉？是则我所未闻也。城中百万苍生，三尺赤子，无不精忠贯日，高义薄云，岂有袒敌行私，揭竿谋叛，致坏护国之大局，重披猖于危急存亡之秋哉？相君将以为廷臣权不足耶？势不集耶？则我以举国之向背为权，亿兆之是非为势，交之于国会，凭之以公论。和议之成，由此而定。’普相曰：‘国会既开，所以扩展其心志，增益其智识者，或非吾之所能逆料。第国会从众心起见，则必以战为主。曩者华铁路之战、沙都华之役，无预于法国事，犹且旦暮不忘，况经大创于师丹，而肯憖[1]置之乎？法有意凭凌日耳曼者屡矣，图并其疆土，憎嫉其盛强。自路易第十四至拿破仑第三咸怀此志，不少转移。故下议院甫闻启衅，众皆称贺，上之所好，下必有甚焉者矣，于此可见。’我则辨之曰：‘否。不然日前下议院接展主和消息，同声称颂者盈座，我民之不欲战而愿和，亦可知矣。’于是各执一见，持论良久。我因问普相曰：‘和议章程若何裁度？窃愿闻之。’普相曰：‘夫所谓立约讲好者，原欲持久远、永辑和，俾强邻无至于侵凌，国势得臻于巩固。鄙见所及最重者，在于割地而已。士打拉士卜犹屋庐之有屏藩也，蔑士犹门墙之有障塞也，瓦顿犹江河之有堤岸也，三者皆所以自保而制人者也。我必取之，以捍蔽我国家，镇定我民庶，卫固我疆圉。特恐事关重大，非彼此不能遽议，容徐图之，当无不成。’我复询之曰：‘然则约款条目，可得闻乎？’普相曰：‘濒礼吴河者有两省，濒摩思厘河者有数郡，如蔑士、沙连、辰腮皆在其内，均我所欲取也。’我谓之曰：‘如是，不独法民所不许，欧洲诸国亦断不能从者也。’普相曰：

[1]憖，小心谨慎。

‘我亦知其弗愿，但彼拒之愈坚，则我必取之愈决。我知不日间普军云集，必当再举，胜负之数既分，然后事可知也。’我力辨其说之非，曰：‘君不独藐视欧洲列国，亦轻我朝廷太甚矣。敝国虽小，岂肯遽以屡败之余，而短气降志哉？宁举国沈沦[1]不自辱。盖割地之议，必待民心愿从始可行也。我惟知我民之不欲，故姑于集众会论之时，然后再为筹度。不然者，普直与法举国之民相抗耳。今普乘胜而骄，必欲割裂我版图，毁除我基业，则亦惟命。’普相曰：‘子言过矣。余意岂其然哉？’我即振襟言曰：‘苟贵国善于持盈保胜，许我选择人员，以赴国会，推举贤者为君。有国会然后有朝廷，有朝廷然后权势归集于一，议和诸事乃得主持。’普相曰：‘汝特欲缓兵耳，故借端前来游说，俾汝国得预为之备，我岂肯堕汝术中哉？国会之选，断不能从。’时已日落，暮色苍然。特我胸中所欲言者，尚未得倾吐于普相之前。因请于普相，俾于夕间往花厘亚营诣其寝息之所，再与相见。于是揖别普相而返，暂息旅馆，聊解征骖，中心殷忧，不遑假寐。

“我冀与普相明白剖析始终其事，遂于亥刻复谒普相。我即告之曰：‘顷所论列，拟呈朝廷，令其宣谕官民，俾知君旨。’普相曰：‘汝可徐为刊录。’于是委曲罄谈，至于半夜。我所言者，论及国会居多。普相似为我说所折服，其意稍动。乃进筹暂为息兵之约，并一切款例，我请以十有四日为期。普相答词未甚明了，但言‘当俟普王裁夺’，因拟翼日午正再行入见。自是，留连三日，迄无定论，怅惘之怀，良不可任。越日，我再往花厘

[1]沈沦，沉沦。

亚。午杪，普相由普大营驰驿而至，出示所拟暂为息兵之约，乃以日耳曼字体所书。普相口讲手画，转述甚详，约中必欲先交士打拉士卜、土鲁、科士北三城为质。我谓：‘国会之开，必集议于法京。’普相曰：‘然则请畀花刺、连冈上一带炮台。’我曰：‘如是无异于以法京输敌也，法国人员安肯从汝枪林弹雨之中前来会议乎？我本欲将此番相会之言详达朝廷，但今贵国所请之款，殊出意外，不佞安敢妄渎哉？’普相曰：‘如是则当别行设法。’我曰：‘若在多亚城会议，则法京外之炮台可无庸质，尚望相君主张代为上达。’普相曰：‘士打拉士卜自被围以来，危逼万分，旦夕间必破矣。炮台毁，拒守难，城堞坏，保御疏，固何难下之，而朝食哉？汝将意谓吾国力不能遽下耶？譬诸因尖尼已在吾掌握中矣。我请于汝朝廷献城纳款，俘守兵，缴军械，暂以为质，则士卒不至于多伤，民命可期于永保，所以为汝国计者，未尝不是也。’我闻普相言，志激情伤，不禁起而言曰：‘君忘与法国之人共语矣。夫士打拉士卜固未易下也，其城险隘，其将忠勇，士忘其死，民忘其身，固守不变，与城存亡，此其风义为何如哉？天下之人方且闻而仰慕之，乃贵国遽有此请，是将率法国之人，而尽为降虏也。’普相曰：‘请少安以毕吾说。吾非过伤汝情，但依战例言之耳。倘蒙见许于吾王，即删此款，亦无不可。’普相于是转达普王，未及片刻而回，因谓：‘普王已许在多亚城会议，惟士打拉士卜当依出献例’。我于时气愤填膺，泪若绠縻[1]，悲忧恻怛，几于眩蹶。久之，拭涕以谢普相，

[1]绠縻，喻雨水泻注貌。

谓：‘适者失礼之愆，尚请怜赦。’因与之别，且曰：‘我深悔多此一来矣，然我亦无所惜也。吾经历风霜，跋涉道路，艰楚毕尝，亦我分内事耳。我必将所论颠末上达朝廷，倘朝廷再命我来，虽甚难，亦所不辞。相君仁爱为怀，款待优渥，中心念之，感谢弗遑。斯时敝国乞和，而贵邦主战，必出于战，亦听之而已。法京之民怀忠愤，具义勇，一志于守，百折不挠，以期尽瘁于国家。呜呼！忠义所激，何难挽逆境为坦途，奋疲兵成劲旅？安见普之必胜、法之必败乎？举国同心，誓死徇敌，普虽能胜之而不能伏之也。苟有可藉以御侮靖患者，必图再举，败国之臣，请从此逝。’既别普相，驱车径旋，遥望法京，步步凄恻，胸怀愤懑，畴可与言。向者所望，至此成空，然尚冀其有万一之济也。”

以上皆发乎日记所述。观其持议居心，亦可与爹亚相伯仲矣。原普相之必欲割亚鲁西士、罗连两省者，因其民人与日耳曼人言语相同，心志相合，若一隶普国疆宇，则从普国之政，易如流水。所以普国君臣蓄意图之者，已非一日，至此始得遂其欲也。当普法之将议和息战也，普京伯灵众商请于首相俾思麦曰：“法国赔饷一款，须得通盘筹算，其数方明。不独军需宜酬，即商项亦当补偿。盖自用兵以来，法国于各处海口捕掳普人货舶甚多，其闻风折还、或在口湾泊者又不知凡几。贸易之停，率由于此，岁入羡资，大为减色。虽不欲取偿于法国，其能得乎？”日耳曼之不里门邦船主、士的汀船主联名入禀普相曰：“今闻和议将兴，酬款具有成说，此军国之事，非商人所敢预闻。然海中货舶往来时被掳劫，因之各商裹足不前，折阅之资为数甚巨。酬款中必当议及于此，令其承赔不独掳去之船，即各属地、各外国停泊之船亦宜偿。凡出入口商船、经法国所捕拿者所偿之数，由船主核断。”其所陈如此，盖显与法国为难，而不利于和议之遽成也，至是卒未允。

九月二十二日，普相致书于日耳曼驻札各国公使曰：“我与法国固夙所交好也，今之猝尔构兵，凡在友邦，必有所未悉。夫固彼为祸始，而我应之；彼为戎首，而我继之，岂敢开端发难也哉？兹者将我王意旨与日耳曼诸邦所见，为详缕以言之：法国之礼制规模、典章文物，我国本甚敬之爱之，向慕则效之，辑和协比，无有闲言。不意日复一日，和好浸成，嫌隙自上、下国会而至街谈巷议，爵绅显宦而逮士庶工商，朝论廷评而迄邮传日报，无不一志于战，欲取我国之土疆，以扩彼朝之区宇。彼与我国启争肇衅，几将大声而疾呼，不惮踊跃以从事。凡我友邦闻其谋者，亦莫敢出一言焉。法攻普之心，几于举国如此，故法王云‘此战也，非由己志，有逼之使然者也。’由是观之，安能以法国之人心为议和之左券也哉？我国断勿为其所蔽，而因以自蒙。法自为我所挫败，其衔憾蓄忿，当无已时，夫岂能一日忘哉？无论立何盟约，彼必不能践言而释怨耳。幸而我胜彼败，可以制其侵突，遏其骄凌，侵假而我战不利，则彼之欲逞矣。设使我国于此撤守兵，还侵地，旋师出境，概无所索，不必强其割地，不必令其酬饷，一切利益，我皆不取，惟欲得克捷之声名而已，如是可冀其忘情于我乎？必不能也。彼报复之怀，侵夺之念，图之于平日，必发之于一朝。方谓‘普之厚，则法之薄’，非普是侵，将焉取之？呜呼！今日普之所以幸免法之攻击者，惟恃乎理胜气壮而已。一千八百六十七年之役，我国本不欲战，有激我以兴师用众者，是以虽胜而彼亦无所怨也。因是始作难者，反望两国之言归于好。夫我国之所以待法者，亦云至矣，忍宿忿，捐微嫌，时韬刃于鞘，而不欲轻于一试。今者如剑出室，如矢离弦，忍难再忍，发不可收，久郁者思分，久屈者思伸，胜负之数，将决于今日矣。于此而犹不图利取益，以免后来之祸患，将在何时乎？一千八百十五年，诸国同力合兵以制法之横逆，原为欧洲升平计也。斯时之合纵连衡、彼援我助者，非止一邦，今则惟日耳曼一国耳。然我国非欲与法为难也，为维持我邦本，保卫我国体，立欧洲康固之基，奠日耳曼安平之局，所以出于一战耳，夫岂得已哉？今日和议之兴必得有所藉手，而后我国可立于不败之地。我不取之于其朝廷，必问之于其国人，无论彼国何人为王，何人为帝，我必偿我之所求而后已。百年来彼之恃险凭凌我者，不胜偻指，故今日立约，首条必先致意于此。当固我之边隅，树我之藩卫，俾日耳曼南邦有所屏蔽，则他日法之图侵，当不至如是之易。我国议欲割西境，据炮台，以外御侮而内自强者，即此意也。特陈鄙见，悉在是书。有问者，不妨以是答之。”

是日，普军围攻土鲁城益急，九月二十三日下之。先是，普营巨炮备集，遂开炮轰攻，自朝达暮，连环迭击，炸弹飞坠城中，火星四迸。东、南两方火焰突起，庐舍尽焚，其光烛天，男妇号哭之声鼎沸。法国守城将军谋于众士曰：“危城不可坐守，民命在所当惜，不如纳降，再为良图。”乃遣人手执降幡诣普将军门献款。酉刻，麦莲毕公爵、士威连公爵见城将降书至营，即递传电报，往南士大营，咨于普国镇守罗连郡总督保年，请命裁夺。迨夕，保督移文至，谓“允其投诚”。于是，法军出降者三千人。翼日清晨，普军整队入城，选派兵士二旗，扼守其城炮台。普军既得此城，所有饷糈军费皆以输车运往法京，转输便速，无所阻碍矣。普人于亚鲁西士、罗连两郡设立驿馆，以通邮递。法人以前与普相所议和款刊诸邮报，传示列国，斥其持论不公。普相特自辨云："法人所云敝国必欲索其华剌厘仁炮台，方允息兵者，此款非真也。"英官班朗士在嘉拉斯告谕众民曰："法与英密迩邻封，夙敦和好。今有事之秋，英国分应相助，与之调停息战。但议和之举，必当一秉至公，勿留为异日启衅之端倪，构兵之萌蘖[1]。此次普法之战，我英国大可旁观取利。夫普国之所以胜者，在寓兵于民，相资并用。若我国不能专赖于壮丁，则所以为保国常规者，自当别图良策也。"

法京外有高阜数处，可以屯营据守，普军夺取之，其地距法京仅十有二里。法军出击普营，小有胜捷，战于华西路，陈擒普军二千人。又战于法京外，法人骤出精骑，冲突普之苏士兵右翼，未及预防，忽惊而溃。左翼与中路整肃行伍，依次而退，法廷执政大臣宣谕京师内外民人起义勤王，力战拒敌，以拯国家之颠危。

九月二十四日，法京围城兵民相争，久之始定。普军屯于花厘亚者偶登高处，望见法京城内有施放枪炮于逵衢中者，莫辨其为谁何，于是，传言法京内乱者，哗然载道。法国总理内部大臣致书核士太守，谓："法京人心协固，众志成城。前闻轰击于法京衢市，此讹传耳，不足为据。法民忠勇，为国授命不辞，竭乃心力，婴城固守。揆其大势，今岁冬间，必可无害。"普人环围法京益密，所

[1]萌蘖，比喻事物的开端。

有传递信札自别国至法京者，皆不得入。欧洲列国使臣致书，普相俾思麦请于七日中一次遣人携书出入。

九月二十六日，普法两军于亚田尼乡，小为接仗。其地在阿连郡之外，两军始合，战未甚力。第普兵众于法，法镇守其地之将恐众寡不敌，遽吹角集兵，退往多哇城中。于是，普军骤进围城，环之三匝，二十七日遂下此城。普军攻法之美思亚城及沙芝威儿甚急，城将负固，不服普人，下令于九月二十八日举大炮攻城，玉石无分。于是，城中居民于先一日纷纷遁走颠难乡，盖以避炮击也，流离之状，目不忍睹。时法将巴彦以十七万众坐困于蔑士，三战三蹶，险阻尽失，长围深闭，飞越为难。普郡王志不在急攻，曰："彼巴彦者无异乎釜中之鱼[1]、陷中之兽[2]耳，稍缓须臾，无不毙者。"

九月二十七日，法兵图突围走，整队出攻普军，兵刃始接，势锐气盛。法军无不转战而前，普军知不可以力敌，佯退以诱之。于是，敛兵退出亚力坚尼士境。法兵骤进，再攻普军第二路之首队，不料普之援兵自后突出，遏截法军归路，前后夹击，法遂不支。法军睹势危急，恐不能回蔑士，其陈遂乱，纷然溃围散走，退入城中，为普军所擒者数百人。法于蔑士四周所设炮台林立，曰"机连"，曰"圣坚田"，曰"圣招连"，是日同时发炮轰攻普军，使其不得前进。普军遂将蔑士外哥伦俾村、刺克连治村焚毁，一时烈焰腾空，光亘霄汉。俾德村、朝旸村火亦延及，俱成灰烬。是日，有一普国骑兵乘一劣驷，颇难

[1]釜中之鱼，比喻身处险境，危在旦夕。参见卷六"鱼之游釜"条。

[2]陷中之兽，比喻身处险境，危在旦夕。参见卷六"殊兽之投阱"条。

驾驭，误入亚村外林中，为法军所执，尽褫其衣，裸而缚之，树至夕竟，冻饿而死。九月二十七日，蔑士法军大整队伍，出与普军共决胜负，以骑兵为前茅，炮兵为中权，步兵为后劲。出至亚坚里呢，转斗而前，普军反炮回攻，连环迭放，遂击退法兵。普人即将刺克连治村、哥伦俾村焚余之屋村再付一炬，数十里间，悉成焦土。附近数村亦为普法两军大炮轰攻所毁，庐舍零落，半为瓦砾场矣。

《普法战纪·卷七[1]》终

番禺邹五云祥生校字

[1] “七”，癸酉本卷七原作“五”，揆诸文意，改之。

卷　八

南海张宗良芝轩　口译
吴郡王韬紫诠　辑撰
叶杨曦　校注

自师丹纳款、乘舆蒙尘，法遂为自主之国。至发孚议和不成，而法京之围益急，援师不至，旁郡屡失，识者已忧其事不可为矣。而尤甚者，则在士打拉士卜城[1]之亦陷于敌也，普人取是城在九月二十七日，距发孚之议和仅六日耳。士拉士卜在法之亚撒西郡[2]中，亚撒西郡为法境西北隅腹地，襟带来尼大河[3]，其北境远足以转输京师，其西境近足以控制邻壤。分为二府，曰“下来尼”，曰“上来尼”，士打拉士卜即下来尼府之首邑也，邑中户口不下九万余人。其城濒来尼河滨，垣堞崇严，防范完固，共辟七门。其旁别有一小城，为之掎角，建筑如三角形，四周环以垣墉。城外多设兵房，驻以重兵，以备守御。有演炮场一所，平坦无际，地极宏敞。相距数十武有一大公所，栋宇巨丽。濒江一带均立水闸，为灌输蓄泄之用。城中列肆连云，层楼焕日，广厦崇旃，栉比相望。附郭乡村稠密，无不家给人足，户多盖藏室，皆华整。与瑞士、以大利东界相隔仅一府，而水道则直由来尼河北达日耳曼边境。以是，三国之人皆乐出于其市，往来贩运，岁以为常，即有时取道内地，亦不在甚远。此诚欧洲之雄镇，为普法所必争者也，得之则强，失之则弱，普之深谋蓄虑以图之者非一日矣。

普之始攻士打拉士卜城也在八月十有一日，特选健将，以重兵往。两军甫交，枪炮之声响震山谷，十七日遂

[1]士打拉士卜城，今通译作斯特拉斯堡（Strasbourg）。参见卷二“士打拉士卜”条。

[2]亚撒西郡，今通译作阿尔萨斯大区（Region Alsace）。参见卷七“亚鲁西士”条。

[3]来尼大河，今通译作莱茵河（Rhime River），见卷一“来尼”条。

附城下，普军环围四周以困之。普之副将瓦得（瓦得曾在俄国教习军士，普法军兴，始行调回）统率巴甸兵、兰华兵及普军骑队余勇，并炮兵一旗以攻其外。助之者有副将德嘉、副将马田为左、右翼，所有军需如糗粮、器械者皆无不备。法国守城军士计有二万一千人，其外城巩固异常，而向内墉堞，悉依古筑，阅时甚久，未尝修治。守城将军为余烈，坚忍有智谋。法兵虑不能守，请于将军曰："此古城也，恐难当炮石，不如献城纳款。"余烈将军不允，毅然作色曰："城中民人八万，岂将尽驱之以服普乎？惟我职守之谓何？不重[1]贻敌人笑哉？"二十一日，普军以大炮攻城，环轰迭放，经六昼夜不息。二十六日晨寅刻，有劝城中人出降，以免兵燹灾其地。传教牧师愿执白帜前往，以为介绍，且复百端开谕之，众以未悉将军意，不果。

二十七日，普军再举炮攻城时，普之中坚屯驻于蛙芬勃近营。有小山冈阜环互，上有葡萄园，结实正熟，青紫相间，垒垒然下垂。登山眺望，即见城中，了如指掌。城内有礼拜堂，古时所筑，历来著名，高敞宏巨，矗然特起。上悬天文报时钟，精巧罕伦，价值不赀。此堂居城之中，正当冲要，普军屡以炮击，尚未毁也。时法兵于城外守御，设堑三重，环城为长围，以拒普军。二十九日，普军攻取第一重围，以炮攻西北炮台。三十一日，普军凿地道已成，遂入第二重围，取之，筑土为垒，建炮其上，攻城之内隅。九月二日，法军整顿队伍，由城出战，分左、右翼以攻普军。两军相接，皆殊死战，俄而，法军左

[1]"重"，癸酉本卷五作"几"。

翼为普之第三十旗步兵击退，法军右翼亦为普之第二队巴甸兵所败。于是，敛兵入城，不敢再出，时于城上以炮环击普军。相持至九月五日，普军死者五百六十三人，伤者三百十有七人，丧失无可稽者三十人，统兵官员临陈死亡者七人，受伤者十人。九月九日，普营攻具已备，士气百倍，乃以大炮九十八尊、子母炮四十尊环列炮垒，攻其内城。时炮药雷轰，铅丸雨坠，飞烟蔽空，烈焰陨地，室庐衙署，无一不毁，会堂之天文钟亦成灰烬焉。自九日至十一日，普军于枪炮如林之处深掘地道，竟入第三重围，攻取其墙垒，法军不能御，皆奔。二十一日，沿堞炮台尽毁，砖石皆落如齑粉[1]，守台者伤亡无数，于是罢攻。余烈将军知不能守，遂于二十七日如约献城，降于普营，共俘获统兵官四百人，兵士一万七千一百五十人。是日酉正，普国第三十四旗兵入城据守。

计自九月二十一日以来，普军围城益急，无不奋勇竞进，肉薄[2]仰攻，法军设法抵御，几于力竭智穷。迨至二十七日，法军死者三十人，伤者一百九十五人，普军死伤者八百六十三人，统兵官陈亡者四十三人，此瓦得所核之数也。普军既入城，其地耶稣教牧师立往谒见，款接殷勤，情殊欢悦。普将瓦得安集居民，倍加抚慰，接见法国守城将军余烈，相抱为礼，以示敬爱之意。城中会堂壮丽崇闳[3]，甲于一郡，现已付诸一炬，因其适当要地，不得不毁，虽普人亦甚为惜之。他若客馆书楼、剧场广墅及

[1]齑粉，碎成粉屑。

[2]薄，即搏。

[3]闳，即宏。

名胜各所，焚圮者大半。轮车铁路亦已稍坏，普人即为修整，以便运载糈粮。由是地往哥儿城铁路，其已毁者，遣工补筑，俾与日耳曼轮车之道相接。二十八日，巴甸兵一旗由文隶丰入城，第四旗礼吴军亦由劳孛列骚来，同进城中，皆以备守城之用。于外特拨第四旗宝麻兰尼仁兵，防范法之降兵。越日由渐递遣降兵至日耳曼，安插瓦得将军留兵八千人保守境地，其余调往法京及来昂城，用以备攻战。普王特调哥便连士总督阿力为士打拉士卜总督，普王意谓“是城固日耳曼之旧疆也，今失而复得，将割之隶入普国版图”云。

按日耳曼国史，法之取士打拉士卜在一千六百八十一年九月三十日。其时法国先王路易第十四在位，与日耳曼方睦，盖非取之于攻战之时，乃取之于升平之日，而以诈力得之者也。法王遣使假道于日，请曰：“敝邑将用兵于他国，特以一旅之师道经其地，左右必不有所扰也。”日人许之，遂乘其无备，袭而取焉。至是，已历一百八十九年，而卒为普所得。当日耳曼失之之时在九月，今复得亦在九月，循环之理，有数存焉。法人于数年前已取南士，而其后复取士打拉士卜，今二城亦前后并亡，报复之道昭然哉！士打拉士卜既失，法京震动，宣谕众民，再行遴选人员至国会议事。时城中兵士不下五十万，守卫綦严，一时未能遽攻也。普军进逼阿连（按，法国音呼“阿连”为“阿厘宴”），法国朝廷拟再由多亚迁往南方，车马人役、糈粮器械皆已预储以待。九月二十七日，有普军三百人攻法之克厘汶城，城中兵力甚单，所恃者护勇而已，居民亦愿为兵，皆出与普军战。法众普寡，遂为所败，驱之至远始回。翼日，普军复至，以大炮轰攻，城堞附近左右数村悉为普军焚烧，火光所烛，几及数十里，天为之赤。普军遂下此城，入而据之。在鲁瓮地方有一电报，其铁线从地中潜行，直达法国南方诸郡，传递信音甚为速便。后为普军所知，遣人遍地搜掘，凿断毁弃之，法于是军中消息益阻滞矣。九月二十八日，来昂城有内乱，守城官谋叛应于普，克鲁沙列将军亦劝民作乱，后为法官所知，遂将谋变者擒治。旋护勇出告于官，谓“谋叛者不过首领一二人而已，勿重激民变”，于是居民得以无事。普人将所得于士打拉士卜城之大炮由轮车运载至法京城外，以备攻击。有自法京围城中出者，言“民人无不一心协力，与城存亡，所募兵勇皆意气激扬，誓死殉国，不愿屈服于敌人，以故众志成城，尚堪抵御”云。九月三十日，法军出队至花厘亚，攻击普兵第六路。一时敌军云集，法不能支，遂退。在陈丧亡者殊多，法国廷臣之迁往多亚者檄谕众民：“凡通国中壮丁由二十一岁始至四十岁均诣所辖地方官，投隶军籍，以备兵部调用”。是日，法京出兵数队，往攻普营，相持两时许，卒为普军所击退。乘势逐北，遂附法之炮台下，普军蚁附，而升以炮环击法军。法军死丧者无数，尸相枕藉，法为之夺气。或云：“是日之战，法军陈亡一千二百人，法将乔成亦授命于是役焉，俘获者三百人。普军死者八十人，伤者约一百二十人，统兵员弁陈亡者八人。”普于近日新制枪炮，极为精利，命中及远，并无虚发。法军拒之时，偶入炮弹路远界之内，已不可得，是以法军多不能近，坐是挫北者居多。

欧洲人论普法争战之事言：“普之胜法者，究在火器之精。法虽规模相若，制造相同，而至于命中及远，择工选料，则远不逮也。普于陷陈攻城所获法国枪炮皆置不用，以其器窳[1]质薄，不能制胜也，即有时以备数择用者，亦必经匠修治，然后施之行陈，普法火器优劣，以此可知。普国近日新制扛炮，形不甚巨，两人可肩负而行，约重三十有五磅（每磅重十二两），一瞖眤许（每瞖眤为一秒中十分之一）可发十响，灵变异常。举之登越山岭，殊不费力，普人藉为攻险之用。又日耳曼人无论商农暇则高谈兵法，究察地理，几于聚米成山，积石作陈。盖其国中比户抽丁，无人非兵。故好武乐战，成为风尚，苟有余闲，不忘所业，此亦切于要务之一端。”

美国日报秉笔主人云：“普国行兵，事事胜法，宜其长驱深入而无所阻也。兹不必论其他，但以普军人人能通法言，而法兵不能尽解普语，即此一端已胜之有余矣。论者谓：‘观于普法之战，而知胜负之数，实决于运筹者之方寸焉。’盖两国之士马略相埒[2]，枪炮器械亦不相下，而普所以卒胜之者，则以有普军师为之运筹焉。军师毛奇运用之妙，存乎一心，而为之权衡于幕府，指授于戎行，遂使胜负之判有若霄壤。夫行军之道固不可无猛士、无利器，然欲专恃此以驰骋疆场，谓已极军旅之能事，则徒资敌笑耳。普国之所以擅长者固不能舍士马而空谈韬略，而实则仗韬略以运行其士马，韬略胜则驱策寰宇，若行所无事，区区胜负云乎哉？”

西国战时每用气球以窥伺敌军营垒虚实。法京自被围以来，每以飞鸽、气球传递消息，往来迅速，并无所阻，故京城内外情形，尚不至于隔阂。九月中，有两气球在法

[1]窳，恶劣。

[2]埒，等同。

京外空际互相窥探，盖法去而普来，升空际而适相值也。普人于气球中携有火器，遂开枪以击法人，中其气球，竟洞一隙。法人即下登气球之网，弥补罅漏，恐其气一泄，即有下坠之虞也。补讫仍上，以枪还击普人，顷之，普气球从空下坠，法气球遂回法京。或云“两气球互缠不脱，遂至俱陨”，亦异闻也按，中国战事窥敌则用望楼，西国今用气球一法，更为奇巧。所制气球，测度须高六十丈，悬升空际，俯视敌营，无不纤毫明朗。更于其上用照像之镜，下照敌营，凡地形兵陈，均可收之于尺幅中，可谓奇巧已极。又可用电气铁线，一端随气球上升，一端下垂至地。其人在上，以远镜测敌军，有所得即以电线传达于下，神速之妙，尤为不可思议。

时法国民间喧传布来谶语及日耳曼诗谶，互相播语，惊以为神。布来者，法国名城也。当一千八百有八年，其城有一童贞预言法国后日战争，事在一千八百四十八年之战[1]，其害尚小。至一千八百七十年，烽火连天，干戈载道，死亡杀戮之惨为千古未有之奇劫。其乱必始于七月中旬，各处皆罹兵革，而京师为尤甚。气象愁惨，黎庶流离，其悲哀之状，盖有目不忍见而耳不忍闻者。斯时人无善恶，无不躬临行陈，而亡于锋镝[2]矢石之间，惟老迈者得以幸延残喘耳。然杀劫之开，要无几时，将来必有能靖之者，在布来城中。訙使三至：初为凶耗，国所有尽丧亡；继为急音，其至捷如风；三为嘉音，其人足乘水火，

[1] “事在一千八百四十八年之战”癸酉本卷五多“按，道光二十八年，法人废其王路易非立，王遁于英，国中大乱。民思前王拿破仑之武功，乃迎今法王为统领。是时，法京两党互战，路绝行人”，以双行小字附注于其后。

[2]镝，箭头。

而至报以平安，必讴一歌以慰众心。此歌为向所未闻，顾此歌也，非以称贺法国在位之主，乃谢救世主赐法国以升平之福耳。践位之王不在于法，觅于他国，入继法统，自此民安国泰者二十年。此布来谶语也，法人传闻已久，无不尽知。及兵事之兴，或有言及之者，皆不甚信，然所言一二端已验矣。事过追思，咸曰：“咄咄怪事，但不识终验与否也。”

按，一千八百四十八年，乃在我道光二十八年，法人废其王路易非立，王遁于英，国中大乱。民思前王拿破仑之武功，乃迎今法王为统领。是时，法京两党互战，路绝行人[1]。日耳曼诗谶者，日耳曼人所作。一千八百三十四年，有日耳曼文士曾作一诗，预言法国将败之兆。其诗云：“法国之机危乎危，不慎其微初何为？卤莽暴厉曷足恃，骤然一旦大患来。维彼人兮先思而后作，维彼天兮先电而后雷。日邦强飙不即发，猛醒提防犹可及。君不见昔我先王奋武威，不日崛起行挞伐。”迩来欧洲之人读此诗者，皆谓为法国今日而作，几视同古先知预言，以与布来谶语并传。按，识纬术数之学，儒者所不道。如《孔子闭房记》之流要，皆后世所赝托，不足为据也。然其间所言或有验有不验，所以世主名臣间有信之者。英明如汉光武，乃雅好之，一时成为风尚。以是，术士之获希[2]荣利者，至伪造妄言以干进，而其书遂多。迨至隋世尽焚于火，于是谶纬无复全书，此亦一快也。近代所出，多假名于刘伯温，殆亦出于市井妄庸子耳，然究不可谓，竟无所

[1]“按，一千八百四十八年……路绝行人”，癸酉本卷五无。

[2]“获希”，癸酉本卷五作“希获”，当以癸酉本为是。

验也。谶语之兴，不独行于中土，即西国亦有之。其见于西国古史者曰“预言”，皆出自先知之士所口述，其言立应。如响于耶路撒冷之灭犹太国，人散于四方，皆彰明较著以言之，绝不作模糊影响语，而其后卒验。所以西人宝视其书，同于《圣经》贤传。顾西国不独有之于古，亦有之于今，如近日布城之谣、日国之诗皆是。《礼记·中庸》篇曰：“国家将兴，必有祯祥，国家将亡，必有妖孽。”咎征[1]见发于几先，自有不可掩者也，谣词诗谶，亦法之衰气有以召之耳。第其中亦有当为区别者，布城之谣，其为凶谶无疑。而诗乃出自日国文士所作，殆未必同于古先知预言一流，味其诗言，乃感激发愤之所为作也。盖当时普弱而法强，屡受其侮，日之文人学士愤激而无所告，故作是诗。若以为天道循环，报复应不远耳，未必逆料今日之事也，迨经事后追思，遂为奇验，则由乎人之臆测耳。[2]

法京被围久，士卒皆忿激思战，屡次整队出城，以逼普营。普人按兵不动，法军志气愈奋。九月三十日，法军出攻普军第五、第六路，普军列陈以待。彼攻此拒，约两时许，法人集众以退，普军乘势进击。时普王子亦在军中，命以巨炮随其后连环迭放，法军退扼要地以捍[3]守。接战未久，法军遂依次退入城中。是役也，法人陈亡者无数，被擒约数百人，普军丧伤者亦甚多。时普营攻具尚未齐集，拟俟大炮运至，然后向城轰击。法京外有焦利炮台

[1]“咎征”后，癸酉本卷五多“之”。

[2]“按，识纬术数之学……则由乎人之臆测耳”，癸酉本卷五以双行小字附注于“咸曰：‘咄咄怪事，但不识终验与否也’”后。

[3]“捍”，癸酉本卷五作“拒”。

者颇巩固，普军已附其下，昼夜环攻，势甚危逼。普将特遣人往说法之守台官献械纳降，不从。

多亚法廷诸臣谕民于十月十六日遴选人员，齐至国会集议。十月一日，普国遣拨骑兵四千，巨炮百尊，更以步卒随其后，往攻法之难地城，下之。日耳曼兵之驻札于腮辰者，为法军所击退。日耳曼兵后渡礼吴河，向藐捎城前进，行抵师厘士底。来昂内乱已靖，兵民安堵如常。日耳曼兵群集于多鲁窝，整顿战具，欲进攻来昂。来昂城守护勇，忠义素著，协助官军登陴守御，昼夜罔懈，居民有妄动者，辙为弹压。十月二日，纽威厘为普兵所焚毁，因攻之不遽[1]下也。是日，法国老臣爹亚在俄京，俄主为设宴礼，列国使臣俱至。普法两军战于以巴尼，再战于宽丹布，又战于阿连。时多亚城中妄传普军师毛奇卒于营者，其消息初不知何自来，转相告语，以示庆幸。十月四日，法国调壮丁、护勇出与普军战，两军始合，各奋死相角，互持数时许，法军渐退。普移营进逼以巴尼城，即于是晚攻陷之，普军遂入城踞守。

法王幽居威灵苏，忧从中来，郁伊善感。每闻普军之胜法军之败，辄扼腕悲愤，泣数行下。至是，奉书于普王曰："自马首之东，无日不切还辕之，思故国山河，时萦梦寐。藉大王之威，一战而胜，俾不穀复辟于旧邦，光复故物，永备屏藩，此日夕所祷望者也。设使法人志在敌军，勠力并命，驱之境外，则不穀之朝局终矣。以不穀之去位失国，蒙尘于外，而彼罔所顾，且举国以拒。大王由此观之，开衅构兵，伊谁之责？故不穀前者之举，亦惟

[1]"遽"，癸酉本卷五作"据"。

俯顺舆情耳。今也暂息兵筹和款，法已不从，一若何身可灭、国可亡、而地不可割强哉？矫犹不失法国义烈之风。虽然不榖今日虽身居局外，而[1]深知普法两国宜和而不宜战，和则俱益，战则并伤，争久不解，所损愈多，两者相较，普甚于法。苟大王捐微嫌，敦夙好，结法国民心而许之和，普法相亲，其强益盛，欧洲列国有不望风听命也哉？不榖非法是为，惟普是为，惟大王其图之。”或谓“法王是书乃系伪作，盖传之者妄也。”法王在加须儿著一书曰《战志》，盖追述当日普法攻战情形也。其言“法军之败，非由己过，而深咎廷臣令麦马韩回援蔑士之非。”谓“当蔑士败后，要先退师法京。坚壁清野，深沟高垒，固守根本重地，以老普师，徒事野战，殊失策耳。”

普军进攻秘地威亚，法东北方之邑曰“必治城”，仅弹丸，而地当冲要。普军于九月中旬始围攻之，法军守御完密，负固不下。普将命以巨炮攻之，昼夜环攻不绝声，炮弹入境内者，计至二万颗，所筑攻城炮垒损坏，不堪复用，然城犹未下也。南日耳曼邦戈天毕兵撤回本国，特调巴华厘亚兵戍守边疆。士打拉士卜虽隶入普境，而城堞残毁，营垒倾颓，荒索之状，不堪寓目。

十月五日，普王进取华西路大营，由花厘亚移驻于彼。按，华西路城，法国名胜所也，山峦耸秀，葱郁万状。有御园，广袤数十里，中建行宫，殿宇周缭，皆极敞朗崇丽。园中风景清幽，花木粉绮，于一千七百七十年役兵士所造，时供版筑者，不下三万人。创画营构图式者名

[1]“而”，癸酉本卷五作“然”。

人利挪带也，建造之资约值金钱四十兆磅（每磅当吕宋银四圆有八）。其地左、右无泉，汲引甚难，始议开浚鲁华河，导之曲折，至其所继，以工程浩繁不果，乃由附近之卑雅溪引水灌注。园中水池规圆，若环四周，护以石栏，栏皆制蛙形大小，几盈千万。首仰足蹲，附丽其上，清泉千百道皆从蛙口吐出，奔激喷注，殊可观玩[1]。其景物布置略如法京水晶宫。园中所设喷泉非止一处，此其最大者也。每逢庆会燕赏，则以机激其水上升，喷出高约数丈许，跳珠溅玉，叹未曾有。所筑行宫尤为巍焕，雕栏曲槛，逶迤相属，邃室洞房，殆难数计，于法境内素著名誉。一千七百八十九年十月六日，法国中猝有变作，乱民揭竿蜂起，有叛党直入行宫，将劫马利阿当业王后[2]，遍搜不得，时王后正偕王在宫巅观乱民之入也。是宫阅历兴废者，已非一次，然屡遭兵燹，卒未毁圮，此亦有数存乎其间矣。一千八百十五年，普鲁士先王攻法，曾踞其地，屯兵于旁。园亭林树，台榭陂池，仍如其旧，未损一椽，今亦冀如昔年焉。

十月五日，普军攻法人于圣坚田，败之，法兵一万二千悉奔北焉。十月六日，普攻法之沙依仁邑，遂下其城。又攻法之奢黎士得，围之六日，兵民婴城固守，城坚猝不可拔。于十月六日清晨以大炮、飞铳环攻四周，一时火焰烛天，兵不能守，树降旗自献。普军遂入其城，获炮一百二十八尊，擒法兵二千四百人。越日，法之圣坚田

[1]“殊可观玩”，癸酉本卷五作“殊甚可观”。

[2]马利阿当业王后，今通译作玛丽王后（Marie Antoinette，1775—1793），生于维也纳霍夫堡皇宫，原奥地利女大公，后为法国国王路易十六之妻，卒于法国大革命。

邑以食不继，亦降于普。

法京中太平会长以两国战争生民涂炭，兵燹流离之苦，目不忍睹，耳不忍闻，殊非上天好生之心，即揆诸仁爱者之衷怀，亦当为之恻然。因以此意上书于普国王后，求其讲好息兵，出一言以助法国，拯之于患难，而赐之以惠和。盖以普国正当战胜之威，普王犹严父，而普后犹慈母也。用电报达于普京，普后得书，即谕善医会作札报之。其意谓："战事之兴，征发调遣，日不暇给，三军暴露于外，百姓忧惶于内。嗟！兹将士谁非人子？自其出也，老母为之倚闾，弱妻为之引领，痛惜之心，曷维其已？予亦日为愁思。至于和战大局，自有彼苍生主宰其间。天而欲邦国绥安，干戈靖息也，则人谋自能为力耳。凡我友邦宜相劝和，其各图之。"

是日，鲁华河左右突见普军骤至，尘埃蔽空，数约万人，以马车运载巨炮随其后，行甚迅速，声若雷轰。时法军大队聚于河旁，不下数万人，出营布陈以待，及至，遂兴战斗。据法人言，是役也，胜负未决。据普人言，是日副将的勤飞奋力进攻，首先陷陈，洞坚折锐，所向无前，遂获大捷。法将丢勃拉所统之兵悉驱四散，余军亦退，丢勃拉已亡于陈。普军能以寡胜众也如此。

时法京城外有胜克流殿，法王之行宫也，壮丽宏敞，崇饰非常，其中所贮瑰玮珍奇之物，不可胜数。曲榭回廊，层楼峻宇，几于万户千门，不能悉记，法王常游憩于此。前日与普发难兴师之际，即于是宫筹议兵事。逮普军将逼京师，人心大震，法人恐其为普军所踞也，乃自行积薪焚之。一时烈焰腾空，火光烛天，舞馆歌楼，悉成焦土，珠帘碧瓦，荡作飞灰，殊为可惜。已顾法京之民自焚之后，亦不甚顾惜，因此行宫为法王御跸所常临，其中物玩所存，手泽留贻，触目皆是。法王兵败师丹，出降于普，法人衔之刺骨，群呼法王为师丹人，雅不欲复建是宫，故以一炬灭其迹焉。（逸史氏王韬曰："呜呼！君臣之间，至于如此，殊非盛世所见之事，必其上下皆有所阙，而后出于是焉。"）

法京条拉厘行宫，法王拿破仑常时驻跸所也。楼台亭榭，壮丽非凡，其制度轩宏，规模整饬，为诸殿冠，法王起居、燕息皆于此。前年我国星使蒲宴臣[1]奉命使法时，法王曾宴之于是宫，观舞蹈之戏，会者不下数百人，诚盛集也。法王既蒙尘东去，法后又被逼出奔，宫中虚无人。法国廷臣遂入殿中，遍加搜括，见所有各国往来文牍，及借贷契券，不可胜数。内有雕哥律将军致富鲁实将军一书，深有异焉。观书中日月，盖在一千八百六十八年十月二十八日，其时富鲁实方为青宫太傅[2]，教习韬略，故与王子契合特深，既得雕哥律书，即以转呈王子。书中备论普国严筹守御，纷制器械，与法接壤之区防范更密。其意大将不利于法，所怀叵测，恐战事之兴必在日后，劝法早为之备。雕哥律之消息，盖得之于婆提厘伯爵夫人云。先是，夫人由普京伯灵回，雕哥律特往见之，夫人谓之曰："昔者吾爱普王之仁慈，普相之智略，普民之协和。因普法为邻，正相辑睦，后日断无启衅称兵之举。乃今而知其大不然也，故我之意见已与前日不同矣。自法至普之时与

[1]蒲宴臣，今通译作蒲安臣（Anson Burlingame，1820—1870），美国外交官，1862至1867年间曾任驻华公使，1868年担任办理中外交涉事务大臣，代表清朝出使欧美诸国，1869年初到达巴黎，获时任法国国王拿破仑三世接见。

[2]青宫太傅，即太子之师。

由普回法之日，所见之异，前后顿若两人，以我观之，普法战事必不远矣。普国军士推选甚精，行伍甚肃，法所不逮[1]，若两国从事于疆场，普必胜，法必败，将军其善为国谋焉，斯我国家之福也。”雕哥律因于书中申言之云：“当夫人论及是事，正普相声言偃武修文之日，其故何也？盖普相外托慈祥，而内怀倾险。彼扬言于列国，自称当减兵额、弛边防，以共享夫太平。直欲使法国晏然无备，士乐恬嬉，民安耕凿而已。则在国中整顿防兵，习练武事，冀猝乘不意以袭攻法国，其深谋诡计，为何如耶？”夫人与雕将军讲论此事时，不胜叹息，且言：“普国君臣实狡甚，由其外观之，皆言与法国永敦友睦，由其内观之，则隐挟诈谖，深怀窥伺。且笑法国之愚信弭兵之说，堕其彀中，以迄于颠危而罔觉。且又鄙薄我君臣，讥刺我政事，藐忽我兵卫，轻蔑我戎防，谓‘法国不日将弱矣，行见为西班牙之续耳。’”普国内部大臣士逢尼仕笑谓夫人曰：“越一载有半，法国亚西鲁士省即为我普国所有矣。”其言悖慢如此，是以婆提厘伯爵夫人回国不胜忧惶，恐战斗之兴，兵燹之祸至必不远。此皆雕哥律将军书中所述也，众人览竟，咸为惊异。由此观之，普之有志于图法也，处心积虑，已非一日。议者以为，即无西班牙争立王子一事，将来亦必借端启衅，惜乎法之骄亢卤莽，竟至堕于其术中而不悟。然则法之所以蹶、普之所以兴者无他，在有备与无备而已矣。然法固未尝无人也，诚能如雕哥律之先事戒慎，早为之所，使敌无间以蹈我，则普虽狡，焉思逞，亦安得无端发难哉？独怪王子既得是书，仍

[1]“法所不逮”，癸酉本卷五后多“也”。

置不问，岂以普为不足虑耶？抑怠于振顿耶？虽废兴自有天命，而人谋之不臧，未可遽以天命而自诿也。

时法京已为普军环筑长围以困之，外沟而内垒，足以捍敌。盖普用此计，反客而为主，转劳而为逸，真为深于兵法者也。当普军之初筑垒也，逆料法人必以炮击，因以前数里许，以稿束作人形，蒙以衣冠，参差屹立其间。普军即于后稍远半里许，昼夜开掘，耰锄铦利[1]，用力不劳，数日间长围已就。法虽击以大炮，皆中稿人，而不能及普军也。逮濠垒皆成，法知其诈，亦无如何矣，普之计亦巧矣哉！法京守御之具久已备集，街道中石多已除去，通衢曲巷悉皆以沙铺地。房舍中窗牖亦尽毁除，胥涂以沙，盖以防炸弹之入也。炸弹遇沙，则虽致迸裂，亦鲜延烧之。虞其防御，亦可谓密矣。

按，巴黎斯京城为欧洲第一繁华之区，一时景象落寞至此，可为浩叹。盛衰转毂[2]，岂有常哉？法京商部出示谕民："凡京内所有米谷尽售于官，由官为酌量颁给，所定价值悉以九月初旬为例，柴薪石炭亦视此。"因恐商人妄增物价，一时腾贵，贫者得食艰难，必致生乱。又颁一示："凡同一街市限于每七日中杀马八百匹，工部出示所有鲜鱼，亦由官办官售。"因法京内两河，一曰"仙河"，一曰"蛮河"，发源颇远，环注城中，水族殊众，得敷鲜食也。京中糈粮不足以敷数月，食物以此渐昂。鬻肉铺前环集而立者有数百人，以购得者为大幸。购肉者必预先记名取筹始能得之，然不得多购。富贵家始得肉食，

[1]耰锄铦利，战具锋利。

[2]盛衰转毂，盛衰像车轮转动一样，比喻变幻无常。

其余则以得度一日，如庆再生云。计法京人数不下一百数十万，平时每日食料约羊一万二千头，牛六千头。兹当窘急之时，每日宰牛五百头，羊四千头，较诸平时，已减去五、六倍矣。其城中之繁富，盖可知也。

普围法京，既于四周筑军垒，建炮台，而复以骑兵昼夜巡逻。城外轮车铁路俱已为普军所毁断，凡可以通出入之处，以重兵堵截，一切资粮薪刍皆无从接济。以是，城中愈困，即消息亦几致不通，始用气球以传递信音。顾普营亦制气球无数以防范之，往往有遇之空中，从空斗击。于是，法人乃以鸽带书矣。传书之法，能以尺幅之纸卷成粒米形，纳于鹅毛管中，系之鸽铃，一幅纸可写书一万五千封。其字密于毫发，以显微镜书之，细不可辨，见者几以为鬼工云。

自围城以来，所有欧洲列国邮致其国驻法使臣文移递至法京者，必启封而后得入。列国使臣已于九月中联名致书普相，求于七日中限以一日，专人携出寄递各国。旋普相覆书于法国总理衙门云："凡携递钦使文移之人，苟系启封之函，许其竟过，不然则否，书中勿得述及军旅事。"十月六日，列国使臣再行致书普相曰："我侪出使于外，驻札人之国都，原冀与朝廷消息时通耳。况书中所言者皆公事，无私语。即及兵交始末，亦必援照《万国公法》战时条例而行，断不有所逾格也。如必启封可递，则此事似难准行，我侪不能如约奉守也，尚乞图之。"

时普营攻具已齐，所有巨炮、长铳均已位置于炮垒，环向法京。顾京外炮台林立，欲攻法京，必自先攻炮台始。普王初意雅不欲以炸弹飞丸攻毁其城，但设长围以困之，欲待其自毙，盖俟其粮绝援穷，至于万分危蹙，则必举城出降。于民人既无所伤，而于房屋亦无所损，又于己之兵士可不劳惫，而邻国又群称其惠心，颂其仁德，此所谓“一举而四善备焉”者也。今闻法京之人虽困不降，故定议拟将大炮攻城。

十月七日，普法两军战于蔑士北方，营垒中枪炮之声轰如震雷，竟日不绝，盖普至是攻之者已三矣。此役也号为“根麦之战”，根麦者，普郡王麾下名将也，猛勇异常，居普营前列，所统者第九、第十路普军也。是日日加未，巴彦亲统部兵自城出，直前奋击。两军相持，铅丸如雨，羽林军居中权，其战尤力。法兵方拟再进，忽普之第三路军从旁夹攻，遂不能支，至暮始各罢兵。互有死伤，普军陈亡者第十路五百人，第三路一百三十人，法军亡者二千五百人。同日，普军以巨炮围攻法之纽布厘萨城，循环迭击，自辰至午不绝声，火龙万道，直射城中，志在必下。城之兵民登陴守御甚力，得不遽陷，然南、北、东三方皆火，庐舍仓廨尽在烈焰中，至夜扑灭，犹未尽熄。明日再攻，尽施子母炮弹，益复猛烈，因其婴城固守，不肯纳降也。于是，城中四周皆火，男、妇号哭之声鼎沸，城遂破。普军入据，但见一片瓦砾而已，亦惨矣哉！有一阿非利加人从法之瓦须儿城外至纽布厘萨，述其地附近乡村景象荒索，所有物产尽遭人、马蹂躏。不独明年有饥馑之忧，即此时果实无收，秋成不获，枵腹嗷嗷，无所得食，亦惟有坐以待毙而已。其地居民一言及普军，无不同声切齿，愿出一死，与之从事。盖以求生不得，故宁与之同尽耳。

加厘波地[1]者以大利之名将也，韬略深沉，谋谟宏远。因见法之屡败于普也，常为扼腕太息曰："法奈何孱弱至是？"及闻人言普军师之用兵如神，普王子、郡王之将略不世出，则又慷慨欷歔，攘臂以起。自惜置身局外，无尺寸之柄为法排难解纷，息邻氛而弛兵祸，以与普将一角其优劣短长。师丹之役，知法之真不可为，遂请于法，愿统兵相助，其子随之。加君名誉夙著，法人甚仰慕之，今闻其来，无不额手相庆曰："敬如命，吾侪固望子久矣。"遂令统督和士克河上之兵前往多亚城，为扼守计。居民知其至也，咸相欢跃，士气亦为之一壮。于是，加君遂以客将自成一军。

是日清晨，法国内部大臣监必得由法京乘气球逸出，行至亚缅士，遂下，少息。居民迎迓甚恭，来咨国事者甚众。监君言："现有新例公举人员日期再行展限。"法国于京师增设制造军局，广备器械，日不暇给。每至夜间，炉火烛天，城中妇女无不躬亲操作，一日可铸铅弹一百万粒。有一法人名阿甲思伯订，著名工匠也，心敏慧，多巧思，能以旧枪改制饰师拨新枪（饰师拨，法国新式枪名，造枪人名饰师拨，故名饰师拨枪），机括转动，灵变异常。于是，远近炮局多延其制造。

十月七日、八日薄暮，普国第十六旗哈萨兵屯于哀布里思村附近，其地居民突出攻击，因未及备，颇有杀伤。普军忿甚，尽焚其村乡，付之焦土，以示报复。十月八日，普王子建营于华西路，即于法王行宫行策勋大礼。凡

[1]加厘波地，今通译作加里波第（Giuseppe Garibaldi，1807—1882）。参见《凡例》"加利波地"条。

将士之著有劳绩者，皆赉予银牌，用录其功，以示宠异。是日，普王銮舆莅至，大启喷泉，与群臣纵观为乐，置宴贺功，至夕始散。

九日，法人以大队劲旅突从鲁华河出击普军，普军以精骑横截之，使不得出，相持久之，法军始退。十月十日，普国丹将军败法之鲁华兵于阿甸尼。是日，有普鲁土[1]、日耳曼大兵六队往攻沙梨士乡，步骑并进，兵势甚盛。是乡密迩都罗树城，法民见普兵骤至，无不踊跃出战，筑垒掘濠，以当大道，故普军不得进。相持至三时许，普军始退，其时普之炮兵复至，乃发大炮攻某乡。炸弹横飞，半成焦土，民之流离颠踣者，遍于道左。附近村落，如萨尼里、尼修甲、不拉沙三乡，亦遭一炬。一时烈焰烛天，庐舍万椽尽为瓦砾。普军驻于鸭利士，居民忽乘黑夜袭攻其营，日耳曼之虾沙兵不及备，受创甚焉，普人遂纵火尽焚其乡。普营将士移文往来皆料法京必至饥困，因法京外周环有数十里，土地荒芜，屋舍空圮，其留者皆赤贫之家而已。加厘波地将军统领法国壮丁往屯于阿萨尼，其地有日耳曼兵据守，遂与之战。普营骑卒风驰，炮队林立，相持至暮，法兵不能当，退驻炮台，极力守卫，而急递电报求援于阿连城将，请拨步兵四队、炮旅一旗驰救之。久之，援兵不至，翼日复战，败北，乃退走阿连。队伍参差，极无方略，所余疲卒一千，巨炮无数，皆不及顾，委之而去。时法人援阿连之军四集于城下，普军围泰安威儿，用炮环攻，铅弹所及甚远，直陨于科士北城外。

十月十一日，法人屯兵于鲁华河左以拒普军，俄而

[1]土，当作“士”。

普军大队忽集，遂相决战。自晨达午，法不能支，尽为普军逐之过河，陈擒法军一千人。余众入阿连城中，坚守不出。普军于是径济而南，环攻阿连城，昼夜不息，遂入之，生擒法兵一千余人。时攻者为普之第十一路巴华里亚兵，第二十二队马步兵。统率大员丹将军也，才略冠时，军中号为飞将。其攻城也，皆以连环巨炮，火龙百道，驾空横飞，霆击雷轰，山鸣谷应。炸弹之重二十四磅，城之四周雉堞，摧堕如粉，城中房舍，无不延烧，一时火焰蔽天，号哭之声载于道路。于是，教中牧师偕地方官手持降旗而出，亲诣普营，求其罢攻，普人许之，其城遂属于普。

来昂郡城，法之名城也，最号富强，称为雄镇。闻阿连已失，纷纷备守御之具，已在城外高处建立炮台，为其四周保卫，时开坑堑、筑土垒工作者约三千人。守城官定制枪炮二十五万，铅弹无算，工匠竟夕铸造，炉火之光，上烛霄汉。先以十五万枪炮安置邻郡，以为防捍资用备不虞。法之圣底萨邑为普军所攻陷，设兵据守，下令征民间银五十万佛狼，否则将纵兵大索，拘乡老五人置狱。责其速办，限期次日午后纳银，逾期不至，所有屋宇，悉付一炬。继而法人无以应命，普军怒，乃驰入乡村，纵行侵掠。各乡耆老愿输银十五万佛狼，普人谓："是戋戋[1]者，何足受也？"竟置不收，但四出劫夺，狠若狼虎，毁屋倾囊，无所不至。村中有一屦[2]工，奋然持枪出击杀普军，普军还击之，立殪[3]。普统兵官出示晓谕法国鲁华河

[1]戋戋，少。

[2]屦，指古代用麻葛制成的一种鞋。

[3]殪，杀死。

左、右乡村云："汝众尚慎旃哉！勿干犯我师旅，勿渎冒犯我将士。杀普人一则抵以法人五，小有侵凌，即为大谴，勿谓言之不预也。"时城中设有日报局，普人谕令停止，杜其泄军情也。

十月十二日，法人屯兵于嘉丁里，普人调师往攻之。互相持拒，卒为普军所胜，遂据其地。附近有圣坚的乡者，其地颇当冲要，特四无障蔽，无险可守，无隘可扼，而法有守兵，屯聚于此。十月九日，普军骤至，地方官激励民壮，踊跃出战，翼助官军，攻拒普军。两军殊各死战，相持至暮，普军始退。然地方官躬当矢石，已折一足矣。当战事之兴，民壮苦枪械不足，冶局工匠慨然出告于众曰："谁非卫国家，保乡土，以劳于王事哉？肆中所有，任尔取携。"于是，其事乃集，此亦足见法人之急公好义者多矣。以大利王既得罗马城，询于众庶，谓："此城与以大利国分合，于义若何？"其言宜合者四十万人，言不宜并者仅五十人而已。法国战舰驶回尼畀海口，法将刺末褫职罢归，以巴刺颠将军代之。法京食用日匮，美国运载各物出口，径驶至法境，以供给之。俄国王后以医士所用器物馈于普国，以供瓦添勃军局医馆之需，用资治理，咸颂俄后之仁心，无间于彼我也。

十月七日，普军大获胜捷。攻据以巴尼时，别有普军一旗屯驻于宽丹布路林木间，法军袭击之，退走。旋普军由以巴尼移屯依潭，此外更调普军一千五百人据守蓝褒、比利时，于交境处整顿防兵，严饬守备。因美师亚城为普所围，困守未下，恐城破之日，普袭法军，侵入其境也。时各省团兵之令下，由多亚新都颁行各处，所有民壮无不踊跃戎行，咸愿同心戮力以报国家。惟是步伐队伍皆未训练，必先当设法整齐，以肃军律，而后可用。普人扬言欲取那文地，法地方官闻之，谕民先为之备，尽移牧场牲畜于内地。法京中民心宁谧，军士谨严，守具齐固，兵备整肃，闾阎所储食物亦尚充阜。法官克厘士卑辰尼致书公举人员云："指日间有大军两队援济法京。"普军用飞炮攻纽布理[1]萨，炸弹所及，辄遭焚毁。法京之兵有从城中出援者为日耳曼伏兵所截，不得进前。普法之军战于窝治士省，日耳曼兵进攻难得烈，普军不日拟再举图下圣坚田。法国各省壮丁皆隶兵籍，演习队伍，以备入援。普人因遍檄法民云："无论何省，有出一兵以助战者，即行勒捐一百万佛狼，以充军饷，所以示罚也。"法兵据卑棣威亚，日耳曼前列之兵已入土鲁士境。普军围攻圣坚田，法军拒之甚力，转战而前，无不以一当十，普兵不能胜，遂退。普法两军战于廉尼，时法兵云集，而日之卑电兵精锐无前，善于以少击众，大败法军，陈擒统兵官六十员，兵士六百人。来昂、卑辰干两郡闻之震动，守备益严。法国内部大臣监必得统理全权，筹拒敌军，檄谕远近各郡云："迩来京内兵民咸能激发忠义，以翌护神京，自可无虞于敌众。惟汝等毋畏强，毋怯寡，各宜自奋。合亿兆之力为力，结举国之心为心，一战驱之，用报国家，勉之无忽。"

普军取阿连郡城翌日，普国丹将军征阿郡法官助饷，索佛狼一百万，刻期两日，迟则有诛。后括诸民间，得六十万，纳于普将，其事遂已。因法官都班烈为之请于普王，故得少减也。普军又索牲畜六百头，吕宋烟三十万

[1]"理"，癸酉本卷五作"礼"。

枝，所有城中马匹概交普军，乘骑毋得私藏。或谓："普之行军纪律整肃于民间，无犯秋毫。"而破城之后，犹且苛索横征，如此则他国可知矣。呜呼！军旅战陈之间，诛求悉索，岂得免哉？此较之劫夺纵掠，固已贤于霄壤矣。

十月十二日，有一气球自法京中出，乘风而行，离地甚高。行至申刻，落于法之都异邑，述及"法京中兵民一心，可以无虞"。其始出也，道经普营，普军见之，燃枪向空轰击。铅丸之高约可至一千五百蔑打[1]（一蔑打，计英尺三十九寸），然球行之高约在二千蔑打之上，故远不能及也。普法两军各驻于鲁现，时有战争。普军向亚棉遄征，为进攻计。法将褒巴奇请于普王，许由蔑士往谒法后。及其旋也，即往多亚城统兵，不日即授要职。普军已环围法京，惟未附于城下，其近城围兵旋自撤去，法军乃出而毁平其垒。普人之意，先于法京外，困扼北方诸炮台，盖以炮台为城之障蔽，而北方尤为要所。故欲攻城，必先自攻炮台始，欲攻全城之炮台，必先自一隅始。初普军之撤也，法廷诸臣皆喜，以为系法兵击退之力，不知普军志在固围，不在严攻。惟敌出兵则拒击，而不复深进，以多伤士卒，俟巨炮轰城之日，然后一举而下之耳。普军已据布列地儿，屯营于机苏，整饬守备，图攻鲁现。旋与法军战，败之，陈亡者无数，遂入其境。普法战于门梅地，所有留驻于士颠尼之普兵为法人所擒。日耳曼兵攻据依边那，统兵大员普将窝电冶所统第十四路兵精悍善战，有别将统兵五千，进围乌卑扶里萨。普军又往攻腮辰，窝顿选炮队之锐猛者扼守其隘，期以必下。

[1]蔑打，今通译作米（meter），英语中表示长度的计量单位。

十月十六日，以大利将加厘波地弛抵卑山干，兵民夹道迎迓者殊众。是日，普法两军战于腮辰，法军败绩，陈擒法之统兵员弁九十九人，法兵四千六百三十三人。此役也相持四日，法兵皆系未经练习者，故至甚败。旋法之守土官献城纳降，得大炮一百三十二尊。自此普兵之往法京者，轮车铁路又得第二道矣。法旧布厘萨邑离孚礼毕仅四十有五里，邑中居民三千人，男勤耕，女勤织，皆自食其力，平时乐业安居，颇有熙皞之风。左右皆冈岭，多林木，浓阴掩覆，可消炎暑。每至盛夏日，长土人群聚于林下，茗酒流连藉以消遣自乐。礼吴河正与相对，其处建有小炮台，设兵三百，以资戍守。在新布厘萨邑亦筑炮台，但建置完固，形势雄壮，几大数倍。当法将尼耳在时，大加修葺，故称严邑焉。旧布厘萨守邑，兵士计五千人。普军既渡礼吴河，遂遣别将围其城。

十月十六日，法军二千人乘大雾弥漫之际出攻普军，略施枪炮遽退，盖欲审普军虚实，而并探其兵数多寡，时普之围城者为巴定兵，甚骁勇敢战。与是城毗连者亦有些厘士得城，相距不远，亦仅数十里。时境中大麦正熟，（法地多寒麦，必至秋时始熟也）土人纷集出刈，普军过亦不犯之。然土人狡甚，身怀小枪，俟普军有离队孤行者，潜击杀之。

十月十八日，法将机利地厘欲往西班牙借兵，不果。普军进攻法京外要隘，未能遽克，以法人奋力苦拒也。法之萨雕但城久为普军所围，普人婴城坚守，猝未能下。十月十八日，法兵整队出城，奋力与普军角战，攻拒相持，约历五时许，卒为普军所败。乘势逐北，法兵退走，普人遂入其城，设兵据守。法总理内部大臣往和遮士观军，法将褒巴奇统领北军法国援兵纷集于来亚河。在布尖时，有轮车大桥，普军以其通南北之往来也，立毁去之，时各路普兵已悉渡来亚河而南矣。

十月十九日，普军攻踞扪地得城，搜括民间佛狼五万，曰“助军饷也”。旋攻威苏儿，入而据之，其地距卑辰干八十里许，法国新都廷臣（即多亚新都）移文欧洲各国，志在求和。所议之款，其略有三：一、酬饷八十兆磅；二、亚鲁西士郡、罗连郡为两不偏属之地，俟十年后众民公举，任归何国，以为定夺；三、立约当在法京，普法战争日久，法人兵燹流离，死亡相继，普不任其咎也。然法志在于和，惟愿永敦辑睦耳。

十月二十一日，有法军十二队，巨炮四十尊，由法京外花拉连炮台出攻普军，其锋锐甚，普军结方陈以御之。转战两时许，普勇法怯，法军遂败走。普人于十月七日取圣坚田，盖法民以食尽而降，非心服也。十月二十一日，圣坚田城中人联络附城近乡居民突出攻击普军，颇有死伤者，旋有普之麦莲毕兵五千人来援，迭用大炮，连环轰击，城堞毁坏过半。辰刻，普军遂入其城，下令征民间捐助饷银，须纳佛狼二百万，无则付诸一炬。时民间皆室如悬磬，计无所出，乃贷诸银肆，纳之普将，致辞曰：“不腆敝赋，聊以犒师，今而后共享升平，无劳悉索。”是日薄暮，普人拔兵启行，移营他所。法以重兵镇守亚棉士城，防普人之潜师轻袭也。

十月二十二日，普将窝得于依边那邑出攻法军，败之，逐法国东方兵勇遁入卑辰干。十月二十四日，有妇稚数百人自法京中逸出，求于普军曰：“愿示生路。”普军挥之使返，复以枪拟之曰：“不行当即击杀。”妇稚皆涕泣言曰："宁出而死，不愿入而生也，此苦乌能受哉？"普军乃纵之去。至夕，法京外刺威力炮台轰击不绝声，法国边境些利士德炮台为普所攻，势甚危迫，不得已纳降于普，俘法兵二千四百人，大炮一百二十尊。

《普法战纪·卷八》终

乌程钱廷襄孟勤校字

卷　九

南海张宗良芝轩　口译
吴郡王韬紫诠　辑撰
叶杨曦　校注

自普法构兵后，西班牙君位久虚，至是乃举亚迷得士王子[1]入继大统，普、俄、墺三国俱许之。按，王子乃以大利国王第二子也，十月二十六日即位于国中，臣民皆称贺。日耳曼兵离威苏鲁邑向法国西境遄征，是日于亚棉、鲁现、布来、标贱尼左右小有攻战。

普法交兵以来，大小数十战，无不势崩雷电，色变风云，血溢川原，尸填山谷。然自九月初旬以后，则无大举以决胜负者，何也？盖以法之额兵原不过四十余万耳，其余皆国中壮丁，未经习练者也。今计法国之兵，一俘于师丹，计十有五万；一困于蔑士，不下二十余万，而法通国之师尽于是矣。普兵进捣法京，长驱直入，并无所阻，故普兵得以攻城掠野，无所顾忌，必俟鲁华河上各郡征募之兵勇既集，然后能拒敌也。自师丹战后至十月中旬，普国所有俘获兵士、军械之数，略详如下：在鲁晏城获大炮二十三尊，俘壮丁二千人；于土鲁城俘官弁一百九员，兵二千二百四十人，获马一百二十匹，大帅旗一杆，巨炮一百九十七尊，枪三千杆，刀三千柄，战甲五百副；于士打拉士卜城俘官弁四百五十员，兵士一万五千人，大炮一千二百尊，马一千八百四十三匹；些厘士得城俘兵二千四百人，大炮一百二十尊。

有邮报文士统核法国兵败以来所有丧失器械、赀粮不可胜数，今为约略计之如左：自一千八百六十八年至一千八百七十年两年间铸造军械约四十兆磅，攻毁炮台、后当修整者约六十兆磅，所有在陈在城失去枪炮、

[1]亚迷得士王子，今通译作阿玛迪奥一世（Amedeo Ferdinando Maria，1845—1890），1870至1873年间担任西班牙国王，即位前为意大利王子。

药弹、辎重、军装约六十兆磅，焚毁物产屋宇约八十兆磅，机房、工织、器皿约四十兆磅，田园植物、一切杂项约八十兆磅，迨后议和赔款约一百兆磅，总计之不下四百六十兆磅。法虽自称饶富，自此一役，亦必匮矣。

法将巴彦遣人由蔑士出，往谒普郡王，旋由蔑士往华西路普王大营。普军之围来昂者，又欲往攻豪爹威厘。时来昂城中饷糈仅足支两月，普人调集新军，进围法京，益垒增师，统计将士三十有五万。有一气球从法京围城中出，递至总理外部大臣发孚，檄谕云："今者法京当危急存亡之际，民心安定，誓守不二。目前战斗之祸，甘受而不辞，如普人胁以威力，宁死而已。"法之那文地筹备守具，以拒敌军。普国麦连毕兵勇五万人，进驻圣坚田，勒令其地民人捐纳佛狼二百万，以充军实。普军扬言将攻波遮士，法军之守沙威儿者出与普军战，不胜。美思亚有法军五千，婴城固守，普军围之，已附其城下，不日将以巨炮轰攻。普人以大兵围必治，其数四万八千，皆骁骑也，攻城炮队悉系精锐。普军离亚棉城仅十里许，法京之兵由华刺连冈出攻普营，区军十有二队列，炮四十尊。与普军相持两时许，普军纵横截击，法不能支，遂退，俘兵百人，获炮二尊。普军二万围攻萨得城甚急，法守城将军知不能守，循例纳降。

法国新都廷臣皆望和议之成，以与普国息兵，其居间劝和者英国也。先立暂息兵之约，俾法人得以集赴议事。其助英调停者墺地里、以大利也，俄亦愿为普法两国排解。然普国之意必欲割地，然后许和，故普军于罗连郡左右，陆续勒民助饷，未有退意。法与英京国帑贷金钱一千万磅以济军需，英人以议和诸约款由电线达于普京。

法国老臣爹亚承欧洲诸国命，为议和使，既于法京会议后，遂出使于普营。英人拟于和议成时请法后复辟，为立约主，法后固辞，遂止。法将褒巴奇总统北军区，为北、中、东、西四大营：北营屯于里厘，西营屯于里文，皆归褒巴奇节制；中营屯于包治，褒厘士将军统之；东营屯于卑辰干，坚布厘将军统之，四周分峙，互为声援。褒巴奇设法镇守里厘，备极严密。

普自师丹大捷，长驱深入，遂围法京下邑，攻城所向莫御。列郡弱藩篱之固，众民殒锋镝之灾，法至此已无望矣。而其尤系于存亡之大局、胜负之要[1]机者则在蔑士之一降。蔑士一名牟士，日耳曼之言也，其意犹中国之言处女。盖其地境险台多，足资守卫，故取义于兵法“守如处女”之义，因以名其地焉。属罗来[2]内部，所分法国东北隅边徼[3]也。东界日耳曼，北界比利时，土壤毗连，犬牙交错，扼险防守，视为要地。昔日法国固取之于普鲁士者，溯自三百一十八年前，日耳曼国中天主、耶稣两教起相角，各结党援，互相仇杀。塞慎尼邦摩列士公爵[4]固新教领袖也，求援于法国，请法王兴师助己翦灭旧教[5]，黜教皇查儿鲁士第五[6]之位，窜之远方。许事平，割蔑士一郡以酬劳，于是，是地遂入于法。然蔑士人民虽敬奉天主

[1]“要”，癸酉本卷六作“转”。

[2]罗来，今通译作洛林大区（Region Lorraine），见卷二“罗连郡”条。

[3]徼，即角。

[4]塞慎尼邦，今通译作“萨克森”（Moritz von Sachsen，Sachsen）。参见卷二“萨慎尼邦”条。摩列士（1521—1553），1541至1547年为塞慎尼邦公爵。

[5]“教”，癸酉本卷六作“救”。

[6]教皇查儿鲁士第五，今通译作卡尔五世（Karl V，1500—1558），1519至1556年为日耳曼国教皇。

旧教，而颇不乐法政，屡吁罗马教皇潜师袭取，而已愿为内应。顾其时，法方盛强，以重兵镇守其地，教王虽欲之而无如何，民以无外援，亦未敢妄动。后阅百余年，法王路易第十四在位，国富兵精，方图远略。普鲁士近与之邻，时为所制。自正疆界议起，普法会于威士辉厘亚[1]，申画郊圻[2]，定盟立约，遂以蔑士馈于法王，嗣后永隶法国版图，事载日耳曼国史。法既得此地，增筑加修，防御益严，用以拒日耳曼，倚为屏蔽。普法军兴，法王屯驻御营于此。及退走师丹，巴彦以二十万众坐[3]困其地。普郡王以重兵据其外，环之三匝，巴彦三战三北，不得出雷池一步。三战者，一战于彭邑，再战于摩剌多。时法军由十六万增至二十万，普军仅四万五千，几于以一敌四。普军陈亡者一万七千人，统兵官弁六百员。三战于革里富律，皆普军胜而法败。

十月十九日，西国日报主笔之士偶游蔑士境内，攀涉高冈，弥[4]望空阔，普法战场即在其下。偕行者为谈一昨两军战事情形，历历如绘[5]。先是，连朝重雾，天色阴晦，或传巴彦将乘机突围出者，探普兵于北境，守御未严，意欲向鲁星勃[6]而遁。因是檄谕各营将士，慎加防范，毋得疏懈。继巴彦知普军有备，卒不敢出，再跻一阜，见结营行列，疏密有法，步骑各军，无不好整以暇。

[1]威士辉厘亚，今通译作威斯特伐利亚（Westfälischer）。

[2]郊圻，疆界，边境。

[3]坐，表被动。

[4]“弥”，癸酉本卷六作“一”。

[5]历历如绘，形容描述清楚、生动，犹如绘画一般。

[6]鲁星勃，今通译作卢森堡（Luxembourg）。参见卷三“碌森卜”条。

俄见炮兵于蔑士外举炮百一响，为普王子生日贺。法军闻之，以为攻之也，立由圣坚田炮台燃炮还击，嗣闻普军无声始止。由此再入，则蹊径益险，林木丛杂，劣能容足，兼虑斜阳迫暮，无可栖宿，遂转趋他途。行未几，抵一瞭楼，岧峣[1]矗立，普军建以窥敌者也。其地名圣布厘士楼，踞一小山之巅，距干尼处约三里许，是楼正对法人圣坚田炮台。小山左为布厘划炮台，俯视其下，招依川潆洄若带，摩思厘河回环曲抱，皆在山麓。由是处望蔑士城，雉堞参差，历历可数[2]。城中廛市[3]街衢[4]纵横交错，无不悉辨，凡有法军动静，一览了然，飞鸟、伏鼠亦无能偷渡，其严密如此。在麦西里霍，普人亦筑瞭楼以临法营，然远不及此之明审也。楼以巨木建成，巩固屹峙[5]。楼中有一绝大远镜，可以瞩远，窥察细微。楼四周皆设电线环绕之，通达远近各处，一遇有警，立即遍递诸营，布陈备敌。是以普军易于速集，待法兵之出，已如罗网之四布。普军所以能困遏法人于蔑士者，用此术也。主笔士因出所携远镜以窥蔑士，见蔑士境内蛙治村、马来村、革兰村皆法营也，普营则环其外以视法之所屯，正如鸡母之翼雏，普营在忌立尼村、搬尼村乃成环围焉。以上皆主笔之士所述，观此则法营之情形真如绘之于纸上。普军又导主笔之士往观八月十有八日普王登梯观战之处，是事史臣已纂之于普王实录。

---

[1]岧峣，高峻，高耸。

[2]历历可数，清楚、分明的样子，表示可以清楚地一个个或一件件数清楚。

[3]廛市，商肆集中之处。

[4]街衢，通衢大道。

[5]屹峙，耸立。

十月下旬，天气骤寒，重阴冻沍[1]，每晨大雾迷[2]漫，对面不得见，法人潜军屡出，袭攻普营。二十五日，连朝雾雨，阴霾如晦，法军整顿行装，思乘间逸出。普人闻之，檄谕各营戒严，旋[3]法军知其有备也，不果。忽饥民数千猝从城中出，男妇老弱，无不鸠形鹄面，狼狈万状，前诣普营，求出。普军士以枪拟之、阻之，使不得前，始退。一妇缚白巾于竿，扬而前径，近普营，顾而无继，亦退。九月至十月相持六十日，城中食渐尽，诸物踊贵：白糖一磅值佛狼银钱三十枚，盐一斤价半之，豕蹄[4]一肘值佛狼三百枚，薯一颗值仙甜士铜钱五十四枚，蒜一头值仙甜士六十枚。偶于革里富律村猎得野豕，一人争购之，获值殊饶计得佛狼七百四十八枚。医士治理病卒，药饵尽竭，割截手足者无麻药，治伤者无止痛药。被围以来，因病殒命者三万五千人，皆因无药调治不尽，由陈伤也。刍粟[5]既绝，军中杀马以代粮，久之并马肉亦不可得，于是有枕藉[6]而死于道者，惟病卒则尚得食炙马肉，然皆淡炙而无盐。或传洵周连地出盐泉，及往验之则谬，盖军中故为此言，以壮兵心。

蔑士城守将军哥芬纳白于巴彦曰："外有围兵，内无军实，今营中仅存三日之粮耳，尽此岂相与枵腹绝吭[7]而死乎？事急矣，宜早为计。"于是，军士潜有出降于普

[1]重阴冻沍，云层密布，阴霾凝结。

[2]迷，即弥。

[3]旋，不久。

[4]豕蹄，猪脚。

[5]刍粟，粮草，多指供军队用的饲料和粮食。

[6]枕藉，指物体纵横相枕而卧，表示其多而杂乱。

[7]绝吭，又作"绝肮"，表示刎颈之义。

者，巴彦亦置不问，以冀兵少食减，或可得以久守也。越三日，哥芬纳复以粮匮告巴彦，乃属其麾下集议曰："今军中仅有八日之粮尔，即使减食忍饥，亦不过支持十日间而已，故必当早为设法，我将善为，汝众图之。"坚拉白因与所部将士筹商。第六军已愿纳款，但欲取枪炮、携旗纛退往法国南方，设立誓言，不再临陈，以攻普军；设或不许，则惟有冒死突围而已。第六军统兵员弁中有卑臣将军者献策于坚拉白曰："欲出蔑士重围，非取道于摩思厘河不可，其他左右冈阜参差，树林丛茂，藉此为蔽。即使摩思厘右河屯守之普军知我兵之出，以枪炮截击，一时亦不能遽及。况其地驻军甚少，并力击走之，亦甚易耳，然后直趋泰安威路，不过一日可至。既抵是城，而后别图再举，不亦善乎？"旋以是谋告巴彦，巴彦不从。逾数日，各军士闻前锋巴耶已往华西路普营立约。十有八日，坚拉白乃告卑臣曰："倘普人不允纳是约，则将如何？"卑臣曰："惟有依我策而行耳。"是日亭午，坚拉白再集众而告之曰："今普王不知有法京护国廷臣，只知有法后耳，故遣巴耶往见法后。凡汝统兵大员以逮偏裨武士当仍推戴法后，遵普意旨，以期出此逆境。"继又示以普军进攻蔑士之图，因谓之曰："彼设计严密如此，岂我军所能拒守哉？故惟有纳降一著[1]，方保万全耳。"

十月二十四日酉刻，坚拉白谕众曰："法后雅不欲重莅朝纲，主持此议，今惟有遣山嘉纳将军与普郡王立约耳。"后二日，坚拉白再集将士，谕之曰："今约已立，凡汝诸将皆当循降例献俘。"卑臣将军闻之，盛怒而作，

[1]著，即"着"，方法。

须张发指曰："噫！吾曹[1]岂甘为降将军哉？请即亲统万骑，驰入普郡王大营，搴旗夺炮，方足以张吾曹威耳。"坚拉白曰："此恐无能为也，苟力足以拒敌守境，何遽出此？请依大帅所立约款行事耳。"初，坚拉白贻书诸将，拟焚帅纛，然当出献之时，悉交于普营。所有坚拉白告谕将士之语皆非实事，迨后始明其伪，盖当时惟欲令其勿拒普军，而和议不至梗沮[2]耳。蔑士诸军志在一战，而主和者惟巴彦、利布父、坚拉白三帅而已。坚拉白最得军心，故令其反覆[3]开谕，先以虚词谬说淆蔽其衷，然后直告之于临时。否则军心一摇，变乱必生，则溃散而不可收拾矣。

十二月二十七日，降议既决，巴彦乃遣山嘉纳将军持白帜[4]前往[5]普营，谒见郡王。特命第二路军骑将士的哥罗、第一路军大将伯爵瓦丁士厘平与之筹论降事。经议两时许始定，即以电报达于普王，普王许之。所议降款三事：一、城中所有枪炮、药弹尽交普营，内、外炮台悉为普军所守；二、法国统兵官弁听其自便，惟不得再履行陈，为普军敌；三、所有纳降军士，循俘获例，解至日耳曼安置。旋即将所议约，上达普王，以俟意旨。

翼日，普王命下曰："谨如约。"蔑士之降，既有成说，普人乃于沙北勒采备食物，以应法兵降时所需。后续议七事，更为周至：一、巴彦所统之兵悉数献俘。二、凡

[1]吾曹，我们。

[2]梗沮，阻挠、干扰。

[3]反覆，反复再三。

[4]白帜，即"白旗"，表示投降。

[5]"前往"，癸酉本卷六作"往"。

蔑士所有炮台军实及一切官物悉归普军，于十月二十九日亭午，圣坚田炮台、布立卑威儿炮台及其余炮台都交普军据守。是辰巳正，普之司炮营匠兵士先入炮台，防护火药局。三、凡枪炮器械、旗帜、马匹、辎重[1]、糈粮尽置炮台，以便交与普官。所有纳降之法军，必先去军械，或每旗每队任由普人解往何处。统兵官员任其或归蔑士，或居营垒，但当谨守誓言，必得普官命方可离之他适。四、所有统兵官员，上至将帅协副，下至偏裨佐贰[2]，签名誓章之后者不在战俘之列，任其行止自如。所有军器行李概行给回，为此次临陈勠力之奖。五、军营医士宜随同病卒，以便调治，所有相待之礼，一准普营医士。六、所有城中章程宜俟随时酌改。七、以上各款，或有疑虑之处，未及明言者，皆视为有益于法国。

二十八日辰刻，巴彦按籍稽兵，出城降普。未正，法兵始释军械，初立约，刻期十二时后卒，逾期其不即遵者因兵士内乱也。抚谕再三，众情始定，将遣兵士至普营。巴彦登坛告众，以与之别，曰："呜呼！今日者事不可为矣，必不得已将出纳降下策，此于战例有之，不足为病。昔者如马心诺急里、白高温、胜西亚三人，皆桓桓[3]武士，矫矫[4]虎臣，所统军旅，无非精锐。然至大势一去，犹且纳款称臣，甘为降虏，诚以相机宜，揆时局。英雄之所不废，豪杰之所自保，虽暂屈于一时，终可建功于后日。故此三子者，武功震耀，彪炳史册，声名越至于今，

[1]辎重，行军时由运输部队携带的军械、粮草、被服等物资。

[2]佐贰，副官。

[3]桓桓，威武的样子。

[4]矫矫，英勇威武，超凡脱俗，不同凡响。

亦何足为盛德累哉？我侪今日遘会[1]时艰，遭逢厄运，亦与之相同，且也智勇俱困，心力交瘁，天时人事，大略可知。即使纳土献城，亦不至陨名实，损威重，为国家辱，贻我党羞浸。假尚有良法可免于降，岂不甚愿？然而必不能也。突围陷陈，非一次矣，重闭深阻，安能飞越？即欲捐躯于战斗，毕命于疆场，以冀幸乎万一，而敌众我寡，敌逸我劳，敌强我弱，敌盛我衰，空殒一身，无裨国是。须知此一身者，上以宣力朝廷，下以报效知己，所系非轻，奚可徒死？呜呼！火陈刀林，蹈身无所，深坑高垒，置足何方？徒苦我军，何损敌国？今望尔众坚乃心志，立约守盟，知事机之莫挽，甘逆境其如饴。勿毁我器械，勿堕我城垣，克循战例，尽缴敌营。呜呼！有众自协副、偏裨、总长、弁目[2]咸听我言，戎马久劳，雄心尚在，兹将言别，曷任伤怀勖哉？夫子幸毋忽矣。相见有时，期后日矣。”三军闻之，咸为流涕。

二十九日巳正，普第七路军将沙思都罗据守炮台。未刻，法国御林佽飞军自蔑士出，齐执枪械，行列整肃，至富律士革地，始释枪免冠，过郡王前。余兵则先缴械于军器局，而后尽递解日耳曼境，散处各地。普军见御林军颇加优礼，无出一言以诮之者。是日申正，普军入城镇守，所遣拨者步兵两旗、骑兵一旗也。由是，蔑士属于普。当出降时，士人无不愤怒激烈，有一旗长告其下曰：“宁死勿降。”旁有邮报主笔之士曰：“阿耳伯嘉灵邓者，忠义士也，为人慷慨有大略，亦曰：‘此时普人不及备，盍以

[1]遘会，遇到。
[2]弁目，低级武官。

鸣枪为号，乘机突袭其营，必可走也。’后其谋卒未成。是夕，城中会堂鸣钟皆作虞殡之音，以示哀也。妇女奔趋衢市间，有自捽[1]其发而裂其冠者，偶遇于途，则相谓曰：‘如余子女何，何适而可？盖寸心无主也。’军士脱帽露顶，蹩躠[2]而行，状若小儿号哭无常，忽矍然[3]四顾曰：‘蔑士昔固雄藩，今何不幸至是。一旦而失之于敌，法国已矣，无复望矣。’文官等彼此相值即相问曰：‘孰为吾主，将往何方？丧败光景，奚堪寓目？’其一时愁惨之象如此。”

蔑士所降将士，其数如左：大帅三人，将军六十六人，统兵官弁六千人，军士七万三千。此外，军饷一百六十万磅，大帜五十三杆。三帅者，一巴彦为主理军政者，一切归其节制，后往加须儿见法王，旋即携眷属避居亚士刺式儿；一坚拉白，见法王后，往士德吉寄居焉；一利布父亦兼军师之职，见法王后，旅于般地。诸将中有大将三人，法国之著名者也：一富鲁实，一布厘西士，一王子妙律。此三人往见法王后，即居于加须儿。盖普王从法王前日所请，凡纳降将帅，皆必往谒法王故也。当巴彦之行也，乘车经蛙治乡，乡中妇女闻其至，群立俟之，见车至，即唾骂之，曰：“卖国猾贼，无识小人，有何面目复经此地乎？”又谓之曰：“汝诳吾夫往何方乎？汝鬻吾子还何日乎？”奋拳击其车旁之窗破之，普军在侧弹压始止。

普郡王既受蔑士之降，传檄三军，遍加奖励，其告

[1]捽，抓，揪。

[2]蹩躠，跛行的样子。

[3]矍然，急遽。

众之词曰："呜呼！我众纠纠[1]干城，猛毅无双，所向克捷。今者拔坚城，俘巨众，献军实，搴敌旗，建此大勋，为国之光。凡我三军，莫不踊跃用命，罔惮艰险，用能克奏非常之巨绩，为国家创全胜之大局。咨尔众士，蔑士既服，将定南方，不日拔营，分道并进，谨谢尔众，勖哉夫子！"普郡王命第七路军将金麻统兵镇守蔑士，其余驰赴大营后再听遣拨。普王子闻蔑士捷音，即诣御营，祝贺奉觞，上寿降信，既达普京，无不额手交庆。十月二十八日，普后以电报传书于郡王曰："我为汝贺，克建殊勋。惟汝勇略冠三军，嘉猷[2]迈群辟[3]，胜算奇谋操之在握，所以将士乐从，声名烂焉。美哉！战绩宏多，洵足以炳史册，而勒旗常矣。尚望详陈前后方略，俾知梗概。"

十月二十九日，普军将入城，道经满贴士，见法兵五人偃毙于途，景象萧瑟，殊不忍睹。十月三十日，普郡王整肃行伍入蔑士城，旌旗蔽日，金鼓喧天，军容之盛，真如荼火。其人皆雄毅威猛，不可逼视，时法军之旁迓者，皆多憔悴可怜之色。彼此相形，顿区霄壤。普军既入境，即以预备之粮分济法军。凡前日普军之被俘在城者立释之，然亦不过数百人而已。

自八月十八日以迄纳降之日，城中人死亡者四万二千。日耳曼邮报云："此地本日之旧疆也，今得仍归故主，亦循环之理使然耳。法自取此土，舆图益广，国势愈雄，所以凌制日耳曼者实恃乎此，今日既得而复失，

[1]纠纠，即"赳赳"，威武勇猛的样子。

[2]嘉猷，治国的好规划。

[3]群辟，四方诸侯。

俾日藉以保固其边圉，谓非天道哉？三百年中，倏而属日，倏而属法，倏而由法而仍还诸日，自造物主观之，直不过旦暮间耳。”子舆氏有言曰：“固国不以山溪之险”，信哉！法京闻蔑士之降，廷臣震怒，无不以叛逆目巴彦，咸谓巴彦通敌输情，殃民误国，即尸之市朝，犹不足以蔽辜也。远近邮报中讥议巴彦者纷无定说，谅之者谓其情迫势穷，诛之者谓其畏死求荣，此皆不具论。惟法京自闻信后，内乱忽作，居民骚扰，不知所出，久之始定。巴彦前锋巴耶将军闻之，致书于邮报总局，刊示大略，自明献款出降迫于不得已耳。粮绝援穷，即复婴城并命，亦徒出于一死，于国家初何所补？不如暂存一息，再作良图，区区之心，夫亦欲得当以报朝廷耳。别国日报主笔之士亦谓：“巴彦仅赍三日之粮，拥二十万之众，而坚守至七十日，亦可谓能矣。特其当普郡王围兵甫合之时，麦马韩方以全师相救，彼援此应，声势或尚可联络，不乘此时并力北向，争先斫陈[1]，事犹未可知也。至于食尽师疲，杀马享士，然后慷慨流涕，誓师求出，则已晚矣。是则巴彦者，虽非谋国之不臧，究由人事之未尽，以此责之，当必无辞。”至于或谓“蔑士之粟足支十年”“军局炮台中为普军觅得饷糈无数”，要皆谰言[2]之妄传，不足为信也。或又言“蔑士尚有外援可恃”者，则指法之褒巴奇将军言之时。褒巴奇尚在都华，拥众守城，观衅而动，故蔑士之兵，日望其来援，得以离重围而出深险，然非褒巴奇力之所能至也。或更言“巴彦名位既高，深居简出，军士

[1]斫陈，又作“斫阵”，征战。

[2]谰言，诬妄不实、无根据的话。

罕见其面，其不能深得兵心，率由于此”。诸帅中惟坚拉白最和易近人，为三军所爱戴，军中每为之语曰：“威父坚拉白，阿摆巴彦。”“威父”华言“寿考”也，“阿摆”华言“堕落”也，观其所呼，大略可知矣。

论者谓：“普法用兵以来，虽奏大捷，然未有如蔑士之降之关乎全局者也。师丹之降仅擒王，蔑士之降几覆国。呜呼！所系顾不重哉？议者徒谓‘蔑士既失，法京望绝，以蔑士为法京之屏蔽，而法京之巩固远不如蔑士之险阻也’，此犹浅之乎所见也。当日者，普人悬军深入，以门户之险，独以委之于一郡王，而君臣将相并全力以攻法京，其志则大，其谋则疏也。何则进围法京者不过四十余万之众而已？此外犄角者，别无精骑劲旅，俾数大将统之以为援，此所谓孤兵也。以孤兵而攻人之国都，可胜而不可败，一蹶不复，非熸[1]则覆，此兵法之所忌也。然而卒以济者，此其中盖有数存焉。况法此时王虽蒙尘，国犹未弱。法京守兵五十余万，屯于鲁华河者约三十余万，而北方之云集响应者，又不下十二万，益之以阿连郡外精甲数万人，以是计之，法兵殆将百万。其驻兵境上者，又有法将褒巴奇、以大利将加厘波地扼险据要，伺隙而发。夫以法京之大，岂能遽下？攻拒相持，必至师劳力竭。郡王以二十万众牵制于巴彦，何暇西顾？设使法人内外南北同时合击，则胜负之数未可知也。乃蔑士之降，正不自其先，不自其后，而适当普王攻围法京之时。于是内师不得遽出，外兵不得遽集，而围蔑士之军，反得卷甲束马，鼓行而西，以翦遏其援兵，扫除其旁郡。普军师毛奇始得调

[1]熸，熄灭。

麦连毕公爵之师以攻其南，遣蛮雕飞儿将军之兵以击其北。浃旬之间，两军俱溃，而法京于是乎危矣。呜呼！此天授，非人力也，固不得尽为巴彦咎也。然使巴彦从容誓众，稍缓须臾，则南有波刺巴刺颠，北有扶里地沙三将相连，声援遥应，势力未孤。普虽善战，恐无能为，法之败北当不至若是之甚，则亦安得辞其咎哉？千载而下尚论者，恐不能为巴彦恕也。嗟乎！自来失机误国所争者，原不过毫发间耳，观于此则知所以用兵矣。”

十月二十八日，法人由巴黎斯京师出攻，屯踞李波节之普兵胜之，逐复其地，拨重兵为之镇守。先是，普军之围法京也，先取法京外附近邑乡，以结营垒，联络声势。李波节地在圣巅昵士之东，固法京外之要隘也，为普法所必争。至是，法复得之，尽逐普军出其境，势为一振。

十月三十日，普国选步兵数十队，突至攻击。普兵甚锐，无不以一当十，遂击退法军，复据其地，陈擒法兵一千二百人，统兵员弁三十人，而普军之死伤者甚众。是日，棣桑城为普军所攻甚急，法人列陈出战，两军始交，锋锐无前。转斗至三时有半，法军败北，其城遂为普兵所取。蔑士既降，普人留第七路军为戍兵，而以琛麦将军统领之，镇守其地，其余兵众，皆往北方。蛮雕飞儿将军率第一路兵进攻那文地郡、比嘉棣郡、布烈丹尼郡，别将率兵六千围法之朗威邑，萨慎尼王子统第四路兵进攻美思亚城，留守蔑士之兵兼攻泰安威儿炮台，惟调第二路兵之第二枝往围法军。余皆调往法国南方，左接瓦得将军大营，右连丹将军屯所，声势互应。此外大军二十有二队，普军师毛奇将调至法京，特恐法人知而设备，潜遣壮丁，邀击于半途，故扬言将留屯曩棣，使其不虞[1]。华西路有第四队普兵，已向法京进发。普郡王驻营于多来，在多来山谷之间，法之戍兵散布焉，见普兵骤至，悉奔窜，普军逐之至瑞士国境始止。

蔑士既降于普，法京民人知之大乱。十月三十一日，法人富洛伶率群众闹于朝，问蔑士何以失守，巴哲（即李波节别名）何以败北，爹亚劝和何以不成，暂行息兵之举何以不果。统领德禄苏遣人将前后情事一一告之，众闻之益不悦。时聚者愈众，廷臣咸往惟利院中筹议军政（惟利院，法京中大酒楼，一名豪爹儿威厘），时往者有德禄苏、发孚、多厘宴加拿、卑治朝儿士、西门朝儿士、父厘、谭美沙将军、麦年。方环坐于一席，榷商得失，众亦踵至，扰攘于街衢间。忽闻鸣枪声，众谓其恃火器杀人，噪益甚，一时喧声鼎沸，廷臣始禁民人毋辄入院中。然终不得阻，不期而集者无数，踵趾错遝[2]，肩背摩击，几无可容之地。富洛伶突至廷臣前，乱民左右拥卫之，坚请廷臣辞职，当另简贤者以主国是，廷臣咸不应。花厘起劝众民，但群声哗甚，不闻其所言何语。一乱民以手击西门耳，数乱民踞坐于几席间，德禄苏手捽其足，使之仆地。乱民中有曰："宜先缚若辈，无使一人得逸。"发孚厉声叱之曰："我侪以何故辞职哉？"众闻益怒，有童子年约十五龄，呼于众中曰："老而不死，恋职何为？"旋西门、麦年、父厘潜逸去，发孚、卑治、谭美沙以众目所属不得避。富洛伶问于民曰："汝众欲逐此廷臣，无许在

[1]不虞，意料不到。

[2]遝，即沓，纷多聚积。

位乎？”民皆踊跃欢呼曰：“固所愿也。”于是径前，执诸廷臣，将幽之别室。德禄苏已受缚矣，潜有缓之者得逸至外，遂统兵来援，擒治匪党，于中有非立士卑、押马丽士、遮礼周耳、威利四人为首乱，循莠民例痛惩之。

翼日，下公举之令因德禄苏之为统领，民间谓其自立，非由推选也。十一月三日，国中公举德禄苏及廷臣者凡五十五万七千九百七十六人（别本云“四十四万六千人”），不从者六万二千六百三十八人（别本云“四万九千人”）。顷之，护勇入朝称贺，以公举之数众多，而为朝廷庆得人也。德禄苏、爹亚遍谕将士曰：“今有誓愿于此，断不肯以尺寸之土割畀敌人，以负群请之仰戴也。”众皆起立齐言曰：“我侪咸同此心。”所云“巴哲之败”者，以其地为晋所取也。巴哲为法京外之屏蔽，普得之则可屯军驻众，扼制出入。

先是十月十四日，法人遣兵八百往援，与普军战败焉，丧亡俘擒者五百人。十月二十八日，法将俾利麦率军一千五百突出不意袭攻普军，时普军守备未齐，遂为所克。普军既出城，纠集余众，翼日骤至，奋力环攻，仍下之。十月三十日，普军二万人据守其地。

十月二十九日，法将褒巴奇屯营厘梨城，檄谕其地兵民以激励之。檄云：“兹承兵部大臣命，授我今职，统领北军为半壁之藩篱，作一方之屏障，其任岂浅鲜哉？惟望汝等鼓励雄心，奋发义愤，用辅翼予。今也时值阽危[1]，地当冲要，非收群策群力之效，必不为功。余苟非倚藉于汝等，曷敢肩此艰巨？余今招集新军，训练之以成一

[1]阽危，危险。

军，将使之奋驰于疆场，捍御于炮台。俾得镇守此方，藉资巩固。我于平日间自矢竭忠尽力以报国家，至今日正我致身效命之秋矣。临危则必有进而无退，遇险则必有前而勿却。务期于摧挫敌锋，奋扬士气耳，汝等可共观之。呜呼！汝等要当同心壹志，勠力和衷，拯我一国之颠连，泄我今时之忿恨，偕我共建大功，彼此相需勉之毋忽。”

普军屯驻于亚棉及鲁宴火轮车路、克兰威剌三处。普军一千二百人欲割毁亚棉鲁宴[1]之铁路，法人知之，突出相攻，击退普军。普之卑电车建营于卑申干，法人骤至击之，普军败北，陈亡一千二百人，逐出其境，余三百人遁入瑞士国界，尽释其器械。法廷诸臣檄谕地方官，密遣侦谍，设善法以探敌军举动。法军散屯于那治士、门得伦两地，特拨瓦添勃军飞骑围之，大败法军，陈擒六百人，夺获墨迭儿鲁士炮无数。普军师毛奇行军制胜，出奇无穷，不惟于攻守战御，筹画悉精，即至运粮一节，尤多妙法。大军所至之地，所需无物不备，所部数十万众，每觉粮余于军。此虽假力于轮车，资速于铁路。而自普至法，深入敌境，累经险阻，设有不虞，将士奚赖？乃今运道晏然，往来无阻，百凡充牣[2]，无异乎取诸宫中，盖其所以保卫此运道者别具匠心，俾敌军自不敢窃发。曩之战于瓦士时，法将麦马韩方以饷糈不继为忧，而普营中刍茭[3]糗糒，累积如山，未尝不叹居者之不足，而羡行者之有余，深服普军师之用兵为不可及。英人闻之，特遣知兵之

[1]“宴”，癸酉本卷六作“现”。

[2]充牣，充满。

[3]刍茭，干草、饲料。

士二人前赴普营，考究其法。论者谓：“行兵韬略，出自心裁，当其未施行也，虽密寄腹心者，亦无由推测，而何有于局外？至于运粮一法，尚属显见，一经能者之心目，自可仿行八九。况行军要款，首重兵食，英之留心于此，实为切事。”据其麾下将士云：“军师兵行始末，出师制胜，悉中要害，无一虚著，运粮特其一端也。”

十月三十日为普军师毛奇七秩生辰，普王以其功高望重，特赐伯爵以奖之。俄主亦以胜佐治巴图鲁邮赐毛奇，用酬其赫赫之勋，是级贵重莫匹，为俄国武功极品。自伐法以后，普、俄两国甚为辑睦[1]，俄主奖重臣以贵爵，恤战士以重资，用以交欢于普。又特拜普王子为统领俄国兵马大经略，以数十万军归其节制。向时与普交界处有波兰等三郡总督与普不和，疆圉之间遇有彼此交涉事，时有责言。今俄主特斥去之，以敦普好，盖两国之欢心至此愈固。议者以为，普、俄之意欲结两大以纵横于欧洲，其志非小。斯时西欧雄国，法已不竞，惟英足与抗衡耳。

按普王子在其国中，无人不爱戴之，以是颂声载道，咸乐为之用命。其文人、学士爱之者，以文才俊逸，学问超群也。武夫猛士爱之者以韬略优长，材武迈众也。更有孱人病卒亦爱之者，以其亲同甘苦，躬自抚循也。普王子体貌奇伟，长身玉立，隆准而深目，目光如飞电，须不甚长，多绕于颔下，人谓“欲相王子”者。观其准可以知其志，观其目可以知其决，诚所谓“天挺异人”也。

法国老臣爹亚由多亚城启行前往法京，由法京往华西路普王大营，承欧洲诸国命，立暂为息兵之约。法廷诸臣

[1]辑睦，即和睦。

于割地一说，坚持不可，日耳曼人之旅于异地者亦以普人索取两省地为非是。惟英力为居间，劝法有可出于和者，不妨谨如普约，但求无损乎国体而已。

爹亚之初入普营十月三十日也，是日谒见普相俾思麦。普相于周旋晋接间，意度抝谦[1]，礼意优渥，初谓爹亚曰："法京廷臣，遭乱民之逼逐，群已解职罢归，果有之乎？"爹亚曰："此乃道路之传闻，非实事也。法京民人忠信可嘉，义勇素著，反侧之事，断勿为也。今者不佞来谒之，意欲求贵国暂为息兵，俾敝邦遴选人员，集议国会，推举朝廷，为民之主，然后议和罢战，有所主持。"普相曰："闻之法国降帅欲于加些儿议立朝廷，俾主和议。"爹亚曰："法国拿破仑之朝已终，彼已弃位失国，岂再望其复辟？"普相曰："此法国内事也，我雅不欲预其间，所愿闻者息兵条款耳。"爹亚曰："请先举其大目：一、息兵限期宜定久，暂于普军所据之地亦行公举，悉循一例；二、两国兵士仍据守向日营垒，无逾界畔；三、法京糈粮许其自行供给。"爹亚之意，以为此三款可成，则其余皆易耳。初，普相亦以为可，因定首款为息兵。二十五日，次款中有所踌躇者，则普相以为，如在亚鲁西士及罗连省亦行公举。或有从中播煽民心、惑乱众志者必得爵绅前往代达其意，则亦可以不拒，于是次款亦在准行。迨议及三款，普营将帅辨论纷然，普相乃檄谕各营，集众公议，然后裁定。诸将帅曰："法京地广民众，城坚池深，围之未能遽下，攻之不可骤拔，所恃者在杜其接济耳。今息兵二十五日，听其运粮入京，一切勿问，则

[1] 抝谦，谦让。

诸积既富，拒守何难？和议成否，尚未可知，而此一著已争其先，隳军实，而长寇仇，断不可许也。”于是，普相意动，筹商三日，迄无成说。越三日，爹亚入谒普相，复申前论，且曰：“必以食济法京为要，我所请者亦不过一月之粮耳。”普相乃以诸将帅为词，因曰：“暂为息兵之约，大不利于普军消壮志，隳锐气，后不可以复战无已。请以法京外之营垒畀我，则法京之粮可入也。”爹亚亦持不可。普相曰：“我所谓营垒者原不过炮台而已，非有奢索也。”爹亚即作而对曰：“议之不成天也，尚何言哉？不济兵食，则绌[1]一月守御之备，而自速于亡也。必索炮台，无异于举全城而拱手让人也。”于是议卒无成。爹亚既出，即条列所议款约及辨述诸端，邮寄欧洲诸国。

十一月五日，爹亚遂辞普相而还。当出普营时，遇一普之统兵员弁，与之促坐倾谈，藉以发泄其胸中愤懑不平之气。爹亚因曰：“我已竭智虑、尽思维，设法以图免此战事，惜乎其终不能也。当用兵之始，我已逆料有今日之败矣。”普官语之曰：“先生既以战为非，不阿法廷之意旨何为？于一千八百六十四年间，屡劝兴兵攻日耳曼乎？”爹亚曰：“此事诚有之，汝亦知前后异情，今昔异势乎？昔者日邦理曲，而我国理直，理直者气壮师雄，理曲者反是。况其时上下未至于离心，兵民未至于解体，能兴大役，足当大敌，所以我欲急于一战也。有此前日之胜，必不至有今日之败矣。今也不然，民心涣矣，兵力沮矣，揆之于理则又不足。我王徒以轻听妇人之言，而妄欲启衅构兵，遂至弃邻好若弁毛，视干戈如儿戏。盖我后惧

[1]绌，屈缩。

其子不得立，恐一旦山陵崩，则国位将至他属。知国人之喜于耀武也，故使之建功于国家，以结众心。然后布告廷臣曰：‘我子年虽少，而娴于军旅之事。’后来克膺厥祚，当不至与殒，越贻羞矣。呜呼！此心私也，非公也，所以卒至于败也。不然者，我国名将如林，胡为一蹶至此？以我所知者，麦马韩为首，而巴彦居其次。巴彦虽雄姿杰出，然安得及麦马韩哉？如麦马韩者，可谓之仁人义士矣。当我王乘舆之退驻师丹也，廷臣欲遣麦马韩援巴彦，此计殊左。我曾再三力谏，奈不从何。要之，国运将屯，然后人谋之不臧，随之至于贵国之人才，不佞知之稔矣。若军师毛奇者，智勇韬略，盖世无双，求之当今，畴其匹哉？其用兵也，不独长于争城掠地，战胜攻取，而尤以抚绥士卒为先。其善待统兵员弁，爱惜若一体，所以能得其死力，乐于赴斗，搴旗斩将，一往无前，此所以能一月三捷，卒建大功也。至于我国之行军，上失天时，中失地利，下失人和，三者无一得焉。前任兵部大臣利布父言‘举国将士今已整集’，此非欺人，实自欺耳。我今者不惮艰险劳瘁，崎岖于山岭之间，竭蹶于轮蹄之下，力欲为我国挽逆境、辟亨途。下令国中公推绅士筹立和约，以纾国患，所举终不能成。此天意，非人力也，夫复何言？”爹亚因偕普官，且行且谈，送之至普营外，然后别去。爹亚行近法京，见其气象愁惨，不觉凄然陨涕，为之感叹唏嘘，既而椎[1]胸大呼曰：“吾心忧深哉！哀甚矣。呜呼！我不胜为此不幸之京师痛恤不已。今者危迫困穷至于斯极，莫之能救，伤哉！”爹亚于是役也，仆仆道途，往返

[1]椎，即捶。

于普营、法廷之间者凡六日。是日巳正，法外部大臣发孚偕雕哥律将军往西华桥，以俟爹亚回。顷之，见爹亚棹一小舟，轻若一叶，由普营中出，其舟驶行甚捷，须臾至前。发孚、雕哥律执手迎迓，互相劳苦。爹亚出袖中所论条款示之，备述息兵之约不成，相与咨嗟太息，至于泣下。

七日，爹亚往多亚城。先是，议和息兵之说，皆英为之调停于其间。十月二十日，英国总理衙门致书驻札普京使臣罗负得士，令其即将是书转呈普国朝廷，以为劝和。地其书略曰："普法兵祸之兴，于今四阅月矣，奋攻苦拒，几欲决存亡于一战。我朝廷为之深忧隐痛，所不待言。前者军锋未交，曾力劝其止戈弭衅，奈两国俱不能从也。自为局外之国以来，亦尝殚心设法为之排难解纷、议和讲睦，诚不欲两国之久从事于兵革也。欧洲之例，凡局外之国有首出师以助战者，则列邦亦必接踵俱兴，联镳并起。从此干戈迭扰，戎马俯张[1]，兵燹之灾，当无已时。谁为戎首，肇此巨端？且彼此相持，胜负犹尚未定，若能释怨修和，永敦辑睦，则我朝廷之欣喜属望，当无有过于此者。自普法之构兵，我朝廷居间劝和之念，未尝一刻去之[2]于怀，苟有机会之可乘，无不随时以进说。至于和款所系，务得其平凡主持和议之大局者，无专利无偏损，无失检于临时，无觖望[3]于异日。故前已请普国首相俾思麦、法国外部大臣发孚，各陈己见，和衷酌议。惜以意旨

[1]俯张，嚣张、强横。

[2]"之"，癸酉本卷六作"诸"。

[3]觖望，不满。

之参商[1]，遂致衷怀之疑沮，而所论卒未底于成。普自用兵之始，即已先声夺人，前后奏捷，不可数计。兹者法京被围，普军云集，其意在长围深阻，使之坐困，矢亡援绝，粮竭士饥，然后以巨炮、飞铳环轰迭击，悬揣后来，当难设想。普之驻英使臣宾士多父曾于十一日转呈普国朝廷之书谓 ‘为势所迫，战非得已。今者再当秣马厉兵，以与从事。恐此役也，法人之颠踣[2]于饥寒、转徙于沟壑者，必当千万计’。据其所告，殊骇听闻。其所以扼困法京者，当非一朝一夕之事矣。用是，我朝廷力与周旋，冀免斯祸。两国嫌衅已成，雄雌互角，若再久争不释，则匪独系于两国之利害，即于欧洲大局，亦有所关。我朝廷于此，亦惟有力陈条略，切望听从，尽其所以待友邦之道，俾两国不致疑于其间而已。盖我朝廷所言者，悉本至诚，为两国目前计，即为两国日后计，不徒求一得，而务出万全。以此两国者，皆我婚媾唇齿之邦，夙所相厚者也。夫拥百战之劲旅，乘屡胜之余威，其气方张，其势方锐。固不难投鞭鲁华以断其流，立马卑斯以略其境，骎骎乎吞多亚而平巴黎矣，雄辩高谈，惟所欲逞。然自局外而观，极意经营，固不如处心平恕也。夫杜接济，施炮石，虽前此之所未有，而亦兵法中所宜行。但如普相所言，则不独毁城垣、躏禾稼、焚屋庐已也，必至伏尸百万，流血千里，屠人若草芥，积骨等邱陵，殊为可惊可愕。论者咸谓：‘此等举动必至于法尽术穷，迫于万不得已，始可行之

[1]参商，参星与商星，二者在星空中此出彼没，彼出此没，此处比喻彼此对立，存在差距，无法统一。

[2]颠踣，颠簸。

耳。围攻法京，即可骤行得志，然苟以目前之利与日后之害相较，则殊有令人不欲者。’我朝廷屡欲以此意达之普王之前，致之诸臣之侧，固已久矣。三阅月中，两军角陈冲锋，彼攻此御，势崩雷电，声震山河，伤亡之惨，已不忍言。设使蹙法国，破法京，历代繁华，一朝灰烬。异日法民追念京师蹂躏至于如此，烽燧盈郊，死亡蔽野，人民荡析，老弱流离，更念及物产凋伤，艺术歇绝，奇珍付于一炬，环宝散诸他方。则必有嚼齿穿龈，裂冠指发，弯弓南向，荷戈前驱，以誓雪此耻，愿比死而一洗之者，报复相寻，必无宁宇。况以此时创巨痛深于法国，固几将颠覆于欧洲，亦有碍升平。普国在上之人，尤当于此深思而顾虑焉。法国朝廷执持己见，总理外部大臣发孚与普相俾思麦会议之后，徒托空言，无裨实事。今我朝廷所以请法国与普立暂为息兵之约者，原使法国得以公举人员集赴国会，和衷筹议，结好言和。已告法国，有可以无损国体者，即便从之。倘疑我朝廷居间之言必无一验，当必不然。今日两国之战，法屡败普屡胜者，岂无故于其间哉？诚以行军之道，所以助威作气者，在乎理直而已，情正而已。普之兴兵，特曰‘御外侮耳，迫而后应，非乐战也’，则师出为有名矣，而遂以此致克捷、基富强，夫岂偶然哉？今使普王委曲，以从和议约款，一秉至公。设再不成，然后进攻法京，亦未为晚。俾异日书诸史册，谓普之攻法，实非得已。立约章程，无不按时度势而行事，则于普为有光矣。我朝廷劝和之举，悉斟酌权宜于两国之间，无党无偏，惟公惟允，所望欧洲列国咸相闻知。普相俾思麦有云：‘若久困法京，必丁巨祸。’我朝廷用是，不忍坐视，尽友邦相爱之诚，切邻境相维之义，敬陈管见如右。再四思维，冀有所当消弭祸患，感召福和。是所祈于荷承天宠者，书至，不胜翘嘱。”

《普法战纪·卷九》终
番禺邹五云祥生校字

卷　十

南海张宗良芝轩　口译
吴郡王韬紫诠　辑撰
叶杨曦　校注

十月二十八日，普国首相俾思麦致书于驻札英京普国使臣宾士得父，令其转呈英国朝廷，盖即以答英国总理外部大臣前日书也。其书略曰："英国总理外部大臣爵臣克兰威儿所致驻札普京英国使臣罗负得士之书已转行邮示。英国总理爵臣之意，欲速于议和，弭此巨衅，不施绝计，以创法京。我王闻之，不胜嘉尚。盖我国虽屡经奏捷，而彼此相持，人物伤残，均所不免，所以速成和议，其有益于两国者实过于局外之国，以彼仅属旁观焉耳。英欲请法国遴选人员，集赴国会筹商，以为议和之先声，此与我朝廷意见相同。闻法京自九月四日以来，时存此念，谓'有机会可乘，即当速行是举'。前因英国所请，我王命我在芜邑与法臣发孚会议，令其选人赴会。先于花厘亚立暂为息兵之约，斯约所索，至为持平。观于土鲁城、士打拉士卜城，皆于数日间相继而下，即可概见，乃法国废之，迄于无成。法自立为民主之国，我王虽未许之，然于十月二日公举之令下，凡经我军攻下郡县，我王皆颁诏宣谕，准在内法人一体公举赴会。是我国于法人公举一事但有助之，而未尝阻之，特法京朝廷自不准国人公举耳。公举之期始定于十月二日，此法京所议也，继移于十六日，此多亚城所改也，嗣后并将新都改期公举之示亦行删除，其删除公举之谕，已详载诸邮报。朝臣签名原稿适入我手，而又缉获法国总理内地大臣监必得之书，书中明述法国朝廷意见，今即将是书转行邮寄，我国虽具有见闻而不敢一阻之者，惧分其谤也。由是观之，伊谁之责，盖有攸归矣。局外名望之人至法京劝和者，我未尝不乘机讽谕，令其力解乱绪之纠纷，无至空言而鲜补。故于所请息兵、暂约公举日期无不曲从，并许国中之人入集法京，京中之员出使他国，从容商酌，务期底于必成。十月九日，局外各邦以此告诸法廷，不蒙听纳，而居间者遂大失所望矣。嗣后监必得乘气球出自法京，檄谕各方，令停公举，虽法国刑部大臣克厘苗士力欲赞襄成事，竟不可得。揆此情形，拒和梗议，堕约逆劝，其在我国耶？其在法廷耶？恐彼不得诿其过也。是以我朝廷于十一日移文局外各国，谓‘若再久战，致法民有流离死亡之苦，我国不任其咎’，此亦持平之言也。英国睦邻谊切，代为殷忧，我朝廷早已逆料及之。夫以法廷之力拒如斯，则将来结局必当如上所云，我国亦不胜为之凄恻。所望局外诸国劝其捐成见，泯私心，恤物力，保民命，言归于好。设或不然，惟有静观其败而已。盖彼法廷诸臣据旧京，迁新都，称自主，僭国权，罔恤[1]人言，屡违众论，兹丁巨祸，实自取耳。若使英国朝廷能为之居间开导，令其不蹈覆辙，克循约言，全壮丽之名都，复盛强之郅治[2]，列郡不至于蹂躏，比户不至于流亡，则我国之所以感激图谢者岂有涯哉？呜呼！彼法廷诸臣自私自利，于英国朝廷劝解美意从而误会，我国于此实不能无憾。盖彼视局外各国居间进说，不以为相劝，而以为相助，遂至局外之慈衷，适长局中之厉志，悍然罔顾，格不相入。我朝廷因其若此，故于英国爵臣书中所云‘劝和之举’不欲倡首。夫我国区区之诚，固欲敦和好，永辑睦，与法国共享夫升平。苟法国有所陈说，我朝廷无不乐从，以为立约议和。地敬以鄙论达诸英国爵臣，俾知我朝廷意旨所在，临书不尽欲言。”

[1]“恤”，癸酉本卷六作“顾”。

[2]郅，极，最。郅治，大治，将国家治理好。

十一月八日，普相行文于驻札各国公使曰："法国大臣爹亚与其护国廷臣商前诣大营立约，我奉王命相迓。十月三十日未接见之前爹亚先往法京，十月三十一日乃莅我营。夫以爹亚名望素著，才智绝伦，系一国之人心，为列邦所仰望。我以为是举也必可以讲好修和，永敦友睦，故尽礼周旋，弗敢失坠，况我与爹亚素所相识，钦崇其德行也久矣。爹亚议和之言曰：'今者敝邦从局外诸国所请，极欲立暂为息兵之约，藉筹辑洽。'惟我王内揆诸兵力，外准诸天时，中权诸人事，知此约之立，实于日耳曼大有所不利。日军糈饷运自远方，利于速战，而不利于久持，旷日废时，坐耗军实，一也；蔑士屯驻之军，利在长驱直入，未下之地，尤贵乘时进取，顿兵不动，坐失事机，二也；不独此也，此数十日中我国不能多调新兵前来翼助，而法则得以练兵蓄锐，整厉戈矛，补葺行伍，转运糈粮，约期一满，即可力为拒敌。是则息兵之约固有益于法而有损于日，虽然，我王不敢以己废人，以一国之私逆众邦之请，见法国廷臣驰驱况瘁，意愿殷诚，谨如所命，许息兵二十五日。惟望复敦友谊，永睦邻欢，自时厥后，言归于好。我于是议分两军驻营界址，彼又以二十八日为请，亦曲许之。于此息兵期中以便法廷遴选人员，前赴国会。于亚鲁西士郡中亦任居民自行公举，我亦不拒，因我意且俟和约立后，再为裁夺。法军自此可以无空战斗，妄费药弹，一切得以从容布置。乃我观法廷当轴者不以是约为于彼有益，而必以运粮入法京为请，然后其约乃立，不甚可异乎？我于时诘之曰：'欲济军食，将以何者为质？'爹亚对曰：'我惟有权济军食，而无权议他事，所议者俾民公举国会人员共筹和约耳'。我即覆命于我王，我王深为叹异，谓：‘大失与爹亚立约之初望。夫爹亚所请者无他，乃欲使我毁成算、弃前功，两月之图谋败于一旦，三军之勇锐隳于崇朝，无异于自始再围法京耳？’法国不欲公举之行，此其证也。五日，爹亚回法京，再与廷臣商，我告之曰：‘如行公举，我必助汝，惟力是视，子盍图之？’但爹亚与德禄苏、发孚商榷之言，我并不闻，彼亦未尝举以告我，惟谓我曰：‘苟不能接济法京糈饷者，则尤容复立息兵约矣。’爹亚于是遽离华西路，七日凌晨遂回多亚。观此则知法国当轴者不欲国中人员申明众意，方且隐幸息兵之约不成，故藉端妄请，藉以拒局外诸国，夫局外诸国固彼望其相助者也。是书至后，可即宣示其国总理外部大臣委曲，以详我意。始普相已许暂行息兵二十五日，至是遂不果。”

论者谓：“普相俾思麦之词锋如水银泻地，无孔不入，其所以攻诘人者，令旁观者不得代为之解。法国当师徒挠败之余，不得不激励人心，为再战地。而普相遂以此藉词责法，谓彼纷纷者，其心实不甘出于和耳。若遽与议和，反以我国为有所畏虑。故必待至其败，无可转机，而后约可立，盟可成，以共底于和洽也。其与驻英使臣书所为反覆辩论者，悉归咎于法之拒和。然和战之权实普操之，法无能为役也，普胜法败，其势昭然。普相遂欲以此掩覆私智，混淆公论，直己曲人，恐不能也。”

当爹亚在华西路普营时，普相谓之曰：“约虽未成，然法国欲于普军所据郡县中推行公举之法亦可从命。”法廷诸臣愿和者众，惟护国统领德禄苏不可，于是仍谕军士坚守京师，纷备守具，卫御多亚新都。总理内部大臣檄民复建法国大纛，誓图胜敌。法后由英国启行，入抵普境，省问法王于威廉苏行宫銮舆，留驻者五日。普王请后偕法王同居，后固辞之。蔑士献俘将士，为数甚众，特拨兰华部兵为之伴行，递解普国，盖兰华兵时将撤归国中，递解法俘至普后，不复回营[1]。坚拉白、利布父皆往加些儿进谒法王。

十一月七日，蔑士将隶普国版图，有美国日报主笔文士入蔑士游览，观玩风景。其地有那合酒楼，壮丽无比，朗洁宏敞，著名于时。美士入而小饮，则其中法国官弁济济盈坐，异馔佳肴，罗陈于方丈间。第同食诸人，意气均不浃洽。窥其颜色有似甚不相能者，或离座甚远，或两两相背而坐。听其所言，皆谈蔑士时用兵事，谓法将帅中多喜利布父而不喜巴彦，亦有悦服坚拉白者。以是意见不同，议论迥异。或言蔑士诸帅中当以利布父为巨擘，以其能得兵心也。

后美国文士属酒楼主人为介，觅前锋至，使导之入法营，谒见巴彦，时巴彦方坐堂皇，指麾将士。微窥巴彦，年约五十九岁许，发半斑白，须髯绕颊，亦皆苍然。躯干不甚颀伟，而雄健肃毅，目光如饿鹘，其威外露，或有注视及人，殊可恐怖。既入，接见之顷，相待殊殷，礼貌优异，且谓之曰："劳子远来，殊不易，愿闻绪言，以启茅塞。"美士曰："愿得先闻高论可乎？敝国虽僻在西洲，

[1]"盖兰华兵时将撤归国中，递解法俘至普后，不复回营"，癸酉本卷六作"兰华兵时将撤归国中，递解法俘至普后，不复回营"，以双行小字附注于"递解普国"后。

而仗义执言，素为诸邦所钦服。今伯蓝[1]大统领惟欲以抑强扶弱为务，凡无辜而被祸者虽在局外，亦思援手。”巴彦曰：“余已有成见在胸矣。”美士曰：“可得闻乎？愿聆其概。”巴彦曰：“必至时始知余所见不谬耳。今监必得以我为卖国求荣，目以叛逆，诛为贰心，然彼何尝躬履行伍、身冒锋镝而知有战陈事哉？我而欲与之辨，适为刀笔之士弄其文墨耳。我为阶下囚，北向而丽爰书；彼为座上客，南面而商刑律。是则我岂为哉？必也缓待异日，然后是非乃定。我之所为虽权宜于一时，自可挽回于后日，初非失计也。”美士曰：“其中深意可详明晓畅以言之乎？是果系于一国之安危祸福，众军之存亡得丧哉？纳款之谋当必徘徊审顾，而后出之也。”巴彦曰：“吾诚愿与足下尽言之无隐矣。”美士曰：“自纳款以来，当必与普之将帅日相周旋，其相待之间，礼意果奚若？”巴彦曰：“普将皆诚悫[2]忠信者流也，而普郡王遇我良厚，以我处是逆境，深为痛惜，且知我之纳款投诚，出于万不得已，非敢有负于国家。或有逞其笔舌而沸腾谤毁者，普郡王许必为我剖雪，且必为我保持，毋使我衔冤受屈，此亦足见其厚待之一端矣。”美士曰：“然则将军于师丹既北之时，法王[3]蒙尘之后，所有在军出示告诫众士曾自称为民主之国否？”巴彦曰：“此岂余之所敢出哉[4]？若果行

[1]伯蓝，今通译作格兰特（Ulysses Simpson Grant，1822—1885），1843年毕业于美国陆军军官学校（即西点军校），在美国南北战争后期任联邦军总司令，1869至1877年间担任美国总统。

[2]诚悫，即诚心。

[3]“王”，癸酉本卷六作“主”。

[4]“哉”，癸酉本卷六作“也”。

此，益足以乱军心耳，我岂为之哉？我屡获侦谍搜得邮文，知于九月四日朝廷变革旧章，主持国事者已自有人。一闻此耗，立即上书王子，询问真伪。王子赐书既返，谓消息已真，事无可说。总之，国运多屯，民心已涣，诚非人力所能挽回耳，涕泣作复，不知所云，于是我虽得书，犹未深信。继而各地日报皆述是事，众口如出诸一，然后乃知其确然，非我初意所及料也。我于是遍告阖营将士曰：'今者法王已蒙尘东去，法后又见逼出奔，王子亦复行遁他邦，不居储位，所有举为护国统领者乃一德禄苏耳。然我等为国守此，义无可去，吾惟尽我职守而已，内之拘争肇衅，置之勿问可也。'因是，军心稍定。凡有法廷推选官员，姓氏概不使知。"美士曰："君洵可为公忠自矢者矣，特是君之乃心于国家者，可得闻乎？"巴彦曰："前者吾之筮仕[1]于朝也，已与法王有盟，言今者虽已失位，而一国之纲纪仍存，此心之忠义固在。即我麾下诸将士，亦不忍背吾主而事他人，自非与法王改盟易誓，辞职去官，然后可为他人用。"美士曰："今法之新朝一在巴黎斯，一在多亚，君曾与之书牍往来否？"巴彦曰："有之，凡军事之巨细，军情之洪纤，我皆据直以陈，无有所隐，然彼从未尝一报我也。"美士曰："被围以来，两军相见，曾一获胜捷否？"巴彦曰："未也，夫所谓胜者必其操必得之权，始终皆足以制人者也，岂徒快意于行伍、战陈之间而已哉？我兵与普军接战也，相持未尝不力，临陈未尝不勇，而不知何以终不利于吾军。呜呼！此天意也，非人谋也。"美士曰："今日者，粮绝援穷，困

[1] 筮仕，初出做官。

踣万状，大抵不得已而出于降耳。”巴彦曰：“是诚然矣。设使不迫于饥馁[1]而闻法京有自立之举，通国有民主之说，则吾亦将卷甲束兵、北面纳款于普军耳。但此事之转移所关甚巨，非我一身所能肩承。盖其中自有主之者，议此者出自军机总局，我亦惟从其命而已。众心不可为，独断要难成，上自统帅、军师，下至偏裨、将佐，无不曰‘今日之事，非出于降不可’，然后乃行，岂余一人所得主哉？”美士曰：“军机总局之意见，其旨可得闻与？”巴彦曰：“我试与汝详言之，汝可识其故矣。军中糗粮每日由五百减至三百，由三百减至二百五十。十月九日，稍台守将谓我曰：‘我军仅有七日之粮尔，过此以往，难以支持。’是日杀马三百五十匹以享军士，五十匹犒劳土人。自十日至十一[2]日，军机总局筹议军事。十有四日，势不可以久处，乃议纳款，命巴耶将军持白帜往叩普营，见普郡王面陈意旨，普郡王初欲不许，而后卒允之。”美士曰：“愿闻出降之议其旨何如？”巴彦曰：“我誓不再履行陈与普军决战，惟欲调兵齐赴法京，讨其僭位窃国之罪。彼腼然[3]自以为朝廷执政之臣，指麾兵民归其掌握，而其行则有甚于盗贼。此我每一念之，发指眦裂者也。义旗所指，岂能或缓哉？”美士曰：“普相俾思麦将何所云？其意何居？”巴彦乃出巴耶与普相所约之言，以示美士，且嘱曰：“但自览观，勿复刊入邮报传示众人。”美士曰：“唯据美士云，其计殊秘，未便泄诸于外，惟请师

[1]饥馁，饥饿。

[2]“一”，癸酉本卷六作“二”。

[3]腼然，厚颜。

攻法京之举，普相意见似属可行，因喜其能兴义愤，志在叛人也。独毛奇坚持以为不可，恐其中途猝变也。盖举十数万之师尽委之于其手，一旦反戈相向，谁能制之？即不然，背其前盟，与法京合兵攻普，普何以当此？无异释虎出阱，自树一敌也。”

按，为此说者乃一时谰言耳，即使巴彦与普军合攻法京，则将来破城之役，普不能独奏大勋。分人之功不武，借人之力不威，以垂成之事让人得收其名不智，宜乎普军师之坚不从也[1]。巴彦又告之曰：“十月十有八日，军机总局仍集议事，加芬拿谓我曰：‘粮罄矣，将奈何？’我告之曰：‘无妨，尚可以支八日。普军虽强，此间有险可守，猝未能下也。’二十六日，将士复集于军机总局，咸曰：‘人命至重，死者不可以复生，为亿兆生灵起见，势不得不降。’于是，纳款之议乃定。盖自与普攻战以来，虽降而不至于损军威、丧国体者惟我为然，以视矜甲面缚、身为俘虏者固有间矣。”美士曰：“若再相持固守，尚复有机可乘，以出此重围乎？”巴彦曰：“噫！危迫至此，尚有何机可乘哉？军中所蓄战马宰屠已尽，将何以运载炮车为前队之先声？虽欲冲突陷陈，亦不可得。故将士为之寒心，兵卒为之短气，束手坐困，职是之故。”美士曰：“自八月至今，死伤丧亡者约计若干人，其数可得闻欤？”巴彦曰：“凡丧将军二十四人，统兵官员二千一百四十人，兵士四万二千三百三十九人。前者战于磐尼，我已被伤。”言时自卸护肩，袒而示之，则其肩伤

[1]“按，为此说者乃一时谰言耳……宜乎普军师之坚不从也”，癸酉本卷六以双行小字附注于“自树一敌也”后。

痕虽痊，陷成一洞，因谓美士曰：“此即九月四日之战为枪弹所中者也。若弹入稍深，吾无有今日获见法京之人矣。”美士曰：“十七万三千人中能复临陈、背城借一者，得若干人乎？”巴彦曰：“大抵不过六万人而已。但炮兵无药，骑队无马，其何能战？即使舍一死以冀必得，而六万之困卒谁能当二十万久练常胜之雄师，出五六重长围扼险之坚垒哉？”适论至是，而法王之书自加须儿至，美士遂与巴彦别，巴彦送之曰：“汝嗣后可常来此，余有问必答，尽言无隐也。”前巴耶将军之使于普营也，普相俾思麦谓之曰：“奔腮将军适自法京来，言及法京光景迥不如前执政者，昏然如醉。承令者寐焉若梦，上下狂易，有如病风丧心，酗酒讴歌，无所不至。吁！法京若此，其亦危哉！自普人观之，谓‘法人之居法京，其叫嚣躁逸之状，正如猿玃[1]之处于樊笼’。我闻是言，知法国之大局不可支矣，尚望汝时至此间，以启余心。”于是，美士遂行。

论者谓：“法国蔑士一境为边檄重镇，固天设之险堑也。而法将巴彦不能守，树帜出降，竟为俘虏，闻者皆疑巴彦隐怀异志，故有此举，否则普必不能及此也。因是，法廷诸臣群目之为叛党，置之不齿。即邻邦尚论之者，或为之设身处地，或为之略迹原心，有作恕词者，有作憾词者，其说不一，未有定评。局外之人，固不能强作解事，妄置议论于其间。特为叙述联邦文士问答之言，以见大凡，或者巴彦隐衷，藉此可白乎？至于巴彦降后，屡次刊录邮报以自剖白者，略有数端：粮绝、众饥，一也；

[1]猿玃，猿猴。

天久霪雨，阴寒多雾，二也；时疾流行，病卒至二万余，无所得药，三也；围攻以来临陈丧亡者大帅一，将军二十有四，兵士四万二千三百五十，士气沮败，不可复用，四也；虽拥多兵，皆疲卒耳，其堪为劲旅、足当一战者仅六万五千人，断不能当二十万众之骁骑，五也。设使不肯竭忠报国、尽力守城，则于八月中早为普所得矣，岂能延至于今哉？说者谓‘古人不以成败论英雄’，诚为千古第一观人通论。然亦有因事推求、不能遽作恕词者，何则事无可议？则虽出于败，天下后世犹当起而谅其心。若其大势，犹可以挽回全局，不至于决裂，而徒诿之于无可，如何以身殉之？则论者犹将疵其偾事，惜其才不足而忠有余。况乎既不能保土，又不能死官，于事尚可图之日乃作此义，不当为之举则亦孰得而恕之哉？”

普兵环困蔑士，时有日报主笔之士罗弁臣亦在围中，围城消息颇得其详，为述蔑士之情形，巴彦之军政，良有深可叹息者。弁臣云：“八月三十一日、九月一日两战势甚锋锐，可用无一不思突围而出。其披坚执锐、舍身犯难之三大队兵则为简罗弼、福萨、李宝符三将军所统者也。初出列陈，行整而气猛，荡决无前，有如风雨之骤至。其由西北隅而出者，已占形胜，此时法军方顾眄[1]自雄，谓‘出此重围，亦复何难’。不料次日即已不支，旋而志气沮丧，不可复振。”推其故由，无精锐骁骑以继之也。是以虽胜旋败，既兴复蹶，稍经挫折，亟即回奔。惟其顾而无继，则胆不壮，而志不坚耳。况乎统率不齐，号令未一，其谁适从哉？当此危急存亡之际，为大帅者正当躬履

[1]眄，即盼。

行陈，亲冒矢石，为诸将先。庶有以作士气、鼓人心，而乃好整以暇行。若无事惟日酣饮帐中，歌呼自乐，置国计、军情于不问，虽欲不出于降，得乎？顾此犹疑其周内之词，至于命将遣卒，此固巴彦之责也。今即以福萨独当一面，而论其计亦愚。盖福萨麾下之师前已大创于普兵，其气已馁，不俟临敌，已知其无能为役。苟以敢死之士军其前，选锋之兵随其后，则胜败之机，尚难逆料，惜乎其计不出此也。是役之后虽有接仗，皆不足以言战矣。或言巴彦“少攻韬略，长擅将才”，何以大敌当前一筹莫展，而竟安于重困？是则诚有所不解也。无他，以俟机会之来，一念误之也。不知军势若此，危如朝露，几于旦夕莫保，有何机会之可乘？九月一日之战，普国之兵威虽壮，而法军之冲突殊强。苟能挥兵尽出，整队长驱，则普军势难兼顾，未必无济。奈可[1]令其孤进无援，坐观挫北也。夫蔑士守兵，其数多于普之围军，由在上者不善调遣耳。如护勇徒待补缺，未经补缺之前，断不驱之临陈，值兹抢攘之时，岂能复拘于成例？为上者要宜激发其忠义之心，俾其蹈义不顾，视死如饴，群愿殉敌，忘身以期，得当是亦未必不能出也。逮乎蔑士不守，整旅而降，险绝雄藩，竟拱手而让之于敌，不可惜哉？日报主笔之士曾议之曰：“卓尔坚城，至于失守，无论其所因何事，但以守者之兵多于攻者，而竟为所扼，北面卷甲而降之，则其辱甚矣。”巴彦于十月二十八日下令军中曰：“出则必败，故不得已而降。”姑无论虽败犹愈于降，且又安知出必不济乎？若巴彦驱倾城之师，齐赴敌营，沛然如河流之莫遏其

[1]“可”，癸酉本卷六作“何”。

势，固可以出走。巴彦既走，则普郡王之师方拟分投追剿，以缀其尾，何至遽能集攻阿连哉？然则无论降与不降，所关甚大；即走与不走，所系亦属非轻。呜呼！巴彦之误国殃民，尚何言哉？至于普军以寡扼众，久驻坚城之下，其胆略固属过人，盖亦知巴彦之人为易与耳。呜呼！蔑士降，和议沮，法京围，旁郡失，法之不振，至此决矣。

今[1]自爹亚议和不成，通国兵民仍持战守前议，然而大局已不可支，其时旁郡之告警者纷然也。法之棣桑邑已为普人所取，普军八万人驻札其地。是城虽不当冲要，而法之骑军多出于此。其人多勇猛骁悍，长于驰骤。普人特征民间输纳佛狼五十万枚，以供军需。普人既得此地，则可调军由东方至卑辰干，往攻加厘波地、监勃利二将所统之兵。又可直往南方，一切饷糈，由蔑士转输接济。而又可遥为丹将军之犄角，助其声援，盖丹将军以重兵扼守要隘，不使法之援兵得过者也。普军拟浚凿[2]鲁华河，直达多亚城，以便进兵。所有近城卫护疆宇之兵尽逐去之，或往萨拉门，或往都罗窝。普人意在先图来昂，而后徐下他郡，普郡王拟于来昂境外驻札大营。

十一月七日，普兵往攻纽布里萨外摩底亚炮台，胜之，守台将士降于普，获大炮五尊，陈擒法兵二百五十人。来昂郡外各村民徙避入城者，纷然不绝于道。多亚城新朝檄谕众民谓："苟见巴彦及其所部将士有遁法境者立即擒治，勿任纵逸，以其通敌卖国，罪不容诛也。"法国

[1]"今"，癸酉本卷七作"法"。
[2]浚凿，疏通、挖掘。

南方濒海地有马塞里[1]者，巨郡也，前有乱民揭竿肆起，经地方官吏弹压，立即安靖。是日，普兵整队入棣桑城（即地仁城，以法国从鼻音也），加厘波地将军至阿顿，大阅乡勇。普军于萨德获气球一，球中书札无数，皆传递行军消息也，乘球者七人，悉按军法鞫治[2]。在瓦顿境中，有一气球下坠于地，内有数英人从法京逸出者，自云"将图避难远方耳"，乃释之。金匠卑星州多巧思，为普相造一金管，通体作鹅羽形，极为逼真。上刻伯爵职衔，精致奇丽，殆无其匹。普相云："留俟将来书和约时用之。"

十一月八日，普人得瓦顿城，盖法军势逼纳降也。瓦顿城建于藐士河滨，池濠深广，墉堞[3]巩固。城外四周环以炮台，形势雄壮，为法国冲要。所设防之密、驻守之严，蔑士以下，即当次数及之。其城本非可猝下，前者迭战于威安维尔、革里富律两地，即为争取此城也。城中辎重山积，粮糈刍茭，不可胜计，皆从法京辇运而至，以备蔑士众军所需，时蔑士已陷于重围中，故不得达。始法人思屯重兵于此，以扼要隘，而大军退走师丹，遂置不顾。普人既下师丹据藐士时，河中流尸枕藉[4]，破艘纵横，远近村乡犹复团兵相拒。故必先肃清[5]上游，然后从事于瓦顿。始合围于九月二十五日，普军云集附于城下，昼夜环攻不少息，法将知不能守，遂树帜献城于普。瓦顿城有轮

[1]马塞里，今通译作马赛（Marseille）。参见卷一"马赛里"条。

[2]鞫治，审理处治。

[3]墉堞，泛指城墙。

[4]"藉"，癸酉本卷七作"籍"。

[5]"肃清"，癸酉本卷七作"既肃"。

车铁路三：一达蔑士，一往泰安威儿，一至沙龙，城中居民一万三千人。

十一月九日，普国蔑多轮船与法国褒核轮船战于夏云那。巨炮飞铳互相轰击，炮声沸水，烟焰蔽江。经两时许，彼此皆樯倾桅析，不克再战，普军取扪巴厘，兵不血刃。法鲁华河上之兵征调已多，皆从各处云集而至，不日将与普军决一战。有普军游骑至其近境者，法兵击走之，陈擒六十四人。法国阿连郡城久为普国丹将军所攻取，统兵入城据守。初，九月中，丹将军统巴华厘亚兵三万人，进攻阿连城，时法国守兵四万五千人出城决战，为普所胜，遂取其城[1]。十月三十一日，多亚新朝定议，檄召诸道统兵，合军并进，以图收复。特命阿厘儿将军驰赴鲁华河，与波厘亚将军合兵，时波厘亚统领鲁华河新募之众不下十万。

十一月六日，波厘亚由鸦浅阿壁尼乡整队出攻。九日清晨，各军朝餐毕，列伍持枪以待命，法将俾得云率之攻剌厘华连拿打，因其地多葡萄园，为普兵所集故也。巴厘将军助之，为其左翼，以攻普军中坚，后为普军炮队所击退。是日下午，法军退至哥儿麻，适见俾得云与普军相持甚苦，遂大呼，驰入助战。水师提督揸利娇巴厘居巴厘将军之左，首先突陈。时普国炮队左右环列，乃以巨炮由诗西扪芝佛尼攻其前，由哥儿麻击其后。第三十七队法军往攻珊乡，势甚锋锐，然普军布陈整肃，炮队与步兵相间为辅，合力以击法军，故法军既进旋退。互持至日西

[1] “初，九月中……遂取其城”，癸酉本卷七以双行小字附注于“法国阿连城郡久为普国丹将军所攻取”后。

坠，时法国炮军骤至，火弹横飞，密如星雨，遂胜普军。是日，法第三十七旗步兵、三十三旗壮丁死伤甚众，因炮军来援稍迟也。酉刻，水师提督揸利娇巴厘进兵珊乡、阿弥条乡，驱逐普军，二乡旋为法兵所取，普之巴华厘亚兵离队退走，法军以炮横攻之。法将厘有统领骑兵，都统李保奇督带民壮，奋力追击，普兵以炮扼要隘，环轰迭放，骑兵不得前，乃止。此役也，与法军相拒者仅第一路巴华厘亚兵以及骑队、炮队而已。普军既败，遂由阿连郡退走亚田尼，为法军所擒者二千人，临陈伤亡者不在此数。因雨雪之后，道路崎岖，泥淖陷足，殊不易行。法军追至胜巴剌威始旋，又于其地擒兵百人，获炮二尊，统兵官五员，火药二十车，辎重、器械数车。是日，法将波厘亚进兵甚迟，行七时许，仅至芝威厘乡，若早驰抵其境，夹攻合击，则俘斩巴华厘亚兵当无噍类[1]。法军死于战者一千五百人，初法人援军四集，图复阿连，由云耽驻营于镖尖。时普军由孛干往马尖尼，其地近圣罗连，林木丛茂，一望皆碧。先突出以攻法军，为法军所击退。此十一月八日也。

翼日，法军先往攻普营，法将巴剌颠始欲环围阿连城，以困丹将军。故特调法军左翼之在镖尖时者驰往阿连右翼，屯于阿迷（阿连城外乡落），固守营垒，以为犄角。左翼既奉命由芝觅尼、胜巴威、波唎布来撤队，旋行与札在圣卑玉沙来亚（阿连城外乡落）、波来他之法兵相合，同屯沙吉。是日，由晓苦战至昏，法军初复孛干，再复哥美亚。法国山时将军从芝觅尼而进，旋与普兵大战。

[1]噍类，幸存者。

劳仁将军屯兵于极左，向胜巴厘威、剌哥林卑而来。于是四周环集，于普军几于以五攻一。

法人以为此役也，丹将军虽身有羽翼，亦难奋飞。俟其退兵入城，则坐困之殊易易耳。特丹将军，巴华厘亚之名将也，智勇足备，韬略深沉。其行军也，善于量敌而后进，已早知鲁华河法兵势众，阿连郡城势孤，故不徒事固守，而先出境以决战。至是，以法兵气盛志锐，不可以力敌，遂下令退兵，时麾下步卒仅一万二千而已。撤陈之际，具有方略，步伐队伍，井然不紊。于是且战且行，法军追而薄之，或捣其中坚，或荡其右翼。适所部骁将阿富统第二队由左方至，疾驰往救，短兵相接，几胜法军。俄而法军大队骤至，遂复败北。当退兵时，先以炮队扼险为殿，故法军不敢逼。普军乘夜退往亚田尼巴题，将拟由巴题抵法京外，乞援于大营。是夕，天黑道艰，普军多有失路散亡者，法人既胜，巴剌颠檄令三军轻骑往追。其时，镖尖时尚有普军屯据要地，故劳仁将军不能取道往胜巴厘威旋，恐中有设伏，遽引军退。山时将军亦观望不进，不敢取道芝觅尼以袭普军，旋即撤队归营。惟波厘利将军兵至最迟，其气尚壮，引兵独追普军，进兵至沙吉诗威厘左右，擒获普军后队而止。是役也，普军历战二日一夜，几于人不及传餐，马不及秣刍，以少敌众，枵腹持斗，故至于败陈，丧麾下统兵官一百四十二人，兵士六百六十三人。据法国邮报云："普兵死伤相藉，不下三千人，然法兵之临陈丧失者亦众。"

是日，遣别将往攻阿连郡城，兵围于外而民应于内，普国守兵单薄，遂至不支。而在鲁华河左右，法兵攻城尤力，十日清晨，遂将郡城克复，日耳曼余兵纷纷退出城外。普国丹将军既统兵退走亚田尼，翼日溃众复集，然皆疲沮，不堪复战，因休兵一日而行。旋遇普国援兵至，即由亚田尼退驻多利，建营筑垒，屯于村外。其地离阿连郡城七十五里，而距法京颇近。普人闻法兵围城甚急，遣将谷威迭偕阿耳伯王子统众往援，取道于萨但利进兵，计普之三将所统士卒约有六万。时麦莲毕公爵亦统众驰至，多利丹将军遂与合兵，麦莲毕公爵麾下士卒亦不下六万。两军既合，即拟往攻鲁华河法兵，而普郡王亦由蔑士率军直下矣。是役也，为法用兵以来第一次奏捷。鲁华河之法兵勇猛敢战，数约九万。时法国统兵者巴剌颠将军也，战事既毕，巴剌颠出示晓谕众军，其略曰："咨尔众士，昨日之战我师获利，敌军各营皆为我兵所据。今敌已退，克众复城，功殊伟焉。惟余以尔众一心一志，致力用命，已将尔功上达朝廷，朝廷不胜嘉奖，特命加意抚循，以示鼓励。兹者，我国正当逆境，尔众为举国之望，目所共睹。尚其奋勉忠勇，激发义愤，俾为我国所倚赖。惟尔众勿失所望，余实有厚幸焉。"是日，捷音至京师多亚城中，人心大悦，皆曰："此次告捷可以止南方之普兵，以绝普将瓦得进取之路。"然法军虽小捷，而于普军进围法京之大势无所系其利害也。其时，普郡王屯兵伊迩，与其将瓦得之营相距不远，可以彼此相为犄角。麦莲毕公爵亦已统兵往助围城，曾何解于大局哉？使当是日乘胜穷追，兼程进袭，无使普军得以稍延喘息，则丹将军之全师必覆于亚田尼。师覆帅擒，士气必倍如是，则普军势分，而法京可援重围之解，事未可知。

虽然，法之护国统领德禄苏亦一庸才耳。今计法京兵数，不下五十余万[1]，多于普国围城之师，即曰："其中实能冲锋临陈者不过一万二千，而加以演习训练，一月后即可使成劲旅，况又有外援哉？"统核法京中壮丁十二万，兵丁十二万一千，护勇三十万。论者皆谓[2]："有众如是，德禄苏如有材武干略，尽可以之退敌矣，乃不能出雷池一步，何哉？"

普国丹将军既败于阿连，军师毛奇闻之，谓其左右曰："丹将军以四万兵当法国十五万众，鏖战两日，乃始退走，既退而敌犹不敢逼其能兵，如此虽败犹胜也。"日报文士谓："普人阿连之败，首相与军师早已逆料及之矣。而竟听其挫北于法兵者，盖特借以折巴华厘亚王之锐志耳。以王与普国素非相协，自以雄长南邦，不愿为普下。今假手于法以败之，使知其兵独出而无普助，则无能为役也。"然此特旁观者推测之词耳，普廷将帅，其局量当不如是之隘，其智虑当不如是之狡也。普兵自萨得依潭退出，因闻法兵之来攻也。法国总理大臣大陈将士，简阅军容，檄谕诸道军入援法京，京中粮储尚足以支一月，于多鲁士集募新兵已成一军。普人拟于不日间以大炮进攻泰安威儿、毛蔑的。

十一月十日，纽布里萨献城纳款于普，俘统兵官一百人，兵士五千人，炮一百尊。法将宏得查暗自多亚城出，普军逐之，遂回。北日耳曼廷臣集于普京伯灵会议，普国丹将军既败于阿连城外之哥儿妈。十一月十三日，旗总加

[1]"不下五十余万"，癸酉本卷七作"不五十余万"。

[2]"谓"，癸酉本卷七作"以为"。

拿士飞檄大营曰："今谨将第一路巴华厘亚兵战于哥儿妈始末具陈如左：是月初旬，丹将军闻敌人已据摩亚村、麻里村，自此一带悉驻重兵。又由他道取马尖尼，其地林树丛杂，宜于设伏。此外更有法兵数队直达鲁华河左右，其前锋骁骑已屯于摩亚村。时侦谍之使不绝于道，九日以前，警音迭至，咸谓'鲁华河上法兵取道哥儿妈进攻阿连郡城在旦暮间矣'。八日将夕，丹将军颁令于军中，拔营尽起，秣马厉兵，向西直进，留步兵一旗，婴城固守。将拟在哥儿妈及许饶村左右建营筑垒，以御法兵。翼日，前队衔命进师，辰刻遇法军于半途，询之所俘法兵，云彼军乃由耽麻厘而来，法国鲁华河上前列之兵乃法将波希所统，邮报传述云及其数不下六万，由理蛮遄征。理蛮距多亚城西北约三十有六里，离萨雕但西约四十有二里。是晨，敌人以步兵六队驰击巴华厘亚兵营垒，两军既接，而敌人助战之师络绎而至，益以骑队六旗保卫陈角，以巨炮一百二十尊排列陈前，力攻普营，迭击环轰，其势甚锐。然法军虽众，而巴华厘亚兵踊跃赴斗，有进而无退，有前而无却。敌人屡陷我军之右翼，右翼之兵无不奋死抵御，力击之回。敌人兵卒死伤如积，是以能由晓至昏守营而不失也。迨暮，敌军撤队而归，丹将军乃始为退兵计，由哥儿妈退往胜巴威厘，使与由沙得华西路来援之新兵可相接应。退兵时，步伐队伍极有方略，无一乱次以奔者。敌人于是夕攻据阿连郡城，竟不追袭。我军城中遗有病卒千人，以仓猝间不能携载，于是军中啧有怨言。兼以战斗之际不及传餐，多枵腹以从事，遂有谓'糗糒之不敷[1]而生

[1]不敷，不够，不能满足。

觖望’者。是役也，统兵官归临陈伤亡者四十有二人，兵士六百五十人。翼日，后队辎重一车、统兵官一、军士八十为敌所掳。是晨，我军由胜巴厘威退驻多利，而麦莲毕公爵援军亦至，遂与合兵。九日之战，以寡拒众，而敌不能入我中坚，仅能披我右翼。相持竟日，卒出死力击退敌军，出险入夷，转危为安。丹将军退兵大略如此，敬即檄闻。”

十一月十五日，法国廷臣命巴剌颠将军统领鲁华河上法兵，一切归其节制，以波厘亚督带第十五路军。前日普法议和不成，局外诸国皆为之扼腕痛惜焉。议者谓：“普法构兵，法几至于一败涂地。英法为唇齿之邦，理宜为之排解。即使坚守两不偏助之义，而于劝和定约之间，当可力为说词，毋使法之终于不振。而乃一若绝不相关者，何也？则以英国决意起兵助法之时，正在英京邮报总局刊录普相所寄密约之候。英国廷臣一见此约，虽欲兴师援助，而心既怀疑，志多未惬。遂至按兵不出，作袖手旁观矣。盖因法国先王尝有言曰：‘若法国得取比利时国土，而割据其宴威核地方，驻以重兵，守以水师，用以顺流直下。’此无异于以最利之火器扼英国之吭，而制其死命也。故此密约虽云‘取比利时’，而其志实注意于英也。”

按，普法所立密约当未必可信，此正普相离间之妙计也。行兵之道，谲而不正，亦所尚也，普相盖有之焉。英京邮报总局主笔者皆名人才士也，其所论述皆军国重事，才、识、学三长兼而有之。阅是邮报者皆英京中王公贵人，其所论直有足以维持清议者，于普法战争之事，时有论断以为，为法计者惟有出于和而已。夫今日者，法之利在和而不在战，固夫人而知之矣。以法此时，屡战屡北，兵气不扬，民心已慑，实不可复用。彼齐之田单以弹丸之即墨，能复七十余城，亦以骑劫为将耳。[1]若望诸君不被间而去，则事之成否，未可知也。当明之末叶，法尝为英所亡，而其时王子犹在，虽拥孤军，名号尚存，南方诸郡邑，皆安固无虞。而英又航海以来，不无有一水之阻藉，战舰为联络，所以以一女子，神道设教，竟能复之于一旦也。事在一千四百二十九年，时英人已下法京，法王子与英战辄败。收兵为孤军，得女为孤军督，卒退英人，复侵地，立王为查尔斯第七。女名若安[2]，法之亚尔格部人[3]，恢复法境后仍与英战，卒为英人所擒，焚死[4]。顾今日法国之情形非昔比矣[5]，然则当如何曰“暂屈以求和，励精以图治，然后浡[6]焉以兴，一举雪耻”？

普之围法京也，法京外人民都有未及徙者，普军使之助筑炮垒，不从者持戟之士自旁棓扑。而守城法军见之，则又呼叱之，使无得供普畚挶[7]，苟言之不听，立即鸣枪轰击。故法民于此进退均难，不胜虐苦。日耳曼人向时旅

[1]此即田单复国之事，见载于《史记·田单列传》。战国后期，燕国拜乐毅为上将军，攻占齐国七十多座城池，齐将田单凭借孤城即墨，设计让骑劫取代乐毅，由守转攻，一举击败燕军，收复国土。

[2]若安，今通译作贞德（Jeanne d'Arc，1412—1431），英法百年战争时期的民族女英雄，带领法国人民屡次战胜英国，被称作自由女神、圣女贞德。

[3]“事在一千四百二十九年，时英人已下法京，法王子与英战辄败。收兵为孤军，得女为孤军督，卒退英人，复侵地，立王为查尔斯第七。女名若安，法之亚尔格部人”癸酉本卷七以双行小字附注于“竟能复之于一旦也”后。

[4]“恢复法境后仍与英战，卒为英人所擒，焚死”，癸酉本卷七无。

[5]“顾今日法国之情形非昔比矣”，癸酉本卷七作“今则非昔之比”。

[6]浡，即勃。

[7]畚挶，盛土和抬土的工具，泛指土建工具。

居法国，往来贸易，无异土著，兹为法官所逐者约二万，皆迁往瑞士，盖法国东境比邻也，瑞国官民，无不待以厚礼。中有一妇最为老寿，年百有六岁，二十五岁时往居法京，至此盖八十一年矣，久居如此，而仍复见逐，于以见法之薄于待人矣。

普国营中有女子从军者，诚异事也。女子名威士，日耳曼人，年二十有四，幼即男装就外傅。稍长，博通载籍，而性情豪逸，意气倜傥，直能洗尽闺阁铅华之习。且又潜心武备，好读兵书，每于同学中纵谈韬略，无不为之折服。遂矢志入军籍，以技勇超群，考拔旗首，普国军兴，遂从事焉。尝陈前跃马入敌队，搴一大旗归，获赏勇衔，自此益慎其职，誓欲以身许国，勒功旂常而铭勋竹帛。后以飞弹中伤，求医返国，里中人审知其为女子，无不叹异，或更羡其有志焉。夫以一弱女子而竟肯置身戎马，效命疆场，则不独近日巾帼中所未见，即求诸前代，亦未易数，数觏拟之，荀灌突围[1]，木兰从征[2]，并此而三矣。其与昔日法国奇女子若安，不亦可追踪比烈也哉？近人有论及此事者曰："呜呼！如威士者，真今之奇女子哉！是可与木兰并传已。顾论者于木兰从军一事，每滋疑窦，谓'以朱颜绿鬓一弱女子，向干戈丛里，与骑兵悍卒为伍，而顾令人莫辨鸟之雌雄，此其事实有万难者，虽执桴鼓以从事，如宋之梁夫人红玉[3]，亦不无其人。然以女

[1]荀灌突围，西晋末年荀崧镇守宛城，受困来犯之竟陵太守杜曾，年仅十三岁的荀灌替父突围求救，传为一时佳话，事载《晋书·列女传》。

[2]木兰从征，北朝民歌《木兰辞》述及此事。木兰女扮男装，代老父从军，征战疆场十二年，屡建功勋，竟从未被发现是女儿身。

[3]梁夫人红玉，指南宋抗金女英雄梁红玉，常随夫君韩世忠出征，屡立军功。

中韬略，策励戎行，非如木兰之舍笄而冠以策命于疆场也。’噫！苍凉夜气，铁甲无声，丝缕春愁，绣鞍有泪。历木兰之境，方知木兰之事。而顾以寻常之测度，定往事之有无，则畴昔英雄委曲万难之举动，固有不足当其一噱者，又岂独木兰为然哉？即如威士者，固今之木兰也，其所以从军之故，虽殊于兰，而其从军之况，则无异于兰。闻威士身受四创，卒邀无恙，端倪既露，姓字遂香。从此闺阁英风，不将遍播于海国也哉[1]？”

十一月十四日，麦莲毕公爵败鲁华河法兵于多利。十五日，调集诸道日耳曼兵向法国东南境进发，攻据土鲁邑城，以驻大营。普国丹将军益兵一万五千，再图进取，普郡王行师神速，已抵雍尼河。法兵在卑路佛城出攻普军，普军奋力逐之，旅退，陈伤法兵二百人。普军之屯于阿连城北者再行退出其境，因恐鲁华河上法兵潜袭之也。亚眉得王子向曾兼袭奥士打公爵，现居西班牙王位，特开国会，集议公举者一百九十一人，其不从者一百二十人。

十六日，南日耳曼邦、巴华厘亚愿与普鲁士成为一国，以后国政军事得以统辖，在华西路大营结盟定约，永垂不替。普人命国中预制战袄六十万领，战靴六十万事，以备军前应用。观此知普军并无退志，将在法国为卒岁之谋矣。法京中人被困已久，甚为患苦，无不思集赴国会议事，以求暂为息兵。奈法廷执政诸臣如德禄苏、监必得皆以和议为非，必欲邀功于一战。

十七日，麦莲毕公爵败法兵于土鲁，俘获无算，法兵

[1] “近人有论及此事者曰……不将遍播于海国也哉”，癸酉本卷七以双行小字附注于“不亦可追踪比烈也哉”后，其中“绿”作“缘”。

窜往里蛮城。是日，与普军战者乃法卑烈丹尼壮丁也，训练未久，故临陈易于奔北。鲁华河上法兵群集于阿连亚田尼兰爹耳，与普军小有接仗。

十八日，麦莲毕公爵败法兵于萨雕纽父，陈斩法兵三百人，生擒二百人，而普军丧亡者亦不下百人。以大利将加厘波地统领法兵，在仙郡萨棣龙左右与普军战，胜之，俘斩日耳曼兵七百五十人。加厘波地固以大利之宿将也，素习韬钤[1]，战功卓著。兹于是役，出其不虞，攻其无备，故克获胜捷，论者谓“此虽小试其技，然亦足以见一斑”云。

二十二日，普军围攻刺佛非亚，谋再济师以困之，旋为法军所逐退。时法之扪梅地、迷师亚皆已被困，法军援师四集，遂出与战，竟败普兵，陈斩五百余人。普围法京益严，所有攻城之具俱已备集。麦莲毕公爵统率所部向西捷进，第九路普军誓欲再取阿连城，以泄前忿，蛮雕飞将军驻扼法国北方，渐逼法京，普人拟诸道并进，堵截鲁华河上法兵。其谋盖甚秘，云：“日耳曼兵群取道于胡萨厘左右，进取法地，旋据都鲁士以屯军。法将褒巴奇统领鲁华河第十八路法兵，法兵之云集于鲁华河上者，拟刻期大举所有备御之。法攻拒之策皆极机密，法京中糈饷尚允日用无缺，兵民皆志在一心守御，意气尤为雄壮。在城日试炮位，较量落弹远近，俾有准则不日即将出城，决战于城外。邀获普国护粮军士一群，日耳曼兵攻据法之挪更李鲁多路，普郡王进兵卑地威亚，所统部众计十有五万。是日，普将棣里士求击退法兵，出俾路佛之外营，法军狼狈而遁，纷

[1]韬钤，古代兵书《六韬》《玉钤》的并称，泛指兵书。

无行列，普兵复袭其后，法军再败。于二十二、二十三两日间，有普军二万往取俾廉，后欲改道攻取里蛮。

二十四日，泰安威儿为普军所攻，飞炮入城，室庐尽毁，赤焰亘空者两日，不得已出降于普。俘军士四千人，获炮二百八十尊，普军丧者未甚众。法人之在法京外者，闻是消息，为之夺气。同日普军取圣坚田，普军都统劳得列士在亚棉城外与法国壮丁战，败之。法人狂奔而遁，尽委其辎重于道旁，径向波厘而去。普与法国亚鲁西士郡之民壮立约，若出与普军相战，则其物产尽行归公。

二十五日，普军取威布厘门都波路沙域尼。普军于夜间以电报铁线围绕营垒，又于架上悬钟报警，故猝有不虞，其兵易集。是日，法军之在萨雕但者与屯札其地之普军战，相持约两时许，法军左翼勇气百倍，普军遂专攻其右翼，意在击瑕以败偏，然法兵厚集其势，卒胜普军。此役也，普军本欲入亚田尼城，为法军所击退，普军出纽威儿。普军被擒者八十人，死伤者亦殊不少，法军陈亡者无几。初法军列陈甚长，继在阿连郡境城减队并伍，极为整练，故得以取胜。此一役也，法人小捷，气为之一振。

南日耳曼邦、戈添毕与普鲁士联为一国，于二十五日立约于华西路大营。普国廷臣开议院于普京，院长读普王所颁之谕于众前，谓“迩来日耳曼诸邦叠获捷音，余心不胜嘉悦。然法国将来必图报复，其或乘机观衅，以冀取偿于普，事所必有，情所必至。所以约中必取其边境，以固我疆圉，内以御侮，外以制敌，如斯而已”。普王诏于国中，令拨一百兆爹剌以供饷费。

普法两军连日小战于亚棉，互有胜负。普军于李文云顿连界之间、亚田尼左右较试炮位，以角优劣。有气球一从法京启行，至奇利辰拿而下。更有鹁鸽一群，带书札、日报甚多，普军见其在空中，以枪击之，略高不得及。

二十六日，法军数队攻第十路普兵，为普兵所败，法军死者四十人，陈擒将军一名，普统兵官丧者三人，兵士十三人，此在阿连郡城左右之战也。普法两军旋又战于亚棉城左右褒富士境上，法人自谓："击退普军，驱之境外。"以大利将加厘波地统率法军由巴桥出兵力攻普第三枝步兵，锐气甚盛，普渐不支，后有日耳曼之莺查兵继至来援，普军复奋，遂击退法军。法军纷纷遁走，尽弃其辎重而去，器械、衣装委地者山积，尽为普军所得，法之退师极无方略，于此可见。

二十七日，普军取刺非亚。初，普军以大炮轰攻刺非亚城，经两日，守城官即树降旗出献，所俘兵士计二千，获大炮七十尊。在附近阿连城左右，普军第十四路中之第二十四枝兵正当奉调遄征，衔枚疾进，忽遇第二十路法军，遂与之角战。法败而普胜，逐法兵出厘但及迷师亚，生擒法兵一百四十六人，普兵丧者二百人。普国瓦得将军统兵三队，逐法军于布林俾亚，死伤者约四百人，普兵于此两日间，临陈殒亡者亦众。普第一路军大战法国北军于亚棉城外，相持至暮，普军获胜，是役也，法军多于普军，丧者数千。法军径趋洵美河，遁走向亚棉城处炮台而行。普国蛮雕飞将军于二十七日攻法国北军，战于洵美河侧，兵至即胜，尽驱法军向西里河而走，遁于亚棉城外之南境。法军伤者数千，未伤而生擒者七百人，夺获法之壮丁新旗一杆。

二十七日，普法之兵于亚棉左右布离多纽乡及稣辣村，竟日搏战。初合陈时，法军小为得利，迨至未杪，两军战酣，普之炮队雄猛，其来益多，法军势不能支，不得不退。是日，法军在布蛙又为普兵所击败，其在带利者闻之兵败之警，谨守营垒不出。是日之战，普军约三千人，法国于民间再筹一百兆爹剌为军需，以充糈饷。普国朝廷贷于众庶，得一百兆爹剌，运至华西路大营，当下议院集议之时，从此说者一百七十八人，不从者仅八人而已。

二十八日，普人往攻法兵于鲁华河，胜之。先是，法人以重兵屯于鲁华河左右，遥为法京声援，屡出攻扑。普以其为法京犄角也，思有以驱之，是日特拨第二、第十路兵进围其营，法军亦布陈以待，由午至暮，转战相持，卒败法军，而还巴华厘亚，与普立约定盟，入于联邦之中。约内有云："嗣后巴华厘亚不为前者北日耳曼各邦所立之六十一至六十八款所制，因其国之兵向为国王所管辖。今一切军制宜悉依联邦规例，统归于大经略，由其节制。于升平时，可以随时简阅，若遇兴师征伐，即行出兵相助。"戈添毕邦亦愿入约，内共二十有六邦，联为一体。盖普之协比诸邦，辑和众志，其效有如此者，观于此，则普之振兴可知矣。

自二十六至二十九连日晚间，法军之防守京师者恐普军突出不意，夤夜进攻，迭放枪炮以拒普军，自宵达旦，其声不绝，究之距普营尚远，于普军无所损也，徒縻药弹而已。普军围法京，自九月二十日始环布四周，重围固绕。法人由是日困，盖自始围至此相持两月之久。普王令于军中攻具已齐，不日乘机度势，即当轰攻。

二十九日，法京兵民齐出布陈，与普军大举决战。其在前列者第一、第二路也，勇猛善扑，锐气百倍。普出第六路军攻之，兵刃既接，普军无不以一当十，法兵不能支，遂败北，纷然退入城中。城守愈为戒严，枪炮之声，竟夕不绝。

三十日，法军又自城突出索战，攻击普军，时普人屯兵于仙河、蛮河，结营甚整。巳杪，两军奋力相持，搏战殊苦。日耳曼南邦戈添毕兵、北邦萨慎尼兵皆出接战，第二、第六两路零队之兵亦协助夹攻，自午至酉，法军退走。法军屡败于普，锐气尽堕，故每战不能持久也，盖不必法京之粮绝援穷，而知其难支矣。[1]

《普法战纪·卷十》终

番禺邹五云祥生校字

[1]“法军屡败于普，锐气尽堕，故每战不能持久也，盖不必法京之粮绝援穷，而知其难支矣”，癸酉本卷七无。